# 一路洒满阳光

## ——中小幼教育衔接研究

主　编　司　文

副主编　冯贡青

编　委　（以姓氏笔画为序）

于本英　马　晖　王　秋

左　蕾　李作昕　冷　伟

逢春佳　徐玉玲　高　玲

栾伟波

中国海洋大学出版社

·青岛·

**图书在版编目(CIP)数据**

一路洒满阳光：中小幼教育衔接研究/司文主编.
—青岛：中国海洋大学出版社，2011.6
ISBN 978-7-81125-721-2

Ⅰ.①一… Ⅱ.①司… Ⅲ.①中小学教育-研究②学
前教育-研究 Ⅳ.①G63②G61

中国版本图书馆 CIP 数据核字(2011)第 122426 号

| | | |
|---|---|---|
| **出版发行** | 中国海洋大学出版社 | |
| **社 址** | 青岛市香港东路 23 号 | **邮政编码** 266071 |
| **出 版 人** | 杨立敏 | |
| **网 址** | http://www.ouc-press.com | |
| **电子信箱** | huazhang_china@hotmail.com | |
| **订购电话** | 0532—82032573(传真) | |
| **责任编辑** | 张 华 | **电 话** 0532—85902342 |
| **印 制** | 日照报业印刷有限公司 | |
| **版 次** | 2011 年 6 月第 1 版 | |
| **印 次** | 2011 年 6 月第 1 次印刷 | |
| **成品尺寸** | 185 mm×260 mm | |
| **印 张** | 16.25 | |
| **字 数** | 375 千字 | |
| **定 价** | 30.00 元 | |

# 序

　　"义务教育管理体制调整后中小幼教育衔接的理论研究和实践探索"是青岛市四方区教体局司文局长主持的山东省教育科学"十一五"规划重点课题。集五年的研究探索形成的《一路洒满阳光——中小幼教育衔接研究》一书，是该课题的一项重要研究成果，即将付梓，甚感欣慰，表示祝贺。

　　站在全面育人、为学生终身发展奠基的高度研究中小幼教育的有机衔接是一项有远见的教育行动。2006 年，青岛市政府调整、完善义务教育管理体制，四方区 7 所初中由市教育局划归区教育部门管理，课题在这一大背景下立项，是深化教育改革、促进基础教育内涵发展的重要举措和系统工程。司文局长带领他的团队，以课题研究为带动，以系统论的观点与方法研究解决教育问题、促进教育实践，激发了基础教育的强大生命力，难能可贵。

　　历时五年，我见证了此课题从立项启动到逐步深化再到成效显著、成果荟萃的全过程。中小幼教育衔接不是单纯的线性连接，而是将三个不同学段的教育融合为一个有机整体的过程。他们的研究从一开始就目标明确：研究真问题，真正通过研究解决改革发展中的问题。记得 2009 年 6 月参加四方区每年一度的中小幼教育衔接课题研讨会，观摩了中小幼三个学段教师互换课堂、交叉研课，看到不同学段的校长、教师与教研员、科研人员、齐鲁名师展开深度研讨，内容涉及德育与心理健康教育、学科教学、综合实践活动、教育管理、家校结合等不同主题，精彩纷呈。课题研究的过程成为深入探寻儿童身心发展规律和教育教学规律的过程；成为凝聚教育智慧，形成教育合力，提升教育质量的过程；成为锻炼教师队伍，形成育人文化，推动全区教育内涵式发展的过程。

　　本书不是一本专门的理论著述，却凝聚着青岛四方教育人对教育问题的理性思考和实践智慧。其创新成果之一就是探索并形成了中小幼教育衔接的六个实施策略，即角色换位策略、能力培养策略、习惯养成策略、心理培养策略、外部支持策略、评价激励策略。这六个策略源自研究者以育人为信仰、全面促进学生素质发展的本质追求。书中大量来自于一线的教育案例印证了他们教育创新的坚实足迹。从这个意义上讲，本书不仅是对课题研究成果的总结回顾与理论提升，更是为素质教育实践提供的一个可资借鉴的范例。

　　站在教育发展的新起点上，青岛市四方区全面贯彻落实国家、省、市中长期教育改革与发展规划纲要，确立了建设教育强区、推进义务教育优质均衡发展的战略目标。"扬特色之帆，让每一所学校都精彩"是四方教育人庄严的承诺，更是司文局长及其团队办人民满意的教育的价值追求。祝愿他们在新的航程中乘风破浪、勇创辉煌！

青岛市教育科学研究所所长

2011 年 6 月 22 日

# 目　次

## 附录　中小幼教育衔接研究

# 第一章
# 中小幼教育衔接问题凸显

## 对一段网上新闻的反思

有这样一段网上新闻,题目是"幼儿园、中学、小学咋衔接? 老师们打起'口水仗'",讲的是某区60余名幼儿园、小学、中学老师专门打了一场口水仗,反映的问题是:"部分一年级的孩子毫无纪律观念,上课时会突然站起来到处走","我无法形容,当我批评一位初一高个子男同学时,他却冲我发嗲!"

衔接问题一直是一年级和初一老师最头疼的问题,几乎每一所小学一年级的老师都遇到过这样的尴尬:上着上着课,就有小朋友突然站起来,在课堂上乱跑,或者捣乱,或者大声说话。很多教师把问题归结到幼儿园教育问题上。也有部分家长和中学教师反映,不少在小学阶段成绩很不错的学生,在进入初中后的测试中成绩一落千丈,暴露出了种种问题。他们对小学教师的教学和学生的毕业成绩提出了怀疑。

做好中学、小学、幼儿园三个学段的衔接工作迫在眉睫。我们在20世纪90年代初就已提出教育衔接问题,并在这方面积累了宝贵的经验。但由于小学与中学分别属于区、市两级教育部门主管,这给中小学衔接工作的管理带来一定的难度和不便。2006年青岛市义务教育管理体制进行了调整,中学划归区管,这为我们开展此项课题研究创造了良好的外部环境。我们于2006年6月立项山东省教育科学"十一五"规划重点课题《青岛市义务教育管理体制调整后,中小幼教育衔接的理论研究和实践探索》,由此拉开了中小幼教育衔接研究的序幕。

# 第一节　教育思想的冲突

教育思想是人们对人类特有的教育活动现象的一种理解和认识,这种理解和认识常常以某种方式加以组织并表达出来,其主旨是对教育实践产生影响。教育思想决定教育行为,有什么样的教育思想就会有什么样的教育行为,在中小幼教育衔接研究中也存在着教育思想不统一的情况。目前各级教育面临的普遍问题是尚不能满足人民群众对优质教育资源的需求,这种情况下,家长们采取各种应对措施:有的从幼儿园和小学开始,不惜工本选择优质幼儿园、优质小学;有的为孩子的学习创造"最优越"的家庭条件,要求孩子除了学习什么都不用管;有的甚至在孩子初中阶段就考虑送孩子出国留学。这些来自于方方面面的教育思想指导下的教育行为会对孩子产生很大影响。其中,有些教育行为忽略了孩子的全面发展,影响到中小幼教育衔接工作的开展,具体表现在以下几方面。

## 一、幼儿园存在"小学化"现象

当今社会,先进而科学的教育理念不断被大众了解和接受,特别是现代社会竞争加剧、独生子女增多,人们对教育的关注达到了前所未有的程度。为了"不让孩子输在起跑线上",许多家长在孩子幼儿期就通过各种方式和途径,为孩子制订了早期教育计划。一些家长甚至认为:对孩子实施教育越早越好,只有进行早期教育,才能使孩子学到更多的知识和技能,从而在今后的人生道路上获得更大的成功。因此,一些幼儿园及社会上的早教机构迎合家长的需求,让幼儿认字、写字、背诗歌、学习加减法等,使幼儿教育明显偏向"小学化"。从短期效果看,孩子学业的进步的确让家长感到欣慰,但是不容忽视的是,拔苗助长的教育方式违背了幼儿的生理、心理发展规律,不仅起不到启迪智慧的作用,反而容易造成幼儿知识结构、智力结构的单一化,而且过早地泯灭了孩子的创造性思维,甚至使幼儿对学习产生恐惧和厌恶心理,对幼儿的身心健康造成不良影响。我们对幼儿园存在的"小学化"现象进行了分析、梳理,认为存在下列情况。

1. 片面追求知识本位的学习,导致过度关注课程衔接

课程是教育的核心,课程设置直接关系到各级教育机构培养目标的实现,影响着学生身心的发展。课程的重要性毋庸置疑,但是在幼儿园和小学的衔接中存在着部分幼儿园过度关注课程的衔接,将课程衔接作为幼儿园、小学衔接的重心和全部,体现在过度地追求知识教育而忽略情感、社会性、创造性等方面的教育。

我们从对一年级新生入学适应性调查问卷的分析中得出这样一个结论:新生入学后的不适应主要有学习不适应和社会性不适应两方面。在学习适应性上,不是知识准备不够而是智力准备不足。与小学一年级教师访谈得出,提前学习的孩子,在入学初期的确感到轻松,这是优势,但也导致部分孩子因内容重复而使学习的积极性大大减弱,注意力不易集中,上课听讲不专心,不完成作业,学习习惯、态度养成不佳;一旦知识储备用尽,其优势逐渐消失,劣势日益凸显,使提前学习变成了短视行为,结果是小学学习所需要的抽象

思维能力、观察能力、语言表达能力以及理解能力等没有得到很好的训练,为后续学习造成智力上的准备不足。社会性适应问题主要反映在规则意识与执行规则的能力、任务意识与完成任务的能力、独立性与生活自理的能力、人际交往能力等方面。大量的事例及经验表明:幼儿升入小学后心理承受能力、生活自理能力、学习习惯养成、心理适应能力等均差强人意。对幼儿有意识地进行社会适应性培养显得尤为重要,如培养参与活动的主动性、独立认真细致完成学习任务的习惯、任务意识及规则意识、活动的坚持性、独立的生活处理能力、入学的积极态度等。

2. 在家庭、社会双重压力下,部分幼儿园盲目迎合家长的错误需求

知识经济时代的到来和现代社会竞争的日益加剧,使家长们越来越意识到童年期的知识学习和素质发展对于孩子未来生存的重要性,社会对于儿童教育的关注和重视也达到了空前的程度。希望孩子快成才、早成才的迫切心理,促使家长们将孩子本应日后接受的学业过早地转嫁到幼儿时期,使得幼儿园教育走向偏颇,因而对孩子的发展造成了一定的负面影响。在家庭和社会的压力下,一部分幼儿园盲目迎合家长的错误需求,促使幼儿园"小学化"现象加剧,具体表现在以下几方面。

(1)对早期教育认识不科学。有相当一部分的家长对幼儿园的教育任务、内容、目标缺乏正确的认识和了解,也对学前期儿童的心理、生理及心智发展缺乏科学的认识。以智力发展为第一要素的传统教育观念根深蒂固地影响着家长的育儿观,他们错误地认为教育就是学习,学习成绩就是教育效果。他们只注重知识的传授,常为自己的孩子能认很多字、算很多题而感到自豪,于是出现了一岁识字、三岁学外语,之后就参加各种学习培训班的情况。这种思想助长了幼儿园"小学化"的现象,家长们纷纷送孩子去那些课程设置迎合家长喜好的幼儿园去接受那些所谓的"超前教育"。

(2)存在盲目攀比心理。对于家长来说,他们最不愿意看到的就是自己的孩子比别人的孩子的表现差。我们在与部分家长的交流中发现,很多人都提到了"竞争"两个字。他们都希望通过提前学习,提高孩子在社会竞争中的实力。盲目攀比和加压,致使很多幼儿感觉童年生活不快乐,每天不是被逼着练琴、写字,就是学做数学题,因为家长关注的是别人的孩子参加了什么辅导班,是不是比自己的孩子辅导班参加得多;关心的是自己的孩子是否聪明,在幼儿园会不会被其他孩子欺负。其实,每一个家长的内心都希望幼儿园能够首先培养孩子健康有益的兴趣爱好与生活习惯,塑造健全的人格,开心快乐地成长,他们做出的接受小学化教育的选择也许纯属无奈。

(3)学前恐慌情绪严重。大部分家长觉得幼儿期是学习的最佳时期,应该让孩子尽早接触各类信息,在最短的时间内掌握最多的知识。他们给孩子选择幼儿园的标准就是能够让孩子提前学习各方面知识,而且随着小学入学年龄的提前,家长唯恐孩子进入小学后难以适应小学的学习要求,希望让孩子提前学习小学的课程内容。尽管有些家长不太赞同这种做法,但看到别的孩子都在学,自己的孩子如果不这样,上小学时会吃亏。因此,这些家长不管在主观上还是在客观上,都希望幼儿园能够提前对孩子进行拼音、汉字、英语、数学等教学。

(4)民办幼儿园的功利思想在作怪。目前我区有各级各类学前教育机构108处,其中民办幼儿园87处,占80%以上。完全由政府拨款的幼儿园较少,大多数幼儿园是依靠生

源维持生计,加之许多民办幼儿园有更多经营的自主性,可以用更多的所谓办园特色、课程设置吸引家长,他们受经济利益驱动,只顾投家长所好,不按幼儿教育规律及幼教有关要求行事,开设的课程往往与幼儿的实际需要脱节。有的巧设名目,打着搞实验的借口推销教材、多收费用。有些幼儿园不想违背幼儿教育规律去做小学化的东西,但是看到别的幼儿园在做而且家长乐意把孩子送去,就被迫也搞起了小学化教学。

(5)课外辅导机构推波助澜。针对幼儿园、小学教育衔接的课外辅导机构比比皆是,这些机构多以知识的学习为卖点,他们迎合家长一心让孩子提早学习、尽快适应小学环境的心理,大量灌输知识,帮助孩子在知识上过渡,甚至公然宣传办学宗旨是"根据幼儿向小学过渡期间的特点,让孩子全面学习和掌握拼音字母的声母、韵母等基础知识"等。有些少年宫、妇女儿童活动中心也打着衔接教育的旗号,堂而皇之地举办学前班、小学预科班等。另外,各种各样的幼儿特长学习班,如少儿英语专业早教机构、舞蹈培训机构、美术班、钢琴考级学习等,助推了幼儿教育小学化现象。

3. 小学习惯于幼儿教育的主动靠拢,缺乏为儿童提供适应教育的思想

幼儿教育是在游戏和活动中促进幼儿体、德、智、美全面发展,教学方式表现出很强的趣味性,容易吸引孩子;而小学教育有一定的教学任务,教师是有系统、有步骤地进行教学,与幼儿园教育相比,知识性较强。幼小衔接要求两个学段具有共同的课程目标、相互认可的课程组织和实施方式。这就不仅仅只是简单的幼儿园向小学靠拢,也不是小学向幼儿园靠拢,而是双方都向儿童靠拢,变儿童适应教育为教育适应儿童。一直以来不少幼儿园把幼小衔接教育当做一项重要工作来做,而小学很多时候无动于衷,不主动与幼儿园接触,也很少考虑初入学儿童的身心特点,主动为儿童提供适应教育的思想缺乏。

(1)幼小衔接还具有明显的单向性。大部分幼儿园积极开展幼儿入学前的准备工作,无论在教学要求、内容、方法上,还是在行为习惯的培养、作息时间的安排上,都主动向小学靠拢,而小学积极向幼儿园靠拢的主动性缺乏。即使小学低年级倡导的情境学习等也是以知识的学习为终极目标。在幼儿园与小学的交流中,也多是幼儿园儿童走进小学参观、幼儿教师走进小学课堂听课、向小学教师取经。这种单向衔接渠道也间接促进了幼儿教育的小学化。

(2)一年级课程设置、进度安排不尽合理。学生间的知识差异在新入学的小学生身上表现十分明显,原因是有学前知识积累的量不同,孩子的心理、生理发育速度不同,学生对角色转变的适应能力不同等。这些基础不同的孩子面对学习目标一致、内容相同、进度同步的课程安排,彼此间的差距进一步拉大。研究中发现,一年级初入学的学生水平差异巨大,有的孩子在幼儿园已把小学一年级的课程基本学完;有的能认读所有拼音字母,认识数百汉字,流畅朗读课文;有的已学会了100以内加减法,能背出乘法口诀;还有的认识许多英语单词,能用外语进行简单的交流;但是,也有部分孩子,没有这些知识积累,需要老师从头教起。这些差异成为小学教学的难题,虽然这些不是学生智力水平的差异,但是也为急于求成的家长所焦虑,使他们更加坚定地认为学前有一定的知识积累,上小学时才能学得轻松。

**【案例1.1】**

### 关于拼音教学的思考

从这学期开始,我担任一年级语文的教学工作。一年级孩子刚入学,对学习充满幻想和希望。为时近两个月的汉语拼音教学是他们面对的第一关。我发现班级中学生的水平参差不齐,有的学生对拼音一点儿也不会,有的学生读得不规范、有错误,有的学生不用老师教就全会。同一天入学,基础相差这么大,给我们的上课造成很大的困扰。讲得深,怕有人接受不了;讲得浅,怕有人"吃不饱"。我迫切想知道最科学合理的教学方法。到现在,我们已经教了五首儿歌,其中《轻轻地》和《猜一猜》是学生非常喜欢的。这两首儿歌短小,有童趣,而且很押韵,拼一拼,读一读,说一说,演一演,他们乐在其中。但是,后面的三首儿歌相对较难,尤其是《欢迎台湾小朋友》,儿歌长,学生学过的音节很少,有些字又很难,如飘、扬、紧、握等。我让他们找好朋友帮忙,结果会了这个忘那个,基础好的学生是很有成就感的,可暂时落后的学生积极性明显不高。他们没有感到趣味和成就感,只感到了困难和压力。只有在后面的表演中(不会读的同学上来演),他们才感到轻松了一些。困惑真的很多,汉语拼音教学,是小学一年级教学的主要任务,也是小学低年级教学的重点和难点。这些问题不知道各位同行在教学中是否也遇到过,如有好的解决方法,请不吝赐教。

(青岛鞍山路小学　刘晓燕)

(3)小学入学分班产生的误解。每年大约7月中旬,是一年级新生报名入学的时间,教育行政部门明文规定新生入学学校不得进行任何形式的书面考试或变相考试,不得择优录取新生或编班。一年级新生报名时,学校要为新生建立学籍,登记相关信息。为此,确实有部分学校为构建相对科学合理的班级,对报名孩子进行一些学习水平、学习能力的了解。这种信息没有及时准确地传达给家长,家长受思维定势影响,错误地以为是入学测试。这种思想以及由此伴生的学前机构有针对性的教育和训练,无形中给幼儿园增加了压力,使其不得不沿着"小学化"的道路越走越远。

**【案例1.2】**

### 宝宝家长的苦恼

邻居家的小宝要上幼儿园了,宝宝爸爸、妈妈对小区周边的幼儿园进行反复的考察、比较,看好了一家私立幼儿园。因为这所幼儿园不仅教孩子唱歌、跳舞、画画,还教小朋友珠心算、英语、写字……宝宝爸爸、妈妈觉得儿子的早期教育是头等大事,自己工作忙,又不太懂幼儿教育,把儿子送到这样的幼儿园,不仅自己会省了很多的精力,还能让儿子提前学到很多的知识。宝宝爸爸、妈妈决定就把儿子送到这所幼儿园。然而半年之后,我再看见宝宝妈妈时,她伤心地对我说:

"宝宝上幼儿园很不开心,每天回到家还要完成老师布置的作业,要背唐诗、背英语,孩子、家长压力都很大,宝宝没有以前那么开心、快乐了。"宝宝妈妈的苦恼,让我再一次对当前的学前教育陷入深深的思考。幼儿园教育"小学化"现象的产生,原因有很多方面,部分家长望子成龙、望女成凤,希望自己的孩子在幼儿园就能比别人的孩子接受更早、更好的教育,他们以自己的孩子所学知识多作为炫耀的资本,这是造成这种现象的主要原因。教育的根本目的是"对幼儿实施体智德美等方面全面发展的教育,促进其身心和谐发展"。作为一名学前教育工作者,有义务有责任大力宣传学前教育,努力帮助家长转变教育观念,了解并遵循幼儿的成长规律,切勿拔苗助长;另一方面要真正落实《幼儿园教育指导纲要》的文件精神,提高教师专业化发展水平,为孩子健康成长营造良好氛围,真正为孩子铺就一条快乐成长之路。

(青岛市四方区实验幼儿园　于海泓)

## 二、小学生升入初中后存在不适应现象

我区小学升初中实行电脑派位、就近入学,这极大地减轻了学生的负担,有利于学校开足、开全课程,关注学生的全面发展,更有效地实施素质教育。但据部分家长和中学教师反映,不少在小学阶段成绩很不错的学生,在进入初中后成绩一落千丈,暴露出了种种问题,而学生又感到压力很大,无所适从。其实,从儿童发展心理学的角度来看,小学属于儿童期,初中属于少年期,学生的心理发展水平有着一定的差距。从学习内容上来看,初中课程门类增多了,而且每一学科的内容也接近科学的体系,逻辑性也越来越强。从学习方法和学习态度上来看,初中生比小学生更需要有自觉性、主动性、独立性,不仅要主动安排学习计划,而且要学会组织自己的学习活动,由小学生的"他律"过渡到初中生的"自律"。教师的管理方式也由"保姆式"转为"自主式"。以上种种变化使小学生升入初中后产生了一系列的不适应。

1.心理上的不适应

中学生和小学生是有不同特点的,小学生绝不可能在跨入中学的那天便立刻完成角色转换。刚刚升入中学,学生的心理仍处于半幼稚、半成熟、半独立、半依赖,自觉性和幼稚性错综交织的状态。在他们眼里,初中是一个全新的环境,面对新学校、新老师、新同学,大部分初中生在心理、学习、交往等各方面往往处于被动状态。初中学生的身心发展也到了一个新的阶段,心理发育中的一系列变化和特点必然使小学生进入中学后产生许多不适应。

(1)与环境改变有关的不适应。许多学生在进入中学后会发现中学与小学诸多方面的不同,如"三多一少"即课程多、书本多、老师多、老师管得少等;同时学习难度加大、学习压力增加、教师授课方式变化,这些不同既会使初一新生感到新奇和刺激,同时也会使他们在学习和生活面前不同程度地感到无助和彷徨。离开了原先相处多年的老师、同学和班集体,见到的大多是新面孔,他们感到一下子难以适应。初中教师也不再像小学教师那样,天天跟班盯班,保姆式地扶着走。与老师疏远了,与同学交往常是以自我为中心,加之

他们大多是独生子女,有的内向、不善交际,故而许多学生在心理、学习、交往等方面往往处于被动状态。他们一旦受挫,就易失去自信心,产生畏难情绪甚至自卑心理,进而形成负效应循环,从此一蹶不振。

(2)与自我有关的不适应。在小学阶段,学生的自我意识尚处于较低水平,其特点是以外在权威为中心,如以教师为中心,来认识自我和评价自我,独立性较差。学生进入中学以后,身体发育急剧成熟,独立意识崛起,自我意识发生了质的变化,真正认识了自己,第一次发现了自己,他们开始留心周围人的眼光、态度和对自己的评价,目的都是为寻找"我是一个什么样的人"的答案。一些孩子觉得自己已经长大了,考虑的问题经常是"我认为是怎么样就是怎么样"。孩子自我意识崛起,最容易和长辈、老师发生冲突,产生不适应。有的学生在小学时学习出类拔萃,受教师青睐,得到同学赞美;到了初中,许多学生由过去的"中心位置"转变为"普通位置",这种地位的落差,使其在心理上形成反差,产生了失落感。

(3)与青春期有关的不适应。初一的孩子正值青春期萌芽,心理波动大,存在许多不稳定因素,身体的发育进入了第二个高峰期;尤其是第二性特征的出现,使他们感到自己已经长成大人了,每当别人对他们投以注意的目光或成年人以平等的姿态和他们交谈时,他们都会产生一种成熟的自豪感。可实际上,他们在很多方面还不够成熟,这仅仅是少年们的一种主观体验而已。在心理学中,青春期是人生的岔路口,被称为"难教养期"或者"问题儿童期"。在这一时期,学生不再喜欢老师和家长的唠叨,甚至产生逆反心理,你说往东我偏要往西。加之青春期一些生理上的变化是他们从未遇到过的,情绪情感的不稳定,意志力的薄弱,很容易使学生产生各方面的不适应。

2.学习内容上的不适应

(1)科目增多,难度加大。升入初中后学习上最显著的变化是学习科目多了、难度大了,学科的复杂性和内容深度都大幅增强。《青岛市义务教育课程设置》规定小学只开设10门课程,毕业考核只有语文、数学为考试科目,其余为考查科目。中学阶段开设13门课程,毕业考试科目增加到十一科。在具体周课时安排上,小学六年级每周30课时,初中一年级每周35课时,增加了多门从未学过的课程。学生课前要预习好第二天要学的六七门功课,上课的时候要面对十几位老师。由于要考试,课堂内容多,要做大量笔记,教学起点高,难度大。初中知识上的逻辑性、系统性更强,前面所学的知识往往是后边学习的基础,在掌握知识的技能技巧上,新的技能技巧的形成都必须借助于已有的技能技巧,因此,如果学生对前面所学的内容达不到规定的要求,不能及时掌握知识、形成技能,就会产生连续学习过程中的薄弱环节,跟不上集体学习的进程,导致学习上的掉队。

(2)教材编排不连贯。小学和初中的课程设置属于不同的类型,教材编写也是由不同人员完成的,分别遵循了不同的课程设计原则,不可避免地会给学生造成转换上的困难。在教材编排上,初中和小学在内容衔接上存在重复、缺失、口径不一等问题,欠缺连贯性。教学内容是以螺旋上升的形态展现出来的,一些知识点在小学里出现过,在初中阶段也会再次出现,英语和数学两个科目尤甚。虽然这些知识在小学和初中阶段的教学要求不一样,但因为其重复性和跳跃性,很多初中生在学习到相应知识的时候以为自己在小学里已经学习了,所以上课时不认真听讲,导致做练习的时候总是出错。

(3)作业成为不可承受之重。小学的课程内容要求的掌握程度较低,书面作业大多为抄写的内容,独立动脑思考、自主解决的问题少。到了初中,课程内容多,教学进度快,学习难度增大,学习时间延长,运用知识解决问题成为学习的基本能力,学生在书中根本找不到现成的答案,不会动脑或懒于动脑的学生很难完成作业,这就易造成两极分化。另外,作业量也大增,每门功课都有作业,小学时期写作业慢的学生进入初中后,常常无法承受过重的作业负担,无法保证正常的睡眠时间,时间一长,就容易造成恶性循环,最后会导致记忆力下降、成绩不理想、自信心不足。

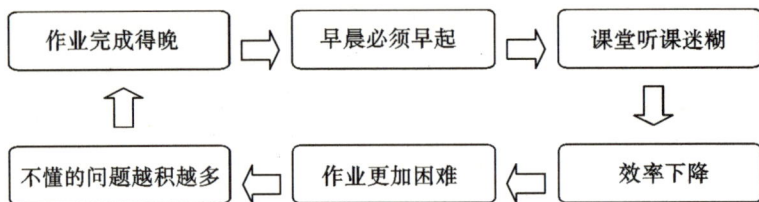

```
作业完成得晚  ⇒  早晨必须早起  ⇒  课堂听课迷糊
    ⇑                              ⇓
不懂的问题越积越多  ⇐  作业更加困难  ⇐  效率下降
```

(4)偏科现象逐渐出现。小学课程学习的压力不大,内容相对简单,学生基本上是轻松快乐地学习,但到了初中后,由于科目增多、内容加深,很多孩子会出现顾此失彼的现象。有的学生对于自己较为薄弱的科目,能够安排较多的精力去进行预习与巩固,而有的学生则刚好相反,凭自己的喜好进行安排学习。再加上孩子特定的心理、生理的变化及课程的加重,家长、教师、接触的媒体和书籍的影响等,都将有可能促使他们对某一学科产生偏好或厌恶的心理,进而逐渐形成偏科倾向。

3.学习方法上的不适应

(1)对较为放手的教学方法不适应。我们对中小学课堂教学过程中的一些现象进行了对比分析,归纳整理如下:

|  | 教学方法 | 学习任务 | 教师作用 | 课堂气氛 |
|---|---|---|---|---|
| 小学 | 重视创设情境,引导自主探究;重难点反复讲 | 基础知识的学习巩固,进度慢 | 教师讲解细致、学生对教师有一定依赖性 | 课堂气氛活跃,情景氛围浓厚 |
| 中学 | 讲授与探究并重;强调预习和复习 | 转向分析、理解、消化、运用,进度快 | 教师讲重点,理性思考多,培养学生自主学习能力 | 课堂气氛一般,情景氛围淡化 |

总体来看,中小学在课堂教学目标设计、师生互动教学、学生互动学习、分组学习等方面有很多相似性。但由于课堂上教师要讲解的知识点多,有些内容只能靠学生自行理解,不可能像小学那样详细讲解。尽管初一上学期有个过渡期,但是很快教师讲课不再等到每个学生都理解,只要大部分学生听懂了就继续讲下面的内容了,很多学生对这种较为放手的教学方法不适应,对没有弄懂的问题又不能及时请教、自行弥补,造成学习上的被动。

(2)学习方法上的僵化。研究中发现,部分升入初中的学生不适应初中学习方式,学习方法不科学,学习的自觉性和主动性有待增强,学生之间存在显著的差异,主要表现为不会学习、学习方法僵化。一是不能站在系统的高度把握知识,习惯于像小学那样跟着老师一章一节地学,不太在意章节与学科整体系统之间的关系。二是不善于寻求事物之间的内在联系,方法不科学,采用死记硬背的办法记忆,没有思考的习惯,缺乏求知欲和好奇心。三是孤立地学习知识,不注意新旧知识间的联系、学科之间的联系、所学知识与实际生活的联系。四是自主学习能力亟待加强,习惯于完成老师布置的学习任务,对于自己学习中出现的问题不能自主解决。

4.教师管理上的不适应

在小学阶段都是班主任独当一面地看管式、家长式管理,出现所有的问题全部由班主任帮助解决,而初中是班主任与教师集体管理加上学生自主管理,被无微不至关心惯了的学生,进入初中后突然会觉得"无依无靠"。教学管理上由于增加了很多任课教师,而教师每人又教多个班,有的教师只关注班里的部分学生而很难兼顾每一个学生,习惯了班主任一个人管理的学生,如今面对着七八位任课老师、领导和学生会、班委会的集体管理,感到无所适从。如果学生不能主动适应,产生"自由了,解放了"的错误思想,放松对自己的要求,会直接影响其初中阶段的成长。下面一个案例呈现了初一新生对教师管理的不适应,习惯于小学教师反复叮嘱式的作业布置,对于教师口头布置任务的实践作业缺乏执行力,规则意识淡薄。

**【案例 1.3】**

### 人生的列车

开学初,新生的规则意识及行为习惯总是存在问题,为了提高他们的团队协作精神,我利用学校课程《成长课堂》给初一每个班分了小组,并布置了下次课要展示的"小组秀"活动,即每个小组要通过一个节目形式整体亮相,并且要把小组的组名、口号、海报等内容贯穿其中。那次我按时来到 8 班教室,开始上课了,我问大家:"上节课给大家布置的准备工作,大家都做了吗?""做了!"大家拿出海报,冲我展示。"很好,'小组秀'呢?"学生们面面相觑,一个个声音悄悄地冒出来:"没有布置啊……"我提醒道:"除了海报,还有小组集体亮相啊!"有些同学才模模糊糊记起来,但几乎没有人为此做过准备。"这节课我们就是要把每个小组的精彩创意和团队精神展现出来,你们都没准备,我们这节课就没有主角了呀。"孩子们似乎对这种非书面的需要团队成员合作的实践作业不太适应。"这节课,大家还要不要展示'小组秀'了呢?"孩子们纷纷点头表示很愿意。"那好,我给你们 12 分钟的时间,你们各小组马上出创意,彩排,看哪个小组能在短时间内做到。我 3 点 40 准时在活动室等大家,如果这个时间之前你们没有到达场地的话,那就按弃权处理了,大家同意吗?""同意!"响亮整齐的回答之后,学生开始热火朝天地准备。我在教室等了一会,临走的时候,我对大家说:"还有两分钟,大家抓紧!"实际上,我是在暗示大家该走了,从教室到活动室差不多要两分钟,可孩子们并没有理会我的"友情提示"。我自己在活动室等着,时间到了,楼道里连动静都没有。过了一分钟,还是没人来,我暗暗做了一个决定。过了两分钟,我出门,刚好碰上跑过来的两个孩子,我问:"几点了?"他看了看手表:"3 点 42 分。"我

"哦"了一声,把活动室的门锁上了,淡淡地对接二连三跑来的学生说:"回去吧。"大家唏嘘着跟着我往回走。回到教室,我看到孩子们很失落,于是不动声色地说:"我之前说得很清楚,结果没有一个人按时到场地。"孩子们有些不平。"大家有什么要说的吗?"孩子们纷纷起来表达不解和气愤。"我觉得我们都努力准备了,但现在连个展示的机会都没有。""我们也就迟到了一两分钟,再说我们也不是故意的。""我们抱着很大的热情去活动室,却被拒之门外。"……孩子们的声音此起彼伏,这时候我说:"孩子们,你们的这些感受很宝贵。首先谢谢你们这么真诚,但是如果今天等你们的不是我也不是一间活动室,而是一辆列车呢?"孩子们都愣住了……"机会可以给你们,但不能无休止地等待你们。"接下来,孩子们跟我一起讨论这次课怎么补救。再后来的课堂上,各小组纷纷有序地展示,用一个孩子在课堂上的感言结束了展示课:"我们非常感谢老师再一次给我们机会,我们要尊重规则,做好自己的事,加强合作,珍惜机会,不错过人生的列车。"

(青岛第五十中学　李　静)

### 三、中小学教师对教育质量的理解有冲突

#### 1. 来自家长的怀疑

2008 年 11 月的某天,我区某初中学校召开期中质量检测后的第一次初一学生家长会。会后,同一所小学毕业的几位家长,就孩子升入中学的一些情况做了交流,普遍感觉孩子到中学以后成绩均有所下降,小学阶段德智体美全面发展、基本上门门功课成绩优秀的学生,到了初中,考试成绩不尽如人意。有的孩子小学里的兴趣爱好在初中得不到延续;有的孩子学习上偏科,只对感兴趣的科目认真学习,导致整体成绩的不高。中小学成绩的明显反差,致使有的家长怀疑自己孩子没有潜力,有的怀疑初中的教育有问题,也有的怀疑小学教育有问题。

#### 2. 初中教师的异议

初中教师怀疑学生在小学阶段学习成绩的真实性和评价标准的差异性。他们认为,小学毕业时学业水平测试成绩绝大多数学生都能达到优秀,而刚刚进入初中时进行的分班摸底水平测试中很多学生的成绩不理想,与小学毕业时的水平测试相比,迥乎不同。他们不敢相信小学的教学质量会如此经不起考验。

【案例 1.4】

#### 中学教师谈衔接

　　我担任初中班主任、数学教学十多年了,工作中我深切地感受到,从小学升入初中是孩子成长的关键时期。但长期以来,中小学教育所存在的相互脱节的现象令人担忧。每次新接手初一学生的时候,常常感觉到小学知识与初中知识无法立即连接起来,学生适应初中生活很吃力,少则需要一个月,多则需要半学期甚至更长时间。因此,如何解决好中小学教育衔接问题就成为目前值得我们

认真思索的问题。

记得有一次我刚接一个初一班,小玥是全校最高分,很受学校老师的关注。在我们班学习半个月后,我感觉到她的各科学习并没有我想象中的那么好,特别是数学,并且学习方法不对路,常有上课跟不上思路的现象,思考的方法,解决问题的策略明显跟不上中学的要求。后来,我发现,不止是小玥,很多学生也有类似现象。通过多次调查了解发现,小玥等同学主要是还没有适应初中的学习,导致部分科目出现跟不上的现象。这表明中小学衔接教育出现了障碍。

中学和小学课程标准不同,对学生学习习惯、思维习惯、知识的掌握程度等的要求也不尽相同。比如,小学语文经常谈到"听说读写",到了初中则提为"读写听说",这绝不仅仅是简单的语序的问题,这里面包含着主次轻重的倾向,那么,其中必然包含着过渡衔接的问题。打好每一学段的基础,中小学衔接就会少一点障碍、多一些顺利,学生就会自然而然地延伸、过渡,保持学习的兴趣,防止两极分化,也就会轻松很多。所以我认为培养合格的小学生,缩短他们的适应期,使学生不仅学有兴趣,而且拥有扎实的知识基础、良好的学习习惯,这也是小学教师肩负的职责。作为中学教师,通过近几年我们与小学老师的沟通和交流,我想对小学老师提三点建议:

一是加强思维训练。初中教学重在培养学生自己观察发现、归纳解决问题的能力,这种能力的培养是学生由小学到初中思维的一个重大飞跃,也是他们感到中学知识难掌握的原因。因此,我认为在小学高年级教学中可以采取一些过渡措施。平时要有意识地引导学生的学习思维,注重培养和提高学生抽象的逻辑思维能力,重视知识发生过程的教学,善于从简单的实际问题中引导学生说出依据、逻辑性地思考问题并理顺思路,使他们不仅知其然更知其所以然。这实际上就是逻辑推理的雏形。这些能力方面的渗透与训练,从某个角度来讲比知识的渗透更为重要。

二是培养主动学习的能力。心理学研究表明,小学高年级学生在认知能力方面有了相当的发展,能运用概念进行抽象思维,求知欲特别旺盛,他们不满足于课堂上拖沓的节奏和单一的信息刺激。因此,教学中教师应注意以发散的方式增加一些新知识来满足学生的求知欲,使之能灵活解题,逐步变被动地学为主动地学。

三是加强志趣培养。小学教师非常重视学习兴趣的培养,但最终的良好结果应是将兴趣转化为志趣。也只有将兴趣转化为志趣,才会在学生爱学会学的基础上,帮助学生将头脑里的知识结成一个联系紧密的知识网络。所以小学多一些理性思维,中学多一点兴趣学习,中小学衔接教育就会水到渠成。

(青岛第二十一中学　李明金)

### 3. 小学教师的认识

小学教师普遍认为教学改革是树立全面的质量观,更注重学生的个性化发展,中小学的教学目标是不一样的。至于两极分化,学生的差异原本就存在。

**【案例 1.5】**

<h2 style="text-align:center">小学教师谈衔接</h2>

"咚咚咚!"我被一阵轻微的敲门声打断,还没等我应答,门口便迫不及待地"挤"进一个小脑袋,随之一声甜甜的"杨老师——"飘进了我的耳朵。哦?这不是已经毕业了的晓丽吗?她怎么来了?容不得我多想,我赶紧上前给了她一个大大的拥抱。"杨老师,这两天我特别特别想您,所以今天趁作业少就来看看您。您最近好吗?肩膀还时常疼吗?工作还那么多吗?走得还那么晚吗?……"晓丽拉着我的手不放,一口气问了我这么多。今天的晓丽特别的热情,一点也不像小学时那个看到老师绕着走、有时老师批评一句还闹情绪的小姑娘了。招呼晓丽坐下,听她慢慢道来我才明白其中的原委——

"杨老师,我真怀念小学的时光呀!作业不多,下午我可以参加自己喜欢的航模、合唱兴趣小组,回家我还能练练琴,甚至看看电视;而现在上初中了,一天8节课都压得我喘不过气来,回家还有没完没了的各科作业!等写完作业都10点了,累得我什么都不想干,就想睡觉!"

"杨老师,我好怀念您的语文课呀!咱们以前课上不管我们怎么回答,您都会鼓励我们,还对我们说,'答对的表扬,答错的也表扬,表扬你的勇气',而现在……"晓丽看看我,欲言又止。"现在怎样呢?"我鼓励她继续说下去。"现在我们班上很少有人发言,都是老师一个人讲,我们拼命记笔记,但有时还是记不下来!"

"前两天,妈妈给我报了个街舞班,学费都交了,结果被我们老师知道,就给我妈打电话说'要以学业为重''不要分散精力'什么的。我们班的小小,没有特长,能力也不行,有时还捣蛋,可人家就是聪明、成绩好,每次都级部前十名,结果就能评上优秀学生,一点都不公平。杨老师,您要是我的初中老师就好了,我喜欢您综合评定我们每一个人……"

这个下午我没有打断晓丽,也任由她把这些对家长、其他老师想说而不敢说的话一股脑地说出来。望着孩子消瘦的脸庞、单薄的身影,我这个循循善诱、总能侃侃而谈的老师,竟然第一次感到不知该怎样劝慰她。而这,也引发了我深深的思索……

对于中小学教育的衔接问题,我想与中学老师做以下交流。

一是"瞻前"与"顾后"相整合。以课堂教学为切入点,小学教师做好"瞻前"工作,在教学中逐步引入初中的一些教学方式,将学习习惯内化成为一种自觉的行为,形成个性化的趋势,适当展开对学习动机的教育与培养,为学生进入中学课堂做好准备。初中教师做好"顾后"工作,在教学中充分了解小学的方式方法,抓好"过渡期",无论是学习习惯、学习能力、学习资源,都要做好过渡性的指导,逐步深入,让孩子们能够承受,并保持学习兴趣和自信心。

二是"校内"与"校外"相整合。中小学衔接教育工作除了依靠学校之外,同时发挥以家长为主体的家庭教育进行积极配合与协助是非常必要的,也是极为重要的。家长要把孩子的中小学衔接教育当成工作之外的又一项重大工程对待,认真规划,"有为而治",用自身的思想来带动孩子思想上的认识,打有准备之仗。特别是家长要切实了解孩子步入中学后身心发展的特点,改变以往对待小学生那样的支配型的教育方法,要用民主教育的方法来引导孩子,与孩子进行深度的交流,忌讳有意无意地"泼冷水",伤害孩子的自尊心。

三是"沟通"与"交流"相整合。做好中小学教育的无缝衔接工作,老师们的沟通与交流是至关重要的,可以多组织中小学教师座谈会,相互交流平稳过渡的经验和方法,交流在衔接中遇到的棘手问题,共同来寻找解决问题的方法。同时,在初一阶段和小学六年级毕业班阶段开展"携手共研,共促衔接"等教研活动,相互听课,相互观摩,多一些对各段学生的年龄特点、行为习惯的了解,在充分沟通与交流的基础上,相互理解,相互支持,共同促进学生的顺利过渡与发展。

（青岛北山二路小学　杨　伟）

4.综合分析

从全区范围来看,确实有一些小学阶段成绩很不错的学生,进入初中后的学习成绩不尽如人意。究竟是课改的理念和实践之间出现了偏差,还是小升初取消考试后升学压力"转嫁"到了中学老师的身上?面对小学的全面发展和初中无法回避的中考选拔,其中的矛盾令家长困惑、教师头痛,也引起了教育行政部门的高度重视。立足教师层面分析我区现状,主要存在以下问题。

一是中学教师的问题。初中教师对于学生掌握知识的程度及学习能力的提高方面比小学教师更为重视,由小学阶段单纯地关注知识技能转变为不仅要重视知识的掌握情况,更要重视学习能力的提高,促进学生全面发展。初中基本上是初一到初三循环教学,各科教师教完初三毕业班下来再教初一,大多教师角色还没及时转换过来,对学生的基础知识掌握情况、学习方法了解不够,对初一学生的能力估计过高,习惯性地按照中考标准重视考试成绩的提升。初中教师对于任教学科不同学段的课程标准掌握不够,更多关注自己任教学段的课程标准和教学要求,难以做好学生基础知识的铺垫,无法让学生温故而知新,一定程度上增加了学生学习上的困难。

二是小学教师的问题。取消了初中入学考试、小学升初中实行电脑派位、以等级制评价学生等使小学具备了较为宽松的学习环境,师生关系融洽,课程开设齐全,小学教师比初中教师更注重学生的全面发展。绝大多数小学教师不了解中学的教学内容、要求,不清楚应该从哪些方面以及怎样为小学生进入中学学习做必要的铺垫。一些小学教师缺乏"放眼未来"的意识。由于小学教学节奏相对较慢,对于有难度的问题能够举一反三、多层面巩固练习,这种方式的教学影响到学生自主学习能力的发展,使部分新升入初中的学生不适应初中的学习方式,在预习与复习、主动思考、参与课堂教学、大胆发言、发现问题敢于质疑问难、敢于表达自己见解等能力方面有所欠缺。

# 第二节　教育方法的缺失

教育方法是指在一定的教育思想指导下形成的实现其教育思想的策略性途径,包括教师直接指向教育内容的教学方法、学生的学习方法及家庭教育方法。教育方法是教育的客观规律、原则的反映和具体体现。正确地运用各种教育方法,对提高教学质量、实现教育目的、完成教育任务具有重要的意义。因此,中学、小学、幼儿园教育方法的衔接既要符合学生身心发展规律,与学生的年龄特征相适应,又要与教育内容相适应,不同的教育内容应采取不同的教育方法。中学、小学、幼儿园的教育方法的衔接既要突出衔接的特点,又要有所区别。

概括地说,中小幼教育衔接中教育方法的缺失,是教师直接指向教育内容的教学方法、学生学习方法及家庭教育方法的缺失。

## 一、教学方法的缺失

教学方法,是教学过程中教师与学生为实现教学目的和教学任务及要求,在教学活动中所采取的行为方式的总称。钟启泉老师认为:"概括地说,教学是教师与学生以课堂为主要渠道的交往过程,是教师的教和学生的学的统一活动。通过这个交往过程和活动,学生掌握一定的知识技能,形成一定的能力态度,人格获得一定的发展。教学既是科学又是艺术。"[①]从这个概念中可以看出,教学强调的是教师的教与学生的学的统一,应该由师生共同的活动组成。教学的含义强调通过教学使学生在知识技能、能力态度、人格等方面获得一定的发展。

中小幼教育衔接中教学方法的缺失,一般是指教师在教学过程中(因片面关注一方面)有意或无意地严重忽视某一或某几方面的不健康的教学状态,也可以指教学的某一或某些因素没有得到应有重视的不正常情况。

1. 幼小教育衔接中教学方法的缺失

在幼小教育教学衔接中,对衔接内容和方法的模糊认识导致了教学方法的缺失。教学方法缺失的现象包括重课堂教学轻游戏教育、重教材灌输轻智能培养、重知识传授轻习惯养成、重兴趣培养轻方法指导等。

(1)重课堂教学,轻游戏教育。新纲要提出幼儿教育应以游戏为基本活动。这在充分肯定游戏的教育价值的同时,强调了游戏是幼儿园主要的教学活动,即强调教学的游戏化。幼儿园教学的游戏化就是要求彻底转变以知识传递为价值取向的学科中心主义的教育观和以教师为主导、以学科为基础的幼儿园教学模式,而是以游戏的方式来组织教学,将游戏与教学有机结合。但在幼儿园教学过程中,游戏仅在形式上被采用,只是教学的辅助工具,这些实践中的偏差在实质上是一种小学化倾向,成为扭曲的"游戏化"教学方式。

---

①　钟启泉.课程与教学论[M].广州:广东高等教育出版社,1999.

【案例1.6】

## 幼儿园常见游戏情境

老师扮演鸡妈妈,小朋友们戴上头饰当小鸡,鸡妈妈领着小鸡们到小猫家串门。小猫不在家,但在家里的地板上留下一些写着数字的卡片。老师让小鸡们找出这些卡片,并且根据这些数字在地板上绣花,卡片上写着几,就绣几朵花。

这样的游戏在如今的幼儿园里非常典型,教师是想通过这个游戏检查一下孩子们是否掌握简单的数字概念。但是我们却不禁要问:孩子们在教师设计好的游戏里,在教师的带领下没有一点自己去开发新的游戏情节的想法,这样的游戏本身有没有存在的意义?是不是成了一种点缀?

有专家认为,不少幼教工作者把游戏当做糖衣,靠糖衣来达到教化的目的。人们认为在幼儿园里游戏对学习来讲比较重要,是因为人们希望游戏能赋予孩子们一些经验、技能和知识,但人们却忽视了游戏最重要的一点,即孩子们在游戏中应有自主的、欢愉的体验。教师成为游戏的设计者的话,游戏便成了教师导演下的"一台戏",成了外部强加的活动以及变相的作业或上课。

(2)重教材灌输,轻智能培养。智能包括多个方面,如观察力、记忆力、想象力、分析判断能力、思维能力、应变能力等。我们有些教师不理解孩子的"胡思乱想",非要孩子循规蹈矩。他们认为幼儿不需要形成和提出自己的"问题",不需要就某个问题发表自己的"意见",不需要就某个问题进行幼儿之间的"讨论",师生之间也缺乏真诚与平等的对话,教学时间和空间被分割成无数的小单位,每个单位都预先为师生设置了任务,没有个性化选择的自由。

【案例1.7】

## 幼儿园大班教学片段

教师出示一张画着一只老虎在追几只兔子的图画:"请小朋友想办法帮助兔子吧!"

小朋友A:"赶快给猎人打电话,让猎人来打老虎!"

小朋友B马上站起来反对:"不行! 老虎是一级保护动物,不能打! 兔子还不是一级保护动物呢,连二级也不是!"

小朋友C大声附和:"对! 应该让老虎吃一只兔子,不然,老虎会饿死的!"

孩子的情绪一下子高涨起来。围绕"该不该让老虎吃兔子"的辩论热烈地展开了。

教师大声说:"好了! 好了! 都别争了! 咱们刚才的任务是什么来着? 想办法帮助兔子! 我看谁想的办法好! 某某,你来说!"

教室里的声音小了下来……

教师为了把孩子的思维纳入自己备课的思维轨道,只重视知识的灌输、技能技巧的训练和全班整齐划一的统一行动,无意中扼杀了孩子们的智能培养的萌芽。

(3)重知识传授,轻心理衔接。所谓"心理衔接",即以幼儿、小学生的生理、心理、社会性发展的水平、特点及具体的教育培养目标要求为出发点,针对学生学习、生活、交往和成长中普遍存在或可能出现的心理问题,进行各有侧重的培养和训练,有机地、整体地安排各年级的心理素质教育内容。

现代心理学的研究表明,人的心理发展是个连续的过程,遵循整体推进的原则。无论是皮亚杰的发生认识论、艾里克森的精神分析理论,还是西尔斯的学习理论,都将人的心理发展看做一种方向性的、连续性的过程,是阶段性和连续性的统一;每一个阶段的心理素质及其教育既是前一阶段发展的延伸和超越,又是后一阶段发展的起点和基础。

幼儿园学习内容浅显,以游戏为主要活动方式,注重情境性、参与性、操作性的教学。教学不追求结果,孩子的学习是在轻松欢愉的状态下完成的。新课改以来,小学阶段的课堂教学中教师们注重学生的自主合作探究能力的培养,注重把知识性和趣味性有机地结合起来,但因为有具体的教学内容的要求,有具体的教学质量的压力,小学教师的主要授课方式是讲述,重在学生记忆、理解,要求学生具有抽象思维能力。在幼小教育衔接课题研究中,我们发现小学低年级教师对幼儿心理学、幼儿教育学知之甚少,对衔接过程中心理教育的方法关注不够。

**【案例 1.8】**

### 一年级新生的"小故事"

**故事一**:学生小妮在报到的第一天就一直紧紧地抱着妈妈哭,我好不容易把她哄到座位上坐好。她人在座位上了,眼睛却一直盯着门口,只要妈妈一离开她的视线就哇哇大哭。在开学后大约两个周的时间里,妈妈送她上学都是很费劲的一件事。她总是要在校门口哭上一会,几乎都是我把她强"抱"进校门。有时候上着课就哭了,我问她怎么了,她说:"我要找我妈妈。"

**故事二**:姗姗妈妈一连三天每天早晨都给我打电话,为姗姗请假,说姗姗每天早晨吃完早饭就开始吐,把饭都吐出来了,要求请假在家休息。我同意了。奇怪的是,周一至周五天天如此,但到了周六周日这两天,就变得正常了。后来请假次数多了,我建议家长能不能在她吐完后,休息一会儿坚持送她来校上课。妈妈答应了。姗姗来校后,没精打采地趴在桌子上,一会儿说:"老师,我头晕!"一会儿说:"老师,我想吐!你给我妈妈打个电话,让她来接我!"后来,家长带姗姗看过医生后告诉我,姗姗得了"学校恐惧症"。

**故事三**:有一节数学课,我正在教学生写数,亮亮起身独自走出了教室。我连忙追出去问:"你要去干什么?"他很平静地说:"我要去厕所。""为什么不跟老师说一声啊?"我接着问。他一脸无辜地回答:"上幼儿园的时候,老师说想上厕所的时候自己去就可以了。"还有一次,也是上课的时候,他走下座位去找自己的好朋友借橡皮。我问:"亮亮,你怎么不跟老师说一声啊?"亮亮理直气壮地回答:

"我跟他借橡皮,我还跟他说'谢谢'了呢!"亮亮并没有意识到自己这样随便是不合适的,反而觉得自己跟好朋友说"谢谢"了,自己是个很有礼貌的孩子。

(青岛湖岛小学　刘晓东)

与幼儿园相比,小学生活存在"四大变化":环境发生很大变化、同伴关系变化、师生关系变化和功课变化。这些变化给学生的心理带来很大的压力。进入小学后的儿童学习负担明显加重,学习的东西变多了。功课做不完、作业不会做、考试考不好、学习赶不上其他同学等,都会给儿童带来学习上的压力。小学一年级上学期很强调儿童的基本学习习惯和基本技能的培养,如注意力、坐姿、握笔的姿势、写字的姿势等,而在幼儿园是没有这么多的硬性规定和要求的,因此儿童需要适应这些要求的改变,只有这样才能更好地适应小学的生活。

据一些小学教师反映,很多孩子进入小学后,表现出了心理上的不适应,如坐不住、情绪无常等。在开学初期,经常会有小学生一进学校和课堂就出现头晕、呕吐、心慌、焦虑等现象;一些严重的学生甚至不能进学校,根本不能继续就学。这是一些孩子患上了"学校恐惧症"的心理疾病。造成这一症状的主要原因是幼小教育没衔接好,教师教育方式简单不当,没有关注学生的心理衔接;有些孩子没有思想准备和心理过渡,从而会表现出各种"症状"。

2. 教学方法的缺失

(1)小学——重兴趣培养,轻方法指导。小学生以形象思维为主,教师为更好地完成教学任务都能创设生动的教学情境,运用比较直观的教学手段,发挥学生的主体作用,调动学生学习的积极主动性来激发他们的学习兴趣,但部分教师对学生进行方法指导较随意、盲目。

对部分语文教师进行的"语文方法指导调查问卷"显示,关于"对选择语文教学方法的依据",有 62.5% 的教师表示不清楚;对于"您是否会根据不同的文本采用不同的方法指导"这一问题,有 57.4% 的教师选择"较少顾及"。在访谈调查中,许多语文教师坦言常常喜欢模仿一些语文教育名家的教学方法、教学模式,但是教学效果往往并非十分理想。在学生访谈调查中,多数学生反映在课堂上语文教师的教学方法比较单一,要么就是"讲",要么就是"问"。

两千多年前的《学记》中说过:"善学者,师逸而功倍;不善学者,师勤而功半。"这句话形象地道出方法的重要性。学生在校学习主要学什么? 有人打过这样一个比喻:学生的学习如同一个猎人到森林里去打猎,既要有干粮,又要有猎枪。干粮好比是学生学习的知识,而猎枪就是学生获取知识的能力和方法。对于 21 世纪的未来建设者来说,今天的学生更需要猎枪,更需要获取知识的能力和方法。

可并非所有教育者都领会了其中的精髓,教师对学习方法的指导缺失现象普遍存在,主要分为以下几种类型。

"母鸡型"——对学生呵护有加,展开的双翼成为学生的庇护伞。学生学习是安全的,一切困难都由教师顶着。书上做满笔记,记满答案,可是,离开老师、离开书本自己却不知所措。

"放牛型"——牵着学生走,将自己的意愿强加给学生,学什么、怎么学全由教师做主,学生紧跟教师的步伐,忙于迎合教师,结果是学生学习主动性缺乏、学习方法不科学。

"放任型"——过分相信学生的能力,不管学生年龄大小,也不管学生已有的学习经验,都将学生自学、自我感悟作为主要学习方式。由于学生缺乏方法指引,学习目的不明,学习态度散漫,最终造成学习效率低下。例如,不少初一学生课前不预习,课后不复习,课堂上不记笔记,课后也不质疑。老师布置预习,他问"预习什么";老师让其回家复习,他问"怎么复习";老师提醒其记笔记,他就抄下板书;老师让其多记要点,他却记些书上有的,自己懂的,不很重要的内容。临近考试,学生纷纷要求任课老师给他们一份复习提纲,告诉他们复习重点,如果希望落空就叫苦不迭。正是小学教师在学习方法指导上的缺失,导致一些自理、自学能力差的学生难以迅速适应中小学的变化而落伍,最终成为后进生。

(2)中学——重知识传授,轻兴趣培养。在教学方法中,小学教师强调的是通俗易懂、形象生动、趣味性强及让学生更多地参与;让学生在教师所创设的教学情境中,从感染到融合,再到知识的掌握;每课一个主题,内容相对简单,因此教师可以把教学过程设计得比较宽松。中学教师由于每课时应讲述的内容较多,偏重于强调课堂教学的系统性和完整性,在教材处理上侧重于重、难点的掌握与突破,课堂教学环境不再轻松。这样,就使一些进入初中后不能很快适应新教学内容、教学方法的学生迅速落伍,这也是目前初中学生分化普遍提前的重要原因。我们曾组织部分小学六年级的教师到初中、初一教师到小学高年级听课,听后教师普遍反映对对方的教学方法难以接受。教师尚且如此,学生自不必说。例如,现行小学语文教材内容比较简单、知识点少,教师一般要求学生侧重于识记和浅层的理解,思维难度不大。相对来说,小学课堂容量较小,教师教学节奏较缓,教学活动较多,教学手段相对丰富,擅长创设情境激趣教学,学生可在课堂反复的训练、强化中加深对知识的掌握程度。

学生进入初中以来,表面看,仍然以学习为主导活动,但是与小学时期比较起来,却有许多不同之处。在学习内容方面,初中的学习科目比起小学来有了很大的分化,学科的分类比以前显著增加了。不但学科增加了,而且每一学科的内容比小学阶段扩大和加深了。初中阶段不但在学习内容方面有变化,学习的形式也有了新的变化。由于课程内容的增多和加深,学生必须学会主动地安排自己的学习计划,学生必须具有很大的独立性、自觉性。进入初中后,考试量多且频繁,都会使刚进入初一的新生感到很不适应。这会使学生在短暂的兴奋之后,对初中生活感到厌倦,对自己的能力产生怀疑,对教师不信任;也可能会使一部分在小学时期出色的学生学习成绩突然下降,性格产生变化,变得内向、沉默寡言或激动易怒。

大部分教师善于把握中学生的心理特点,坚持正面诱导,多找学生的闪光点,让学生品尝到成功的喜悦。但中学对学生的评价更客观、科学、公正、严格。小学和初中评价的不一致在课堂评价、作业评价、考试评价和综合评价等方面体现了出来。比如考试评价,中学的考试过难或偏易,分值不合理,考分偏低,都容易打消学生的学习积极性和学习自信心,加重学生的负担。

## 二、学生学习方法的缺失

学习方法是通过学习实践总结出的快速掌握知识和技能的方法,因与学习、掌握知识的效率有关,因此越来越受到人们的重视。学习效率的高低,是一个学生综合学习能力的体现。在学习阶段掌握好的学习方法,拥有较高的学习效率,对人一生的发展都大有益处。

有的家长总抱怨自己的孩子小学学习成绩不错,一到了初中就变成"困难户"了。原因究竟是什么呢? 除教学内容、教学方式的原因外,主要是学习方法的缺失。

### 1.教师原因——方法引导的缺失

在初中学习过程中,需要学生有一定的自学能力和方法。为更好适应初中的持续学习和发展,小学教师在这个特定的转型期应该侧重对学生自主学习的意识、习惯和方法进行指导,如持续的注意力的培养、自学能力的培养(预习、整理笔记、整理与复习)等习惯和能力的培养。如果小学教师在学生学习的过程中不善于培养学生自学能力和指导学生的学习方法,学生仍旧等、靠老师来"喂",不能自觉地对知识进行有效的梳理和建构,不会对知识进行及时的自我分析和解决,问题就会越积越多,对下一步的学习和发展产生障碍。如果小学教师没有这些意识和相应的教学侧重,学生在学习习惯上没有形成很好的过渡和发展,就不利于学生到初中的后续学习。

一些教师认为,良好的学习习惯是从小培养的,不是某一阶段的内容,更不能在毕业学年的过渡阶段一蹴而就。我们说"能力和习惯的培养要从小做起"的这种意识是对的,但不同的年龄和学龄侧重点应该略有不同。例如,学生进入小学起就应把逐项习惯和能力的培养就提到日程,首先是对学生的听、说、读、写等方面的基本能力进行培养,伴随着这些能力的培养,一些综合思维方式和方法越来越渗透在教学过程中,如培养学生有条理地分析问题、独立思考能力、合作交流的能力、反思的意识和能力。但很多教师没有相应的教学侧重,学生在学习上"等"、"靠"的现象依然严重。

### 2.学生原因——方法运用的缺失

小学生由于生理上好动与心理上的不成熟,其学习主动者居少,而被动者居众。小学教师针对这一阶段学生的特定情况不得不采取严督勤管的方式。于是长期以来,学生大多形成了一种被老师牵着走,甚至被老师抱着走、逼着走的被动学习模式。由于这一阶段孩子的逆反心理与逆反性格尚未成形,也由于学习内容相对简单,于是这样的监管模式在小学阶段能够收到较好的效果。

较之小学阶段,初中阶段学习负担及压力明显加重,不能再依赖小学阶段教师"填鸭式"的授课、"看管式"的活动、"命令式"的作业,要逐步培养自己主动获取知识、巩固知识的能力,要根据自己的条件自己主动探寻一套行之有效的学习方法。但因为学习方法运用上存在缺失,学习方面易出现问题。

**【案例1.9】**

## 初中新生的"小故事"

**故事一：**小A是个入学时成绩名列前茅的男孩。入校的近一个月他的表现使所有老师都感觉这个孩子很有灵气,老师们感觉课堂上的小A充满着自信,不但听讲时目光炯炯有神,而且对老师出的目标要求较高的A类题目能做出一定的响应。比如数学课上,小A常会在老师出示了A类题目后,积极回答,带给大家一种思路。数学老师因势利导,也会有其他的几个同学顺势而上,最终同学们将问题全部解决,数学老师也会在这样的时候对小A进行一些表扬。

但就在开学两个月之后的阶段水平检测中,小A的成绩并不是老师们所期待的那样高,而且近期小A的成绩一直是在下滑。

我找到小A和他说起初中的学习生活,小A是这样描述的:"从小在学习上我就比较轻松,上课听听老师讲的,回家把老师布置的作业做完,我每次考试都能是班里的前三名,老师们都很喜欢我。到了中学,爸妈对我有更高的期望,我也相信自己的水平,我特喜欢数学,尤其是解出一些难题时,我有种说不出的快乐。我还要爸妈给我买了数学辅导书,专门做其中的难题。可是不知道怎么的这次测验数学上丢分这么多,老师的批语中要么是概念混淆,要么是格式不对,唉! 真不知道是怎么回事……"

**故事二：**新生入校,自由支配的时间比小学要少很多,班主任经常教育新生要合理利用在校时间。

一天中午,我饭后在操场散步,看到同学们运动的身影,唯独在大树下有一个小姑娘在看书,我不禁走上前去。她是初一X班的小B同学,家离学校40分钟的路程,每天坐5站公交车到校上学,我感觉到她的时间被老师布置的任务塞得满满的:每天课间的时候尽可能地把语文、历史、地理、生物等老师布置的口头作业做完,中午时间就把英语单词背背,回家在车上可以再把没背完的再背背,这样晚上回家可以抓紧写作业,再做一些练习巩固一下,一般晚上10点多点就可以休息了。我没听出女孩改错的时间,关心地询问了一下学习成绩,确定了女孩的成绩也只是在"良"和"中"之间波动,为此女孩自己也表现出不理解为什么自己这么努力但成绩却并不优秀,想知道有没有什么好办法可以进步。

(青岛第四十四中学　马彦宁)

以上案例说明,刚开学的前两周到一个月,初一学生的心气都很高,他们认为初中是一个新的起点,所以无论是上课听讲还是课后的作业都很认真,可是随着课程难度的增加,一部分学生的这种"学习斗志"就不那么强烈了,甚至有的就开始自暴自弃了,成绩则是每况愈下。究其"病因"就在于:一些学生在小学的学习过程中没有养成良好的学习习惯,表现在上课时注意力不够集中,听课习惯及效果不好;有些学生学习的兴趣不浓,学习的主动性差,没有积极的做事态度、独立和主动的精神;许多学生进入初中后,还像小学那样有很强的依赖心理,跟随教师惯性运转,没有掌握学习主动权,表现在不订计划坐等上课、课前没有预习、对教师要讲课的内容不了解、上课忙于记笔记而没听到"门道"。还有一些自我感觉良好的学生,常轻视基本知识、基本技能和基本方法的学习与训练,经常是知道怎么做就行了,而不去认真演算书写,只对难题感兴趣,以显示自己的水平,好高骛远,重数量,轻质量,陷入题海,到正规作业或考试中不是演算出错,就是中途卡壳。

### 三、中小幼教育衔接中家庭教育方法的缺失

中小学教育衔接工作是否能够顺利进行,起关键性作用的还是家长。中小幼教育衔接阶段,是孩子们学习生活方面的一次飞跃,同时也是人生历程中的一次转折。如今的中小学生都是社会、家庭的宠儿,独生子女居多。在孩子的中小幼教育衔接过程中,学校教育仅仅是一个方面,而以家长为主体的家庭教育已成为不可忽视的重要组成部分,其重要性甚至可能更胜前者,因为后者对孩子的影响是延续性的、全方位的,家庭教育在中小幼教育衔接中发挥的作用也将越来越大。

然而,目前尚有相当数量的家长不了解孩子由幼儿园进入小学,或由小学进入中学后的种种生理、心理变化,不了解中学、小学、幼儿园在管理、教学等方面的不同之处,从而忽视了孩子进入小学或初中前的引导。虽有部分家长也迫切希望能帮助自己孩子尽快适应小学或初中生活,但存在教育方法不得当的问题。

1. 家长的教育方法缺失——"拔苗助长"

【案例 1.10】

#### 早期教育    志在必得

自从有了孩子,我就告诫自己,一定要做称职的母亲。我看了很多家教书籍,受早期教育思想的影响,我认为对孩子文学、音乐和绘画的教育首当其冲。

从女儿十个月开始,我就带她去亲子园,听老师讲故事,唱儿歌,听节奏,和小朋友们一起做游戏。两岁半的时候,女儿就上了幼儿园小托班,自理能力日渐增强。

看到周围的朋友、同事的孩子都是十八般武艺,样样精通,我也担心只让孩子在家里傻玩,会不会耽误孩子的发展。于是女儿两岁半就开始学习英语,在外教的熏陶下感受英语的语言环境。三岁开始学习绘画、舞蹈,四岁开始学习识字,五岁开始学习游泳、乒乓球、钢琴。

为了不让女儿觉得这些特长班都是我强加于她的,在学习兴趣班之前,我都会做一些准备工作,比如带她去大海玩耍,然后带她去游泳馆参观,把小家伙的积极性调动起来后,由她主动提出要学习游泳,然后我还装作犹犹豫豫的样子,把小家伙急得又保证又发誓要好好学,我才痛痛快快地给她报上名。然后就是风雨无阻地送她去参加各项学习,不断鼓励她挑战自我。

儿童三岁前的智力开发非常重要,六岁前已经开发了近90%。我的女儿现在六岁了,马上就要上小学了,我觉得自己对她的早期教育尽了全力。尽管这样

四处学习,孩子常常喊累,我也觉得没有自己可以支配的时间,但我相信孩子会有很好的发展。

(青岛市四方区教工第二幼儿园　宋馨仪妈妈)

上面一个案例中,幼儿的妈妈重视儿童的早期教育,善于运用激发兴趣的方法引导孩子学习,受周围环境影响也想让自己的女儿十八般武艺样样精通,但是她忽视了孩子常常喊累的状况。在现实中有相当数量的家长重视儿童的知识积累而不注意儿童的兴趣开发和能力的培养,无视儿童身心发展规律、特点和需要,拔苗助长,压抑了儿童个性的发展,影响了其健康成长。由于传统的教育观念与教养态度等多方面的偏差和不当,造成很多家长重视技能、技巧的训练而忽视幼儿的全面发展,重视短期成效而忽视幼儿的终身发展,甚至有的家长过急而超前训练孩子,竟将小学一年级的课本内容提前教给幼儿掌握。他们认为入学前应该让幼儿学会读和写,学会做数学题。他们关注的是孩子在幼儿园学会了写字、拼音还是算术,关心的是自己的孩子是否聪明、学习过程中注意力是否集中、能不能大胆回答问题,致使幼儿在入学后出现这样一种情况:入学初感觉学习很轻松,出现上课不专心、做作业不认真等现象,形成了不良的学习态度和习惯;随着学习内容的加深,难度的增加,"储备知识"用完了,又缺乏认真学习的习惯,这时就出现了适应困难,导致学习"没后劲"等问题。

2. 家长的教育方法缺失——"认识偏颇"

暑假里,幼儿园升小学、小学升初中的"衔接"培训班招生广告就热闹起来。"衔接教育"究竟衔接些什么内容? 对自己的孩子究竟有没有帮助? 好多家长表示对此并不了解。

小宁家长坦言,之所以送儿子参加培训班,原因有二:其一,儿子暑假一人在家,不是看电视就是玩电脑,与其这样,倒不如花点钱让他参加培训班;其二,学总比没学强,早学总比晚学好。

对一个学生来说,初中是学习生涯中的一道坎;与小学相比,初中的学习无论是模式还是内容,都将发生很大变化。所以应该说,进行适当的小升初"衔接教育"是必要的。但此"衔接"非彼"衔接"。衔接教育主要是指学习方法、学习心理的衔接。要对学生进行这方面的衔接教育,对师资要求甚高,不仅要求教师有着丰富的执教经验,而且还要求教师能够根据学生个体因材施教。而事实上,现在社会上各种培训机构提供的师资很难达到这一要求。

中小学教育衔接阶段,是孩子独立成长的关键期。这一阶段又叫做心理断乳期、青春叛逆期、发展危险期。这一阶段,孩子与父母吵架、离家出走、自杀、犯罪的最多。

据调查,43%的初一新生不适应初一新生活。

中小学教育衔接阶段,孩子面临"三大变化":生理变化(性发育成熟,对异性产生好感);心理变化(渴望独立,自我感觉长大了;情绪变化频繁);学习方式变化(亟待提高自学能力)。此时,父母们最容易犯的一个错误就是,常常认为"孩子还小,没关系,长大了就好了"。

一位母亲,就曾在自己的日记中悔恨地写道:"孩子小的时候,就十分不爱学习,教他数数都不愿意学。对此,我也没在意,心想,这些知识很简单,孩子大了自然就懂了。孩子上小学的时候,十分贪玩,作业只有在我的严格监督下才能完成。我心想,等孩子长大了,自制力提高了,懂得学习的重要性了,自然就可以将注意力集中在学习方面。可是,后来的事实证明,我所有的想法都是错误的。孩子小学毕业进入中学后,本就不爱学习的他对学习更是提不起一点兴趣,上课睡觉、逃学成了家常便饭。我急了,骂也骂了,打也打了,甚至把孩子关在房间内令其闭门思过……可孩子依然我行我素。"

上文中,如果在刚刚发现孩子不爱学习的同时,妈妈就能够加强对孩子的引导和教育,采用多种方法去引发孩子的学习兴趣,也许,事情就不至于发展到难以收拾的地步。

**【案例 1.11】**

### 儿子升初中后……

儿子今年上初三,但我还是很清楚地记得他刚上初一时的情景。"国庆节"七天假期,我们哪也没去,"宅"在家里陪着儿子一起欢喜一起忧。儿子究竟写了多少作业实在记不清了,只记得单单英语一门功课就 9 张卷子。儿子每做完一张,就扔在地板上,恨恨地说:"灭了!""烧了!""砸烂!"某中学以作业超多而闻名岛城。但是,实际上,儿子的这种表现并不仅仅是对超量作业的愤恨,而是恰恰说明了他对紧张的初中生活的不适应。

回想小学生活,只有语、数、英三门主科,知识相对而言非常浅显,而小学老师像保姆似的不厌其烦地把那点知识教透教会,但凡智商正常的孩子都能玩着耍着考个全优。但是,上了初中就是另一个天地了。首先是科目的增多,增加了政治、生物、地理、历史、计算机等科目,这些科目有的要进行会考,有的要按比例计入总分,都不可掉以轻心。但是儿子显然还惯性地使用着小学的那套学习方法,以完成书面作业为目的,并不知道很多知识、很多科目是需要温习的。结果第一次期中考试,儿子的英语成绩就很不理想。要知道在小学他可是回回考满分的。因而中小教育衔接阶段,我们家长和孩子都将面临三大变化中的"学习方式变化"。为了掌握真实情况,我给孩子的英语老师打了电话,在进一步的沟通了解的基础上,我和儿子坐下来,平心静气地分析他英语失利的原因:一是小学的英语知识点少,在课堂上就可以掌握,回家可以不用再看书,但是,初中的英语开始看着简单,但是简单的知识过渡之后,很快就会有铺天盖地的知识点出来,这时,单纯光靠课堂记忆是不够的,课后的温习凸显出重要性。二是要养成记笔记、背笔记的好习惯。当前的英语教学还是围绕着语法点、词汇点、时态点教学,所以,这些知识,当老师在课堂上讲述的时候,要跟老师同步记下笔记,课后,再把笔记拿出来好好回顾一下,将老师讲的知识点完全融会贯通。只有这样,才能逐步提高初中的英语成绩。

(青岛湖岛小学　解明慧)

# 第三节　教育内容的错位

教育内容是教育活动中传授给学生的知识技能、思想观点、行为习惯等的总和,包括对学生进行德、智、体、美等各方面教育的内容。

教育内容的构成发展到现代社会变得十分丰富多彩。从其涉及的范围看,包括人类社会各个领域活动的知识、经验和技能;从其价值来说,它具有发展人的智慧、品德、体力、审美能力等各方面的作用;从其表现形态来说,有物质的、符号的、精神的、行为的。因此,教育内容是学校中显性课程与潜在课程的统一体,包括校内与校外教育。

中小幼教育衔接过程中的教育内容错位,主要包括德育教育内容错位、教材内容错位和教学内容错位三部分。

## 一、德育内容的错位

德育是指教育者按照一定社会的要求,有目的、有计划、有组织地对受教育者进行政治、思想、道德、法纪和心理素质的教育。从动态性的原则来看,学生健康的心理素质,文明的行为习惯,良好的道德品质,科学的世界观、人生观、价值观,崇高的理想信念等都是通过小学、中学、大学等各个阶段的教育逐步形成的。

品德发展心理学研究表明,品德发展的年龄特征是整个心理发展的年龄特征的一个组成部分。我国著名心理学家林崇德将儿童与青少年的品德发展分成了彼此联系的 5 个阶段:0～1 岁(婴儿期),主要是适应性时期;1～3 岁(幼儿期),为品德萌芽阶段;3～7 岁(学前期),主要是情境性品德发展时期;11～15 岁(少年期),这是动荡性品德发展时期;14～18 岁(青年期),这时期品德发展的明显特点是成熟性。中小幼衔接阶段的儿童都属品德发展的少年期,学生可塑性大,又即将进入品德发展变化的关键期。因此,中小幼衔接阶段是德育衔接的一大良机。

《国家中长期教育发展规划纲要》中把德育教育再次放在教育的首位,足见国家对德育工作的重视。但在中小幼教育衔接课题研究中,我们发现德育活动内容和学科德育教育内容存在着泛化和虚化的错位。

1.德育活动内容的泛化

**【案例 1.12】**

### 德育教育何时能解学生之所惑

被苏霍姆林斯基的女儿称为"中国的苏霍姆林斯基式的教师"李镇西(成都石室中学教师),曾以"除了学习以外,目前你还有哪些最关心的问题得不到解答"为题,在高一学生中进行了一次调查。调查结果是 47 名学生提出了 106 个问题,内容涉及人际关系、心理保健、性知识教育、宗教信仰、职业选择、国际政治、与父母关系、自我评价、社会风气、男女情感、人格塑造、哲学流派、环境保护、生与死等方面。

现摘录几段：

——我感到生活中处处是矛盾，为什么现在社会发展了，而人与人之间的关系却淡漠了，各种歪风邪气、腐败现象更猖獗？这到底是社会的进步还是倒退？

——社会上，走后门、拉关系成风，老师说这是不对的。我的爸爸妈妈也常常"走后门"，但他们的确是善良的人，迫不得已才这样做。我不知道该怎样评价这种现象。以后我参加了工作又该怎样对待"走后门"？

——那么多的政治课、班会课、团组织生活，可从来不愿谈我们关心的问题，我们这些问题也不愿问老师。有一次，我憋不住，鼓起勇气找班主任，他听了我的叙述，便给我讲了一大通"要有远大理想""你的苦闷难道还有张海迪遇到的困难大吗""看问题要全面"之类的套话，真烦死人！更气人的是几天后的一次班会课上，老师不点名地批评了"一些同学缺乏远大理想、心理灰暗、思想不够健康"等等。这不是把我往绝路上逼吗？"老师讲的不是我们想的，我们想的，恰恰没人回答！"教师不了解学生"惑"在何处，必然导致所"讲"非所"想"。

在中小幼教育衔接阶段的学生同样有无数个"最关心的问题得不到解答"，原因就在于德育活动内容的泛化。

《小学德育大纲》规定："培养学生初步具有爱祖国、爱人民、爱劳动、爱科学、爱社会主义的思想感情和良好品德；遵守社会公德的意识和文明行为习惯；良好的意志品格和活泼开朗的性格；自己管理自己、帮助别人、为集体服务和辨别是非的能力，为使他们成为有理想、有道德、有文化、有纪律的社会主义公民，打下初步的思想品德基础。"

《中学德育大纲》规定："中学德育工作的基本任务是把全体学生培养成为热爱社会主义祖国的具有社会公德、文明行为习惯的遵纪守法的公民。在这个基础上，引导他们逐步树立科学的人生观、世界观，并不断提高社会主义思想觉悟，使他们中的优秀分子将来能够成为共产主义者。"比较中小学的具体德育目标，可以发现它们之间虽有逐步深化的发展趋势，但是它们始终都是围绕"五爱"、"四有新人"、遵纪守法及规范行为等这些总体目标展开的。德育内容基本相同，差别仅仅体现在程度上。在德育途径与方法方面，我国学校德育途径范围固定、灵活性较差。比较常用的途径与方法有：政治理论课、思想品德课、各科教学、校内外活动、辅导员和班主任工作、团队活动等。在这些途径与方法中，学校比较偏重政治理论课和思想品德课。事实上，德育工作仅局限于这一狭小的范围内，而其他的各种带有实践性质的德育途径在不知不觉中被弃于九霄云外。尤其在不同学段之间，这种不相称和相互脱离显得尤为突出。在各科教学中，要么不去挖掘其中蕴涵的德育因素，要么强拉硬拽、牵强附会；在毕业的关键阶段，普遍存在着无缘无故地将校内外活动、班会、团队活动更换为文化课的现象。学校德育方法陈旧，以道德规范和道德经验的灌输为主，凭老经验办事，跟不上时代发展的步伐，缺乏对方法的研究和理论指导实践的实际操作，随意性较大，形式主义严重。更没有针对衔接阶段儿童的各种困惑和需求，开展有针对性的德育活动，使许多儿童带着许许多个"最关心的问题得不到解答"的困惑进入新的环境。

　　2.学科德育教育内容的虚化

　　在市场经济条件下,在实际德育教育中,如何引导学生将道德认识、道德情感转化为实际的道德意识和行动? 在社会生活中存在着"一切向钱看"的思想影响下,如何引导学生树立正确的人生观、价值观? 在社会生活中出现"假冒伪劣"、"坑蒙拐骗"等消极影响的情况下,如何培养学生诚信的品质? 在人际交往日益频繁、复杂的情况下,如何培养学生与人交往的良好道德品质? 在升学考试、就业竞争日益激烈的情况下,如何教育学生承受挫折、适应环境、积极进取,具有健康的心理素质? 面对这些问题,学校的德育教育虽做了许多改进,但德育教育内容在很大程度上存在简单重复性,缺少层次性,在内容安排上缺少对德育教育对象和具体实施途径的重视,而导致整体上的错位、越位或不到位的现象;尤其重要的是,在学校德育教育中没有将中小学德育课程合理衔接和逐步深化,即没有重视教育对象的层次性及德育内容的逐步深化问题。

　　德育首先应该在小学阶段教育引导学生懂得做人的基本道理和原则,对祖国和社会有一定的了解;中学培养学生对祖国、对人民、对社会的情感和责任感;大学教育学生树立正确的人生观、世界观、价值观,使之树立远大的理想。但是,现实情况正好相反,小学入学时唱"我们是共产主义接班人",中学生学习社会主义初级阶段基本理论,大学生不懂做人的基本道理,还得回过头来补上一课。例如公民道德教育,在小学品德与生活课上就开始学,直到大学还在继续这方面的教育,但大学生中仍然存在着许多道德问题,如买饭不排队、不关水龙头、随地吐痰、浪费粮食、考试抄袭作弊、生活上以自我为中心、不懂得关心爱护同学、对社会关注不够、公德意识薄弱等,这些都是值得我们思考的。热爱劳动也一直很受重视,但许多学生连自己的房间卫生都搞不好、个人的衣服都要父母洗……这些事实表明:在中小学德育课程中存在"不注重衔接与深化"、"重道德认识教育,轻道德意志和道德行为的培养"、理论与实际脱节、内容陈旧的问题。

　　当前的学校教育中,"重智轻德"的现象极为严重。在对待智与德关系的测试中,学生的智德认知与实际行动存在着明显的错位或倒置倾向,这与高考(中考)指挥棒的独特指向作用密不可分。当然,学校也在实施素质教育,但学生对"高考(中考)不考的东西一概与我无关"这一信条依然热情不减,德育教育进入一种怪圈,面临尴尬境地。

　　由于学校教育中普遍存在的"重智轻德"倾向,以及"高考指挥棒"的导向作用,德育在不知不觉中被打入"冷宫"。从不同学段来看,小学阶段比较重视对未成年人思想品德意识和行为习惯的养成教育,相对来说德育还占有一定地位。中学阶段,中学生求知欲较强,自我意识发展迅速,有较为独立的思维特点,同时稳定性尚未发展完全,易受外来因素的影响,对不同的意识和各种各样的思潮有不同的理解,所以对他们进行道德理论的灌输存在一定的难度。加之"校园中刮着猛烈的中考和高考风",因道德认知和道德行为并非包括在考查范围之内,所以相当一部分同学信奉"高考(中考)不考的东西一概与我无关"。德育对象错过了道德培养的系统、有序的教育环境,结果必然是学科德育内容的虚化。这就在小学和中学之间出现了德育的断层。

## 二、教材内容的错位

　　教材是课程的一种物化形态,是教育实施的载体,也是中小幼教育衔接实施的载体,包括课程原理、课程标准、教科书、教学指南等。

1.幼儿园教材内容的错位

幼儿园教育没有国家、省、市统一的教材,而是提倡幼儿园基于实际,大力开发园本教材。"园本"即是以幼儿园为基地进行课程开发。但是,幼儿园教师主要是课程的实施者,而不是课程的设计和编制者,要求他们自己去设计和编制课程,这样做也是不合理的,因为他们中的绝大部分人没有能力和精力设计和编制课程。要求幼儿园自己去设计和编制园本课程,使很多幼儿园园长和教师感到困惑和烦恼。

某幼儿园的园长用一个通俗易懂的比喻,说明幼儿园课程编制过程中的无奈:作为幼儿教育中最繁难的事,幼儿园课程是不容易设计和编制的。一套好的幼儿园课程,既要有理性,又要具可操作性,一般都需经由课程专家与有丰富经验的教师共同设计和编制。这就好比衣服一样,不是人人都会设计和制作的。能设计衣服的人,一定要有起码的专业服装设计思想和修养;能制作衣服的人,一定要有起码的裁缝技能。设计和编制课程是一回事,实施课程是另一回事,这就好比设计和制作衣服是一回事,穿着衣服是另一回事。每个人每天都要穿衣服,但是,要求他们自己去设计和制作衣服并不在理,因为大部分人不会设计和制作衣服。

通常多数幼儿园的园本教材由园长或骨干教师编纂完成。由于课程开发对幼儿教师来讲是一个新的领域,而要致力于这一活动,必须具备相关的知识、技能,显然目前幼儿教师中的大多数还没有承担这一任务的足够的能力。幼儿园教师不是课程专家,让他们去编制课程目标,选择和组织课程内容,设计和制作教具和课件,去创编"与别人不一样的园本课程",对于大部分幼儿园教师而言是勉为其难的。

结果是设计出的园本课程局限于(或等同于)教师本位的课程开发。教师本位的课程指个别教师根据自己狭隘的经验编写的科目教材或资料,其结果往往是过于封闭、缺乏交流,更是缺乏幼儿园与小学的衔接内容,使得园本课程不连续、不均衡、缺乏科学性。另外,这种课程的完成没有课程专家的指导,没有家长和幼儿的参与,充其量只是其他课程的翻版。

2.中小学教材内容的错位

小学和中学都有国家统一制定的《学科课程标准》。课程标准是国家对学生接受一定教育阶段之后的结果所作的具体描述,是国家教育质量在特定阶段应达到的具体指标。它具有法定的性质,是教育管理、教材编写、教师教学、学生学习的直接依据,也是评估与考试的依据。它对学校的管理、教师的教学行为起到了规范作用。

中学和小学在教材选用版本上存在着衔接错位的问题。小学和初中在学科教材的选用上,以市或区为单位统一选用不同版本的教材。但是有些学科的课程教材,小学阶段选用的教材版本和中学阶段选用的教材版本不一致,使得教材衔接上存在缺失的问题。例如,小学英语使用的是由上海教育出版社出版的牛津英语教材,这套教材是从美国引进,并经国内权威英语教学专家根据教育部有关开设小学英语课程的要求,针对中国儿童语言学习的特点改编而成。后来又选用了外研社出版的新标准英语教材。这些学生毕业升入到初中后,初中使用的是人教版英语教材。两套教材的编写体系是完全独立的,缺少过渡。由于牛津英语教材和新标准英语教材注重趣味性、交际性、创造性,注重学生跨文化意识的培养,听、说、做、玩、唱、演的内容安排使形式丰富多样、富于情趣,所以教师一般采用直观法进行教学活动,讲课速度慢,课堂容量少,加之有限的课时,所以小学阶段的英语教学只侧重识记和浅层的理解,思维难度不大。而中学人教版英语教材容量突然增大,节奏快,要求高,除了听、说外还要求读、写四种能力综合发展,部分学生很难适应英语学科这种跳跃性很大的教学要求,更何况由于孩子缺少英语语言学习的环境,势必造成中小学英语教学的脱节。

小学与初中在教材内容上也存在衔接缺失的问题。例如数学学科,小学数学中数的部分只涉及关于自然数和分数的知识,而学生在升入初中后,在代数方面遇到的第一个困难就是增加了"负数",有理数的计算有了符号的变化,对学生注意力的分配要求明显变高了;接踵而至的绝对值、相反数、数轴有了一些抽象思维的要求,部分学生更是丢三落四,无从下手。

### 三、教学内容的错位

教学内容是学与教相互作用过程中有意传递的主要信息,一般包括课程标准、教材和课程等等。新课程改革以来,基于生成性教学思维理念,人们对于教学内容有了新的认识。

1. 幼儿园教学内容的错位

【案例 1.13】

#### 幼儿园"口述应用题"教学实录片段

出示图片。

师:草地上原来有几只兔子? 又来了几只兔子?

幼:草地上原来有 2 只兔子,又来了 3 只兔子。

师:那老师想用加法来计算,应该问一个什么问题?

幼:草地上一共有几只兔子?

师:这几幅图讲了一件什么事情? 有哪两个已知数? 最后提了一个什么问题?

这真的是一节幼儿园的课吗? 如果不特别注明是幼儿园的一节"口述应用题"课,任何一个读者都会认为是一节小学一年级数学课。情境设置中,数量关系和算法隐含在情节中,而情节又由多个客观要素构成。师生对话中出现数学术语,如已知数、加法、问题等,对幼儿园的儿童开设"口述应用题"课、使用数学术语、进行算法分析,本身就偏离了幼儿教育轨道,从教学内容上看就是错位。

在路上或者在幼儿园门外,常看到这样的场景或听到这样的对话:"今天在幼儿园学了些什么呀?""认识了哪些字啊?""做了几道题?"如果孩子们面对这样的"质问"却茫然不知所措,答非所问道"我今天玩得好开心!""老师今天带我们玩了××游戏,好好玩"等诸如此类的答案,说不定会换来家长的生气质问甚至谩骂:"在幼儿园不好好读书,做些什么啊?"如果孩子如实回答,家长则喜笑颜开,一边走一边接着"教育":几加几等于多少……这就是目前幼儿园普遍存在的"小学化"教育现象。

一些孩子进了幼儿园,和进入小学没什么两样:书包里塞满了教材,每天上没完没了的课,每天学拼音、识字,还有的幼儿园教师居然还布置起了"家庭作业";有的幼儿园还办起了兴趣班、或特长班,以培养小明星为荣。

众所周知,幼儿教育是启蒙教育。这种启蒙教育针对幼儿的特点,遵循幼教规律,按照幼教纲要去实施,与小学相应层次的知识化、系统化教育,以及教学内容和教学方法是两回事。之所以出现上述现象,主要是一些幼儿园领导和家长误解了幼儿教育的性质,教学内容出现严重的错位。

2. 中小学教学内容的错位

长期以来,经常会听到学生家长这样抱怨:"为什么孩子在小学各科都是优秀,而到了中学就不行了呢?"学生则有这样的困惑:"我到底是不是读书的料啊? 为什么小学念那么好,中学就不会念了呢?"中学教师这样喊冤:"为什么小学的同学到了初中会变成这样呢? 究竟是怎么教出来的呢?"小学教师这样叫屈:"为什么我们辛辛苦苦培养出来的尖子生,一上初中有的就不行了呢?"是啊,为什么中小学教学会有这么多的问题呢? 其实,这些问题就是中小学教学过程的严重脱节带来的。

**【案例 1. 14】**

### 优秀学生怎么了

小琳曾是家庭的骄傲:小学三年级代表学校参加经典诵读比赛获得市一等奖;业余学习古筝,小学六年级便考取了十级证书;担任学校大队长……但升入中学半个学期,小琳开始显得力不从心,就连自己最擅长的语文学科,也兴趣骤减。课堂上,那个举手踊跃、发言积极的小琳不见了,她甚至觉得语文课让她变得"很陌生",课堂内容"索然无味",中学语文老师也变得"面目可憎"。

对于一个刚踏入中学校门的"优秀学生",年龄特征、生活学习环境的变化,尤其是教学内容的错位,都会对他们的成长产生至关重要的影响。在这一过程中,"过渡衔接"显得尤为重要。

中小学时期的语文教学内容由两大部分构成:一是与语文教学内容目标相应的语文知识教学内容,包括常用的 3500 个汉字,语言、文章写作知识,文学文化常识,经典作品及其权威阐释和评价观点等;二是与语文教学能力目标相应的语文活动教学内容,包括各种与达成具体能力目标相关的阅读活动、写作活动、口语交际活动,以及研究性语文学习活动等。就现行小学语文教材而言,小学语文教学是值得褒奖的,因为大部分教师从扎实训练学生基本功入手,为学生创设了学习语文的情境。但是由于学段特点,小学阶段的语文教学内容比较简单,知识点也较少,教师一般要求学生侧重于识记和浅层的理解(解决"是什么""怎么样"等问题),思维难度也不大。因此,小学教师讲课速度较慢,对于要掌握的知识反复讲、反复练。作业精批细改,使学生每个知识点都过关;测验题量也少,难度小,时间充裕,且考点多已在平时练习中反复操练过,学生只要平时能认真听课,完成好作业,不需花太大力气也能保持好成绩。学生在这种教学方式之下感觉语文"好学易学"。

现行中学语文教材内容往往一下子加深,知识点增多。从《语文课程标准》要求可以看出,初中语文教学对学生的要求大大提高了,要求学生通过"自主学习"提高语文素养;教学内容更侧重分析与理解,思维难度增大(解决"是什么""怎么样"和"为什么"等问题)。中学课堂容量也比小学大,许多知识(尤其是"识字写字"等基础知识)不再是语文课堂重点,只能一带而过。由于初中班额过大,就要求学生要有高度自觉性,认真、独立地完成好作业。测验题量大,难度大,时间少,且考点多做了变形,还有知识点的延伸,很多只掌握知识点而缺乏变通的学生可能会因"考试失误"而受挫。

(青岛第二十一中学　张丕喜)

由此我们不难看出,小学高年级和初中一年级的语文教学在教材内容上存在明显的错位。面对这种错位,刚升入初中对中学生活满怀憧憬的孩子们自然感到学习吃力、难以适应;随着教学内容的增加与难度的加大以及失败次数的增加,他们对学习语文的兴趣与愿望将会减退,甚至产生畏难和抵触情绪,从而造成大批学生的"分化"与"滑坡"。

# 第二章
## 教育衔接问题理论研究

## 衔接是一个国际化的议题

　　"衔接"是一个国际化的议题。在我们的中小幼教育衔接研究中,衔接指儿童教育的外部环境、儿童内在的学习及其过程、时期的沟通、联系和转换。它一反过去三个教育时段各自独立作战的分离状态,也不是单纯的线性连接,而是三个互不相同但彼此相续的动态体系融合为一个有机体的状态。它在基础教育中显示出新的生命力。教育归根到底是对人的培养和塑造,因此,中小幼教育衔接首先必须遵循少年儿童身心发展规律。本课题研究的两个衔接学段孩子均处在身心发展的关键期,必须遵循其身心发展规律。学习经验的连续性原则告诉我们,少年儿童属于不成熟的个体,"衔接"对他们来说并非易事,需要教师的帮助。我们应从哲学的一致性、课程的连续性、教学的连贯性及结构的一贯性四个方面来分析。中小幼教育衔接不仅从教育生态学获得新的宏观和微观的观察、思维视角,又以生态系统论观点为外部支持系统,强调了儿童个体成长的环境因素,而且进一步完善了终身教育体系,避免教学内容的重复与脱节,并使之具有灵活性、多样性和综合性,有利于培养学生的健康成长。中小幼教育衔接借鉴了脑科学研究成果,认为幼小衔接、中小衔接年龄段的少年儿童是大脑发育的快速期和关键期,关键期内适宜的经验和刺激是运动、感觉、语言及其他脑高级功能正常发育的重要前提。最后,中小幼衔接补充完善了系统工程,对个体的发展和整个基础教育质量的提高都有巨大的现实意义。

# 第一节　中小幼教育衔接的含义

## 一、中小幼教育衔接的概念

"衔接"是一个国际化的议题,有三个英文单词对应中文的"衔接":articulation,意指"沟通",亦即"思想、意念或感情的关联一致性表达",也可指"运用各个连结点将事物的各个部分相互适配在一起的连接状态";continuity,指"状态的不变",亦即"维持相同的状态,保持一致";transition,指"从某一种状态、阶段、形式或活动转变到另一种状态、阶段、形式或活动的过程或时期"。在我们的中小幼教育衔接研究中,也存在这三种意义——从外部环境的转换来看,希望形成一个 articulation 的状态,即幼儿园、小学、中学虽具有不一样的校园文化与教学风格,然而这种不同如同身体的各个器官需要相互配合才得以运作;就儿童内在的学习而言,通过中小幼教育衔接的设计,保证少年儿童的学习是持续的状态,此乃 continuity 的精神,亦即虽然经历了从幼儿园到小学再到中学的转换,孩子仍能感受到一致的教育目标、连续的学习内容与一贯的期待;就过程及时期来看,孩子经历了幼儿园、小学与中学之间的 transition 阶段。

"中小幼"分别指的是"中学""小学""幼儿园"三种不同的教育机构或教育阶段,"衔接"是指少年儿童成长过程中,从一个较低层次的学习场所转到另一个较高层次的学习场所的过程。

中小幼教育衔接是指幼儿园和小学、小学和中学两个相邻教育阶段之间在教育上的互相连接。此时恰好是结束较低层次教育阶段的生活、开始接受较高层次教育阶段的教育的初期,也是少年儿童心理发展的一个转折期。

"中小幼衔接",实质是少年儿童连续的、不断发展的社会性、心理、身体发展上的衔接。

## 二、世界各国幼小衔接的经验及启示

中小幼教育的衔接问题是当今世界各国教育面临的一个重要课题。尽管各国的国情及教育制度各不相同,实行义务教育的年龄不一,但大家都在谋求一个共同的目标,这就是更好地实施中小幼教育衔接,使中学教育、小学教育、幼儿教育更好地协调一致,成为一个有机的整体,进而有效地促进学生的全面发展。当前,国外的研究更加关注幼小衔接且成果丰富。

前苏联为保证幼儿教育向初等教育的顺利过渡,搞好幼儿教育与小学教育的衔接,进行了长期广泛的实验和理论探讨。前苏联心理学家认为,学前儿童的主导活动是游戏,而小学生的主导活动是学习,儿童入学准备的根本问题不是知识和技能,而是形成学校学习活动的心理准备。前苏联在小学开设预备班,预备班在教学过程中不是采取传统的学校上课形式,而是在游戏中加进一些特殊的作业和练习并逐渐加大难度。这种教育形式是小学课堂教学的雏形,教师在教学中常采用游戏的形式,为预备班的儿童学习减少难度。

预备班的教学和生活组织既不同于小学一年级,又不完全等同于幼儿园大班,因它附设在小学里且有与幼儿园不同的条件和氛围,但他们是学前儿童,他们的活动和幼儿园有许多相同之处,如每天上课时数不多,游戏和户外活动占有重要地位,教学中注重儿童的兴趣和情绪,强调当场掌握和巩固,不留家庭作业,不记成绩,使幼儿教育与小学低年级教育更好地衔接。幼儿园的教养员为确保儿童达到学校要求的水平,要了解小学低年级教育和教学工作的任务及特点,小学教师也要了解幼儿园教育和教学工作的目标、内容和方法,以便根据儿童已有的知识和经验施教,从而能帮助他们在此基础上建立起衔接关系。

美国的幼儿园基本上附设在小学,接纳 4～6 岁儿童,作为"小学阶梯"。对上小学一年级之前的 5 岁儿童限定进行为期一年的预备教育,主要是促进幼儿各方面的发展,为入小学做好准备。在教育内容上,强调教育内容要符合时代的要求,对幼儿进行数学和自然科学的教育。这对幼儿智力发展有着深远影响,为幼儿进入小学奠定了良好基础。为了更好地衔接,幼儿园的教养员和小学的教师要相互深入了解双方教育的任务和特点,尤其是双方教育对象的心理发展水平和特点,幼儿园的教养员可以教授小学一、二年级课程,小学一、二年级教师也可担任幼儿园的工作。

瑞士和英国考虑到幼小衔接的需要,其教育机构设置的主要趋势是将学前两个年级与小学一、二年级设置在同一个环境中,将幼儿教育与小学低年级教育结合或合并为一个教育阶段来考虑,环境布置、课程设计、教师培训都以创设一个整体的、连续的、发展而协调的学习环境为中心。

瑞士有 26 个州,各州都有自己的教育制度,日内瓦所实行的就是将学前两个年级与小学一、二年级设在一个机构中。日内瓦的"MaisonDes Detits"学前教育中心就是由学前两个年级和小学的一、二年级构成,设在一幢楼房里成为独立的教育机构。日内瓦的"Ecole DuLirron"学校分为两个部分:一部分由学前两个年级与小学一、二年级组成,另一部分是三年级至六年级;虽然都属于学校统一行政管理,但却是以小学二年级为界划分两部分管理。

英国初等教育分为 2～5 岁儿童的保育学校,5～7 岁儿童的幼儿学校和 7～11 岁儿童的初级学校,儿童从 5 岁开始实行义务教育,全部入幼儿学校,经过两年预备教育后再入初级学校。从幼儿学校的课程来看,尽管幼儿学校属于小学阶段,但课程的内容、要求以及活动的组织形式仍然从学前教育阶段开始,逐步向小学过渡。另外,英国也充分重视托儿所与幼儿学校间的衔接。在伦敦,当前较普遍的做法是将保育学校与幼儿学校合并在一起,这种做法避免了两类机构在环境与社会交往范围上的差异以及由此而产生的问题。

在学校及教室环境的设计上也体现出显著的连续性。英国和瑞士幼儿教育与小学低年级教育都十分重视物质环境的布置与安排,力求让儿童在与物质环境的相互作用中得到发展。幼儿活动室内的科学角、美工角等同样可以在小学低年级的教室里出现,这样就能减少幼儿进入小学班级时产生的陌生感。当然,活动角的材料在内容、性质上已有所变化,进入小学后,材料逐渐向实物符号、词语方面转变,部分活动角的内容转变为墙壁上张贴的形式。

日本把幼儿园与小学的衔接置身于终身教育的背景下来考虑,即从终身教育的观点看待幼小衔接,不再狭义地看成两个教育阶段的过渡问题。因此,文部省明确指出幼小衔接不是要幼儿园培养与小学特定学科内容直接连续的东西，而是培养儿童上小学后成为其生活、学习基础的东西。在小学教育方面，重要的是如何将幼儿园教育的成果进一步延伸、发展和深化。在幼儿园教育方面，新大纲对幼儿园课程内容作了重大改变，原来的六领域（体育、语言、自然、社会、美工、音乐）改为五领域（体育、语言、人际关系、环境、表现）。在小学教育方面，文部省在小学一至二年级的课程中增设一门新课——生活课。生活课包含了原来小学课程中的理科（以自然、地理、理化基础知识等为内容的课程）和社会科（以社会常识和技能为内容的课程），取消了理科、社会科。但生活课又非二者简单的结合，它是一门新的具有科学教育特色的综合科。幼小课程目标、内容、教育方法等的改革为幼小衔接创造了良好的条件。幼小改革后目标的一致性，使幼儿园教育成为儿童在小学继续学习和发展的基础。

　　以上五个国家都非常重视幼小教育衔接工作的研究，并做了大量的实践和研究工作，虽然他们的做法各有不同，但其中几点做法是值得我们参考和借鉴的：

　　第一，儿童入小学的预备教育，不但重视儿童的知识教育，对儿童进行一定的读、写、算的基本训练，而且重视儿童智力的发展、良好品德的形成以及儿童社会适应性的发展，并且为儿童多方面的适应和发展创造了有利的物质环境和精神环境。

　　第二，注重儿童入小学"顺理成章"地过渡，强调幼儿园与小学教育相互靠拢，尽量引导儿童走好这个"坡度"，主要体现在：一是教学内容和教学方法上相互靠拢；二是生活制度和环境布置上相互靠拢；三是为幼儿入小学做好心理准备。

　　第三，强调幼儿园教养员与小学低年级教师的联系，强调相互了解对方教育对象的身心发展规律、对方的教育教学内容和方法等，以便更好地使幼儿教育与小学教育衔接。

## 第二节　遵循儿童少年身心发展规律

　　现代教育学广义地将教育定义为有目的地促进人的发展的活动，包括学校教育、家庭教育、社会其他育人活动；目前我们狭义地将教育定义为学校教育，即教育者根据一定社会、阶级的需要对学生进行传授知识、发展智力、培养品德的活动，把受教育者培养成一定社会需要的人。

　　学校教育的对象是在学校中从事学习活动的儿童、少年和青年，是学习的主体。教育活动是使受教育者将一定的外在的教育内容和活动方式内化为自己的智慧、才能、思想、观点和品质的过程，如果没有受教育者的积极参加，发挥其主观能动性，教育活动是不会获得好的效果的。随着受教育者的知识和能力的增长，受教育者的主观能动性在教育活动中表现得更为明显，起的作用更大，他们可以在越来越大的程度上主动地自觉吸取知识和进行品德修养。因此，学校教育必须从他们的身心实际出发，适应他们的身心发展规律。

　　所谓学生的身心发展，指的是学生在学习阶段生理和心理所发生的积极变化。生理发展指的是机体的身高、体重、骨骼、肌肉、内脏和神经、呼吸、血液循环、内分泌、生殖等系统的正常发育和体质的增强。心理发展指的是个体有规律的心理变化。人的心理发展也包括两个方面：一是认识的发展，如感觉、知觉、记忆、思维等的发展；二是意识的发展，如需求、兴趣、情感、意志等的发展。人的生理发展和心理发展是密切相关的。生理的健康发展是心理发展的自然基础；同样，认识、情感、意志和性格等心理过程和特征，也总是制约着生理的正常发展。

小学阶段称为学龄儿童期或儿童期，初中阶段称为青少年期。

## 一、6～15 岁儿童少年的身心特点

### 1. 学龄儿童期

人体有两个生长发育的高峰期，一次是在出生后的第一、二年，另一次为青春期。小学阶段正好在这两个高峰期之间，儿童身高年增长 4～5 厘米，体重年增长 1.5～2.5 公斤，是相对平稳的过渡期。

在生理发展中，神经系统的发展与心理的发展有着最为密切的联系。新生儿的脑重为成人脑重的 25% 左右，6、7 岁时达到成人脑重的 90%，12 岁时达到成人的平均脑重量。在儿童期，大脑体积增大最为明显的皮层部分是额叶。生理心理学的研究表明，额叶与人类的记忆、抑制、思维等高级心理过程有着密切的联系。儿童所有皮层传导通路的神经纤维，在 6 岁末时几乎都已髓鞘化，这时的神经传导具有良好的准确性。在小学阶段，神经纤维还从不同的方向越来越多地深入皮层各层，在长度上也有较大的增长。除了神经纤维的发展，小学儿童脑皮层神经细胞的体积也在增大，突触的数量日益增多，它们的发展共同决定了小学儿童大脑机能的完善。

### 2. 青少年期

青春期生理发育有三大变化：

一是身体外形改变了。身高体重增加，第二性征出现，这对青少年的心理发展作用很大，他们认识到"自己已经长大了"，产生了成人感。

二是内脏机能健全了。心肺功能增强，脑和神经的发育趋于成熟，脑功能趋于协调，但依旧没有发育到成人的水平。在青春期腺体大量分泌激素促进全身组织迅速发育，但也加强了脑和神经系统的兴奋性，因而使中学生的情绪容易波动。

三是性成熟。这是人体内部发育最晚的部分。它的发育成熟，标志着人体全部器官接近成熟。性成熟也使男生、女生意识到两性之间的差异，带来全新的社会化的问题。

## 二、6～15 岁儿童少年的认知规律

我们分两部分来探讨一下儿童和青少年认知能力的发展：一部分是皮亚杰的理论，另一部分是国内的一些理论与研究。

### （一）皮亚杰理论

当代发展心理学最有影响的理论是皮亚杰的心理发展观。皮亚杰把儿童心理和思维发展基本上分为四个阶段：感知运动阶段（0～2 岁）、前运算思维阶段（2～7 岁）、具体运算思维阶段（7～12 岁）和形式运算思维阶段（12～15 岁）。

### 1. 学龄儿童期

一般认为小学儿童具有的是具体运算思维。这一阶段的特点是守恒性和群集运算。

守恒性是内化的、可逆的动作。用通俗的话说,就是能在头脑中从一个概念的各种具体变化中抓住实质的或是本质的东西,才算达到了守恒。比如说,我们将水从一个底面积较大的矮容器倒到一个底面积较小的高容器,然后问处在前运算思维阶段的儿童哪个容器的水多,得到的答案很可能是"高容器的水多",原因是那个阶段的儿童是缺少守恒概念的。而问一个处在具体运算思维阶段的儿童,他就能抓住同一些水在不同容器里的本质是一样的,自然就会有"两个容器里的水一样多"的答案。"守恒"是通过两种可逆性实现的。所谓可逆性,即指思维问题时可以从正面去想,也可以从反面去想;可以从原因看结果,也可以从结果去分析原因。"守恒"通过的两种可逆性包括:一个是逆反性,即否定性,如+A 是-A 的逆向或否定;另一个是相互性,例如 A>B,则 B<A。群集运算,例如女性+男性=人类。在具体运算阶段的儿童,由于出现了守恒和可逆性,因而可以进行群集运算,能对这些运算结构进行分析综合,从而能正确地掌握逻辑概念的内涵和外延等。

这个阶段之所以叫做具体运算阶段,是因为这种运算思维一般还离不开具体事物的支持,离开具体事物而进行纯粹形式逻辑推理会感到困难;这些运算仍是零散的,还不能组成一个结构的整体和一个完整的系统。

值得注意的是,一些研究认为儿童发展存在水平变化,指的是儿童解决一些具体运算问题要早于其他一些问题,也就是我们有时候所说的儿童思维发展的不平衡性。比如说,一个 9 岁的儿童已经学会用具体运算来解决 6+3=9,但同一个儿童可能不会用具体运算思维来解决他的书包放在哪里了。作为成年人,我们在用具体运算思维回忆书包在哪里时会想:"我是背着书包进的家门,当我坐在书桌前的时候是没有书包的,所以书包一定在从家门口到书桌这个范围内。"所以当儿童回答"不知道"的时候,他们并不是懒或是在智力发育上有问题,而是存在这种不平衡性。

一般来说,由于现代儿童的学前教育的普及、学校教育难度的提升,儿童的各个阶段的发展有提前的趋势。

2. 青少年期

形式运算思维阶段发生于儿童的 12～15 岁,具有抽象逻辑思维,即具体运算思维在经过不断同化、顺应和平衡,在旧的具体运算结构的基础上初步出现新的运算结构。所谓形式运算,就是可以在头脑中将形式和内容分开,可以离开具体事物,根据假设来进行的逻辑推演的思维。在这个年龄段,青少年已经能运用某些形式运算结构来解决所面临的逻辑课题,诸如组合、包含、比例、排除、概率、因素分析等。

形式运算思维有两大特点。一是对问题的答案进行系统的、有方法的探索。在解决一些复杂问题的时候,比如说有两个变量的实验,小学儿童会同时改变两个变量,而青少年会对一个变量进行控制,改变另一个,从而得到每一个变量与实验问题之间的关系。二是假设演绎推理。具体运算思维阶段的儿童会使用归纳推理,这种推理是基于个人经验的推理。假设演绎推理是先有假设,比如"如果人人平等",从而得到结论"那么你与我是平等的"。但这种推理也会造成天真的理想主义(naive idealism),构造自己的理想世界,所以经常会不满意于现实社会和生活。美国对小学儿童和初中生做了一个有意思的研究。研究者给学生们提出了一个问题——如果你是美国总统,你会做什么? 10 岁儿童的答案往往是具体的,比如在太空复制美国的城市;而 13 岁青少年的答案则包括了演绎推理和理想主义,会出现一些抽象的观点,比如假设的仇恨与犯罪的关系,这是在10岁儿童中见不到的。

孩子思维能力的改变也使他们的决策过程发生了变化。面对相同的问题,初中生会考虑到未来存在的可能性,而小学生往往只能看到眼前的情况。比如,给他们一个两难问题——是否进行手术去除脸部的一个缺陷,而且不同的医生提出了不同观点,让他们选择相信哪个医生,初中生会以未来的可能性决定结论,小学生则会以现在的情况比如在学校会不会被欺负决定答案。

### (二)国内的一些理论与研究

#### 1.学龄儿童期

我国心理学家朱智贤认为小学儿童思维的基本特点是从以具体形象性的思维为主要形式逐步过渡到以抽象逻辑思维为主要形式,但这种抽象逻辑思维在很大程度上,仍然是直接与感性经验相联系的,仍然具有很大程度的具体形象性。这个论断与皮亚杰的具体运算观点具有一致性。

低年级儿童所掌握的概念大部分是具体的,可以直接感知的,若要求低年级儿童指出概念中最主要的本质的东西,常常是比较困难的。他们的思维活动在很大程度上还是与前面的具体事物或其生动的表象联系着。我们说低年级儿童的思维具有明显的形象性,并不是说他们的思维没有任何抽象概括的成分。事实上,小学儿童的思维同时具有具体形象的成分和抽象概括的成分,它们的相互关系随着年龄的不同以及智力活动性质的不同而变化。在中高年级,儿童逐步学会区分出概念中本质的东西和非本质的东西、主要的东西和次要的东西,学会掌握初步的科学定义和独立进行逻辑论证;同时,要达到这样的思维活动水平,也离不开直接的和感性的经验,所以仍然具有很大成分的具体形象性。

小学儿童期的思维由具体形象思维到抽象逻辑思维的过程是思维发展过程中的飞跃或质变。在这个过渡中,存在着一个转折时期。这个转折时期就是小学儿童期思维发展的关键年龄。对于这个关键年龄在什么时候出现,心理学上没有定论,大致在四年级前后,确切地说,应该在三年级至五年级。我国著名心理学家林崇德认为发现这个转折点在何时实现的问题主要取决于教育的效果。这个发展的关键年龄有一定的伸缩性,是可以变化的。

#### 2.青少年期

在青少年期的思维中,逻辑抽象思维虽然开始占优势,可是在很大程度上还属于经验型,他们的逻辑思维需要感性经验的直接支持。同时,从青少年期开始他们已有可能初步了解辩证思维规律。下面从三方面来理解青少年的抽象逻辑思维。

首先,抽象逻辑思维是一种通过假设的、形式的、反省的思维。这种思维有五方面的特点:通过假设进行思维,从青少年开始是撇开具体事物运用概念进行抽象逻辑思维的时期;思维具有预计性,即主体在复杂活动前事先有了诸如打算、计划、方案和策略等预计因素,从青少年开始在思维活动中就表现出这种预计性;思维开始形式化,即从青少年开始,在教育条件的影响下,思维的成分中逐步由具体思维运算占优势发展到由形式运算思维占优势;思维活动中自我意识或监控能力变得明显,自我调节思维活动的进程是思维顺利开展的重要条件,青少年开始意识到自己智力活动的过程并且控制它,使思路更加清晰、判断更加正确,但是,青少年阶段监控能力的发展并不排斥这个时期出现的直觉思维,培养直觉思维仍是这个阶段教育和教学的一项重要内容;创造性思维,或思维的独创性获得迅速发展,成为青少年思维的一个重要特点,在思维过程中,青少年追求新颖的、独立的因素及个人的特色、系统性和结构性。

其次,抽象逻辑思维处于优势地位,从经验型向理论型过渡。在少年期的思维中,逻辑思维成分已经在一定程度上占有相对的优势,在思维的具体成分和抽象成分不可分的统一关系中,抽象成分日益占有重要地位。而且,由于抽象成分的发展,具体思维也不断得到充实和改造,青少年的具体思维是在和抽象思维密切联系中进行的。青少年思维的抽象概括性有了很大的发展,但由于需要具体形象的支持,因此,其思维主要属于经验型,理论思维还不很成熟。

最后,抽象逻辑思维的发展存在着关键期。研究发现,初中二年级是中学阶段思维发展的关键期。从初中二年级开始,青少年的逻辑抽象思维即由经验型水平向理论型水平转化。林崇德等人的研究分别测定从初一至高二学生的数学概括能力,空间想象能力,确定正命题、否命题、逆命题和逆反命题的能力,以及逻辑推理能力。从这四项指标来看,初中二年级是逻辑抽象思维的新的起步,是中学阶段运算思维的质变时期,是这个阶段思维发展的关键时期。

在中学阶段,独立思考的要求使青少年思维特质的发展出现新的特点,最为突出的是独立性和批判性有了显著的发展,但他们对问题的看法上还常常是只顾部分,忽视整体;只顾现象,忽视本质,即容易片面化和表面化。

关于青少年思维能力发展的性别差异的研究,国内外的心理学研究达成了一致。比如,男女生在智力、思维能力发展上的差异主要表现在思维能力发展特色上的不平衡:女性的语言表达能力优于男性,男性的空间能力、数学能力则优于女性。女性偏于形象思维或思维的艺术型,男性则偏于抽象思维或思维的抽象型。在思维发展速度的性别差异上的研究一直没有得到较为统一的观点,但都表明这种差异的存在。

关于其他认知能力的发展,国内的研究者对小学儿童的记忆能力做过大量的研究。

小学生的有意记忆是随着年龄的增长而不断发展的。随着学习动机的激发、学习兴趣的发展、学习目的的明确,有意记忆的主导地位越加明显。一般情况下,这个主导地位的显著表现是从三年级开始的。小学生的记忆已经从学龄前期的无意记忆占主导地位发展到有意记忆占主导地位,但是,小学生还大量地需要靠无意记忆来积累知识。

从机械记忆向理解记忆占主导地位的发展是小学生记忆发展的又一个特点。由于理解记忆与逻辑思维的理解能力有密切关系,因此这个主导地位转化的关键年龄往往与理解发展的关键年龄一致,大致在三四年级。研究表明,在小学阶段,两种记忆效果都随年龄增长而提高。小学低年级学生运用机械记忆的方法较多,这是因为他们心理的各个方面还没有充分发展起来,抽象逻辑思维尚未发展,知识经验比较贫乏,对于学习材料不易理解,还不善于对记忆的材料进行思维加工或逻辑加工。随着年龄的增长和年级的升高,知识经验日益丰富,言语、思维日益发展,在学习过程中逐步掌握学习方法和技巧,学生的理解记忆一天天增加,而机械记忆则相对减少。当然,在学习过程中,由于学习材料性质不同,学习过程的各个阶段的要求不同,既需要理解记忆,也需要机械记忆。小学生的机械记忆能力很强,需要充分的利用。

小学低年级学生知识经验还不丰富,记忆和具体形象的联系容易建立,与形象有直接联系的词也较易建立联系。因此,低年级学生往往表现为形象记忆。随着教学的影响、知识的丰富和智力的发展,小学生的抽象记忆能力得到不断发展。有研究表明,各年龄的小学生对具体形象的记忆效果优于具体词,对具体词的记忆效果又优于抽象词。但是高年级学生与低年级学生对抽象词的记忆效果的差异明显大于他们对具体形象的记忆效果的差异,延缓回忆时效果差异更为突出。

能否采用有效的记忆策略,往往也是个体记忆发展的一个重要标志。小学儿童一般采用两种记忆策略:复述和组织。复述是不断重复记材料直到记住的过程。7 岁左右是儿童由不进行复述向自发进行复述的过渡期。小学儿童进行复述的技能是随着年龄的增长而日趋熟练的。低年级儿童会单独重复每一个要求记忆的字词,而且需要更多的时间来记忆。而高年级儿童善于回忆一起复述的字词,已能追记字词并积累性地复述整个字词系列。儿童的复述技能在一定的年龄阶段是可以训练的。有研究认为,9 岁左右是进入训练的最佳时期。组织是指识记者找出要记忆材料所包含的项目间的意义联系,并依据这些联系进行记忆的过程。这种的记忆策略需要一定的理解能力作为基础。小学生开始能形成信息组块来进行记忆,正像成年人一样。10～11 岁儿童基本上是自发地应用对刺激物的归类来提高记忆效果的策略,其他年龄的儿童则不能;不过,经过归类训练,低年级儿童也可以达到这种自发的水平。儿童使用记忆策略的能力是随着年龄增长而不断发展的。学前儿童基本上不会自发地使用某种策略来帮助记忆,8 岁左右的儿童处于过渡期,10 岁以上的儿童基本上能自发地运用一定的记忆策略来帮助记忆。训练可以有效提高儿童运用策略的能力。儿童的各种记忆策略的发展是不平衡的,在很大程度上依赖儿童自身的知识经验。

对小学儿童语言能力的研究发现,到 5、6 岁的时候,基本上所有的小孩已经掌握了他们母语的基本语法和发音,但是离成人的熟练程度还有一定的距离。在学龄儿童期,小学儿童开始学习如何保持一个谈话主题、如何生成有准确含义的句子、如何表达得有礼貌或有说服力。6～12 岁,小学儿童的生词学习速度是非常迅速的。根据美国的研究,6～12 岁的儿童平均每年掌握 5000～10000 个新单词;在 8～9 岁的时候,儿童对语言结构的理解进入一个新的水平。他们开始掌握如形容词和副词(happy vs. happily)、形容词和名词(happy vs. happiness)之间的关系,从而形成了一组全新的词汇。我国对小学儿童字词概念发展的研究发现,四年级上学期是小学儿童掌握字词概念的一个重大转折点。

### 三、中小幼教育衔接符合儿童少年身心发展规律

儿童和青少年的发展具有连续性,各种各样的能力的形成是一点点积累起来的,不能说到了一个年龄,一下子该有的能力就都获得了,也就是说,不能像灯泡一样,接上电就会亮。同时儿童和青少年发展的个体差异是很大的。所以很难说在某一个年龄儿童和青少年就会有怎样的能力,但是他们的发展的确存在关键年龄。

1. 中小幼教育衔接符合儿童少年身心发展的顺序性

人的身心发展是一个由低级到高级、由量变到质变的连续不断的发展过程,这一发展

的过程是具有一定的顺序的。例如,身体的发展是按着"从头部向下肢"和"从中心部位向全身的边缘方向"进行的。儿童的思维总是由形象思维发展到抽象思维,记忆总是从机械记忆发展到意义记忆。教育工作就要适应这种顺序性。我们在向学生进行教育时,必须遵循着由具体到抽象、由浅入深、由简到繁、由低级到高级的顺序,逐渐前进,不能"揠苗助长"、"凌节而施";否则,就不能收到应有的效果,甚至会损害学生的身心健康。

2. 中小幼教育衔接符合儿童少年身心发展的阶段性

在儿童少年身心发展的过程中,不同的年龄阶段表现出不同的特征。例如,儿童期(6、7 岁)的学生的思维特点具有较大的具体性和形象性,抽象思维能力还比较弱,对抽象的道理不易理解;少年期(12～16 岁)的学生,抽象的思维已有很大的发展,但经常需要具体的感性经验支撑;青年初期的学生,抽象的思维居于主要的地位,能进行理论的推断,富有远大理想,关心未来的职业。正是因为他们在不同的年龄阶段具有不同的身心发展的特点,在教育工作中,就必须从教育对象的实际出发,针对不同年龄的学生,提出不同的具体任务,采用不同的教育内容和方法。如果不顾学生的年龄特征和接受能力,在教育工作中搞"一刀切"、"一锅煮",让青少年同成年人一样地听报告、搞活动,把对青少年的教育"成人化",这就违反了教育规律,收不到好的效果。

3. 中小幼教育衔接符合儿童少年身心发展的个体差异性

由于遗传、环境、教育和其自身的主观能动性的不同,儿童少年在身心发展上存在着个体差异。有的儿童身心的某些方面在较早的年龄已发展到较高的水平,有的则在较晚的年龄才出现某些特征;而且他们在兴趣、爱好、意志、性格等方面,也都存在着个体差异。教育工作者应该注意学生的个体差异,做到"因材施教",使每个学生的身心都能迅速地切实地得到发展和提高。

中小幼教育衔接要遵循儿童少年身心发展的规律,并不等于迁就学生身心发展的现有水平,而是从学生身心发展的实际出发,善于向他们提出经过他们努力能够达到的目标和要求,促进他们的身心发展,不断地提高他们身心发展的水平。

# 第三节 从经验的连续性看中小幼教育衔接

## 一、经验论——杜威教育哲学的核心[①]

### 1. 经验的定义

经验通常指感觉经验,是人们在同客观事物直接接触的过程中,通过感觉器官获得的关于客观事物的现象和外部联系的认识。与传统的经验定义不同的是,杜威的经验并不单纯地指感觉经验,而是一个"双义语":"它不仅包括人们做些什么和遭遇些什么,他们追求些什么、爱些什么、相信和坚持些什么,而且也包括人们是怎样活动和怎样受到反响的,他们怎样渴望和享受,以及他们观看、信仰和想象的方式……能经验的过程。"经验是有机

---

① 〔美〕杜威. 杜威教育文集:第 2 卷[M]. 王承绪,译. 北京:人民教育出版社,2008.

体和环境相互作用的过程和结果。

**2.经验的成因**

经验包含了过程和结果,那经验又是因何产生的呢? 依杜威的看法,这是有机体与环境交互作用的结果。杜威在不同的著作或者同一本著作中的不同地方皆阐述了这样的论点:环境与有机体的交互作用是一切经验的起源,而且从环境中产生了抑制、阻力、推进、均衡,当它们与生物体的能量以适当的方式相遇时,便构成形式。生物体为求生存而适应环境,人与大自然里的生物一样置身在环境之中,为求生存,人一样得要"适应"环境。人所处的环境除了一般生物体所生存的自然环境之外,就杜威的看法,还包括了那些和个人的需求、向往、目的及创造经验的能力发生交互作用的种种条件。也就是说,凡是能够影响人生存的一切生命活动,包含生理的和心理的,甚至是社会文化的因素与条件等,都是人可能与之交互作用的环境。人为了求生存必然会与环境产生交互作用。杜威认为,为了让生命存续,这种活动既是持续的,同时也是使自己适应于环境的。此外,这种适应上的调整,并非全然是被动的,并非只是环境塑造有机体。由此可见,有机体具有主动调整环境以创造更好的生活条件的功能,而非仅是被动地顺应环境而已。杜威同时指出,生物体的生命形式越高,这种对环境的主动改造就越重要。因此,在教育上必须致力于学生学习意愿的激发以及学生主动性的养成。

**3.经验主义的认识论**

杜威认为思维和知识都来源于经验。人们从经验中发展思维,认识到一个事物和各个方面的联系,便获得了知识。思维的开始阶段是经验,思维的结果归结于知识,知识的作用在于使一个经验能自由地用于其他经验。

**4.经验的连续性原则**

杜威指出,经验的连续性原则意味着每一种经验,它既从过去的事物中吸纳了某些东西,同时也借某种方式修改了未来经验的性质。杜威的意思是说,有机体和环境交互作用后所产生的经验,它不是孤立的、静止的,现在的经验会受到过去经验的影响(如以史为镜),同时,现在的经验也会去修正或改变未来的经验(如前车之鉴,后事之师),而经验的价值在于能增进个体对过去经验的吸纳和对未来经验的修改,也就是能够促进有机体更多或更好地生长的经验就是有价值的经验。就杜威而言,生长就是一个连续不断的发展历程,教育的作用就是导引学生往有价值的方向去发展。

**5.经验的交互作用原则**

经验的交互作用指的是学生与学习环境的交互作用。杜威所谓的交互作用指的是个体的内在状态与外在的环境变化之相互影响。个体的内在状态是主观的条件,而外在的环境变化则是客观的条件,主客观条件的相互作用便构成情境,个体现在情境的经验一样会对未来情境的经验产生修改的作用。由此观之,经验的连续性原则与交互作用原则实际上是密不可分的,所以杜威说它们是经验的"经"和"纬"以及衡量教育意义和价值的标准。所以,教育者在这里负有一种"决定环境"的责任;同时,在此环境中,受教育者依其目前的能力及需求与之交互作用,因而能够创造一种有价值的经验。

## 二、从经验的连续性看中小幼教育衔接

美国学者卡干认为,"衔接"存在于人一生中的各个阶段,但相对于成人而言,少年儿童是一个不成熟的个体;学习场所的转换对学生来说并非一件易事,需要教师的帮助。进行有效的衔接活动,可以从哲学一致性、课程连续性、教学连贯性及结构一贯性四个方面来分析。

1. 哲学一致性的观点

哲学上的"一致性"指的是跨系统间有共识或达到和谐的状态,而教育一致性是指学校内全体教职工、各种学生组织,以及校外教育机构、家庭、社会同学校的教育要求都要互相配合、步调一致。

学生的发展是有阶段性的,不同阶段有其特殊的矛盾,各阶段之间又是互相联系的。因此,对幼儿园、小学、初中学生进行教育,就应注意教育内容的相互衔接和前后连贯,体现出螺旋式的上升;即便在同一个阶段的教育内容和要求,也不能忽视前后的连贯性,而是要逐步提高。

学生的成长,是学校、家庭和社会多方面影响的结果。在我国社会主义制度下,家庭、社会影响和学校教育理应是一致的。但是,由于社会和历史的原因,家庭、社会不可避免地或多或少地存在一些与学校教育不一致的因素。因此,要求校内共产主义青年团、中国少年先锋队、学生会等各种学生组织和全体教职工都要把教育的要求、内容统一于社会主义教育目的之下;要求学校发挥专门教育机构的职能,同家庭建立多种形式的联系,统一思想,密切配合;学校应采取措施,对社会的影响加强控制和调节,把社会中的积极因素组织到学校教育过程中来,而教师在保持、维护教育的一致性和连贯性中则起着主导作用。

当前中小幼教育衔接之所以会出现问题,主要原因之一是家庭与学校间对于各阶段的教育目标、自身的角色等理念缺乏共识,但对教育目标、教育发展与学习原则及对彼此的角色期望是应该有共识的。这种哲学上的一致性理念是无法在一次家校联系中就能解决的,它必须通过长期的家校合作来达成。

2. 课程连续性的观点

"连续性"指的是两个系统间的一个连续状态,并不需要完全相同。这也是泰勒提出的课程内容组织的一条规则,是说直线式地呈现主要的学习经验,系统有效地纵向组织学习经验。

课程是学校教育的"心脏",搞好课程之间的衔接是实现教育衔接的一个重要方面,因此衔接教育受到了世界各国教育界的普遍关注。许多研究表明,课程的不连贯会造成学习衔接上的困难。国内学者陈伯璋等对小学课程结构的问题进行过研究,认为目前小学课程在连续性方面,社会各界反应最多的是学前至小学阶段的衔接,以及科目的纵向衔接。该研究认为幼儿园与小学一年级的课程衔接主要有两大问题:一是幼儿园课程统整与小学分科教学的差异,造成儿童学习适应困难;二是幼儿园与小学低年级课程无连贯性,导致有重叠或不连续现象的发生。调查发现,揠苗助长、越俎代庖的现象是幼小课程目标衔接中最为突出的问题。这方面主要指幼儿园无视儿童发展水平,"抢吃小学的饭"(这是访谈中许多小学教师反复强调的话语),典型的表现是幼儿园过分强调拼音识字、算

术等方面的课程目标。乍看之下,这样似乎更利于儿童到小学后的学习。事实上,"那些已在幼儿园学过了拼音识字的孩子,(进入小学)刚接触的大部分是在重复以前所学的东西。开始确实很轻松,也明显领先,却又因重复而使学习的积极性大大减弱,注意力更不易集中,反而以前没学过的孩子学习兴趣相对较浓,在开学几周后往往会追上或超过那些幼儿园先学的孩子。"(这是访谈中一位从教21年的小学语文教师的笔录,其他很多小学教师都有类似的说法)。揠苗助长、越俎代庖导致的必然是浪费儿童期的宝贵时间,降低教育效益。对于这种现象,幼儿园并非全然不知,访谈中很多园长无奈地表示之所以如此定位完全受制于家长"不能让自己的孩子输在起跑线上"的择校取向。与此相关,调查中还发现,不少幼儿园正极力打造"特色",展现"亮点",诸如标榜"双语""读经"等等,一方面固然存在认识上的误区,但更重要的无疑是为了迎合市场,以赢得生源,最终导致了课程目标的扭曲。

要搞好中小幼课程衔接,必须从课程的目标、内容、组织、实施及评价等五方面入手,形成一个合理的课程衔接方式。

一是课程目标"小步子"化。应将三个阶段的课程目标联系起来考虑,根据儿童的发展水平,以"小步子"化的方式逐步实现课程衔接,体现层次性和弹性化,让儿童逐渐适应从幼儿园到小学、从小学到初中的过渡。"最近发展区"理论表明,一个阶段的最近发展区将会转变为下一个阶段的现实发展水平,在此基础上又将有新的最近发展区。这种动态的"最近发展区"为儿童提供了持续发展的可能性,必须在充分了解儿童现有的发展水平和借助他人帮助可达到的水平及二者之间差距的基础上确定课程目标,并根据教育目的设计出一般目标和具体的课程目标层次,体现弹性化。课程目标应考虑到儿童之间的个别差异,顾及儿童发展的不均衡性,按照"小步子"化的方式循序渐进地实现,以适应不同儿童的学习要求和学习能力,使每个儿童都能得到尽可能的发展。

二是课程内容生活化。应将儿童的生活经验作为课程内容,选择利于引导儿童从周围生活世界中发现、探究问题的内容,体现儿童所在的家庭、学校、社区文化中富有教育意义的内容。人从生命诞生到生长、成熟、延续直到死亡都在生活,生命本身就是在生活中不断求索的过程。一个人由生物人转化为社会人首先面对的便是日常生活。作为主动的学习者,儿童往往对与自己生活经验有关的事物和现象感兴趣。课程内容的选择一方面固然应考虑学习领域(或学科)知识内部的逻辑顺序,但就中小幼衔接时期的儿童而言,更应根据儿童的兴趣、需要及发展特点,体现生活化的课程内容,围绕儿童周边的自然生活和社会生活展开,让儿童从具体的情境中学习,体验到学习的乐趣,并蓄足"后劲"。

三是课程组织统整化。中小幼衔接时期儿童心理发展的整体性特质与幼儿园和小学、小学和中学之间的"坡度"决定了中小幼衔接中课程组织应统整化。它既包括对课程目标和儿童学习经验的横向组织,即认知、技能、情意的统整和各领域(学科)的统整,又包括对具体某领域(学科)在两个教育阶段其课程内容的纵向组织。前者要求将知识与经验、过程与方法、情感态度与价值观整合起来,促进儿童身体的、社会的、情感的和认知的整合性发展,实现教育的整体功能。就具体的领域(学科)而言,其本身又是一个有机整体,应考虑衔接阶段课程内容的连续性和系统性,将其作为一个辩证统一的整体,从儿童发展的连续性和整体性出发,注重两个阶段课程内容的连续性。

四是课程实施活动化。根据皮亚杰的儿童思维发展阶段理论,中小幼衔接时期正值前运算阶段向具体运算阶段过渡时期,儿童的思维发展仍带有很强的具体形象性、不可逆性和知觉集中倾向,经由动作(活动)到表象(形象思维)再到抽象思维、从外部动作向内部思维发展的过程。课程实施中应让儿童先从外部形式的活动开始,在操作过程中促进儿童思维活动的发展,让儿童由直接感知转化为认识表象,进而构建初步抽象逻辑;应综合运用观察、操作、表述、游戏、小组讨论、户外活动等多种生动活泼的活动(教学)形式,调动儿童的多种感官,在活动中引起儿童内部心理活动——浓厚的兴趣、强烈的求知欲、体验探究的乐趣、积极乐观的情绪、主动的学习态度,使儿童通过亲身经历、实际操作与活动,获得认知、技能、情感态度与价值观等方面的发展。

五是课程评价多元化。应以儿童的全面发展和持续发展为导向,多维度、多视角地关注中小幼衔接时期儿童在学习活动中的主动建构,评价的主体、内容、标准、机制、方式等方面都应体现出多元化的理念。课程评价必须以尊重儿童为基本前提,首先应改变儿童在评价中的被动地位,注重儿童的自评,使评价成为儿童认识自我、发展自我、管理自我、激励自我的一种手段。评价内容应包括对儿童在知识与技能、情感态度、解决问题等方面的多元考察,尤其不能忽视儿童参与活动的主动性和积极性,以及其过程中与同伴合作、分享等社会性能力的发展。针对有差异的儿童,应有不同的评价标准,确立每位儿童都有成功之处的评价机制。在评价方式上,应注重将形成性评价与总结性评价相结合,强调对儿童发展过程的不断关注,既考虑儿童的过去,又要重视儿童的现在,更要着眼于儿童的未来。

3.教学连贯性的观点

(1)教学的界定。

随着近现代教育理论的日渐繁荣,对"教学"概念的理解也开始多元化,因此对其定义也有多种。早在我国古代商朝,甲骨文中就已经出现了"教"字,如"丁酉卜,其呼以多方小子小臣其教戒";也有了"学"字,如"壬子卜,弗酒小求,学"。"教学"二字连用,最早见于《书·商书·说命》:"教学半。"孔颖达的解释是:"上学为教(音 xiao),下学者,学习也。言教乃是益己学之半也。"《学记》引用其作为"教学相长"思想的依据,特别用来说明"学然后知不足,教然后知困,知不足然后能自反,知困然后能自强也",说明教学是一种教者先学后教、教中又学的单向活动。这里的"教学"即学习,是指通过教人而学,以提高自己。这是我国"教学"一词最早的语义。在西方,"教"、"学"和"教学"等词,在英语中分别为 teaching(教),learning(学),instruction(教学)。无论在东西方,"教"的基本含义都是传授,"学"的基本含义都是仿效。"教学"的基本含义是传授和学习。相关资料中关于教学的理解,归纳起来至少有以下几种:

最广义的理解,一切学习、自学、教育、科研、劳动,以至生活本身,都是教学。

广义的理解,在这种理解下教学从内容到形式都体现出有目的、有领导、经常而全面的影响,区别于生活本身和一般的学习或自学。

狭义的教学,指的是教育的一部分和基本途径,以传授和学习知识技能为主要内容,对学生的身心的多方面影响都是紧紧结合知识的传授和学习来进行的。

更狭义的教学,即为使学生学会各种活动方法和技能的过程,有训练的含义。

具体的教学,是相对于以上四种抽象的教学来说的。具体的教学是与一定的时间、地点和条件相联系的,是一种教学的活动,包括教学目的任务、教学内容、教学方法、教学手段、教学组织形式、教学效果检查等成分或因素。

本研究中的教学是指一种行为活动,是由教师引起的、意在维持与促进学生学习的教学行为,主要包括教学目标、教学内容、教学方法手段、教学评价、教学实施等成分因素。

(2)教学的连贯性。

教育有其持续性、连续性和长期性的特点,因为知识是有连续性的,人的思绪也有一定的连续性。连续性教育是系统连贯地进行的教育,即人们按一定的目标法则顺序进行的教育活动。而课堂教学是实施教育的主渠道,因此也有其连贯性的特点。

影响课堂教学的主要因素有教材、教师和学生。其中,教师因素是影响课堂教学的最主要的因素之一,教材的处理,教学方法的运用,学生学习积极性的调动等关键都在于教师。教师首先要深入学习课程标准,研究教材,采取适当的教学手段来组织好教学。其次,教师要研究学生的特点。例如,初一学生正处在身心发展最迅速的时期,他们的自我意识不断增强,自学能力也有所提高。因此,初中教师的教学方法如何适应学生的身心发展变化将直接影响课堂教学效果。此外,初一教师还应收集小学阶段教学的反馈信息,尽可能在接手学生之前深入小学随堂听课,加强与小学教师的交流,充分了解应届学生的水平。在此基础上,结合初中的教学要求,精心备课,保证课堂教学的质量。教学中的教与学是由多种因素构成的复杂系统,各系统在实施过程中必须构成一个有机的整体。幼儿园教育与小学教学、中学教学有着各自的分工及特点,但整个教学过程的进行应是相互衔接的,每个环节都应得到整体的均衡发展。这就要求任何一个层次的教学必须有整体观念,在教学时注意知识的延续,教学上的连贯性。

在幼儿园阶段,幼儿接受的是以活动为主的教育。而进入小学以后,知识学习的比重增加,教师开始强调读、写、算的基本技能与日常生活规范、班级纪律等要求,而对儿童发展的个别差异与行为适应问题就很难顾及。这种幼儿园与小学教学形态上的重大差异,在一定程度上造成了幼儿在学习上的不适应。因此,从教学连贯性的观点看,适合幼儿发展的教学应符合四个条件:教学的重心应着重在促进幼儿智慧的成长而非在学科知识的学习上;教学要考虑幼儿在知识、技能、情绪、社会性等方面的发展;在结构方面,非正式课程要居多数;建立适合幼儿个体发展的系统教学。换句话说,强调幼儿园与小学的衔接在教学连贯性上要注意:以幼儿已具备的生活经验为教学基础,从知、情、意、行四方面进行整合,重视幼儿学习经验的完整性与解决问题能力的培养。

4.结构一贯性的观点

(1)"结构"溯源。

"结构"一词原本是一个工程术语,17世纪以前,仅限于建筑学领域使用,随后扩大到解剖学和语言学。到了19世纪,H·斯宾塞又将"结构"一词从生物学引用到社会学。20世纪以来,随着科技的发展,这一术语广泛地被用于数理逻辑、科学哲学、人类学、社会学、物理学、心理学、语言学等学科,形成了蔚为壮观的结构主义思潮。

(2)结构一贯性。

"一贯性"指的是不同单位或系统间在结构上的一致。这个概念承认不同单位在结构上的不同,但强调彼此必须努力以取得彼此间的一致(而非结合)。

在现代国民教育体系中,中小幼教育都属于普通教育,因此,具有全面性、普遍性、开放性的特征,也具有适应经济与社会发展和全体社会成员自身发展、能够激发中华民族的教育创造力、优化教育资源的配置的重要功能。

教养为主、保教结合是幼儿园的性质任务决定的,体现出幼儿园工作不同于普通学校教育的特点或特有的规律性。幼儿园要依据教育对象即幼儿身心发展的特点,通过"教养"结合的工作实现育人目的。

在中小幼衔接阶段,"结构"指的是幼儿园与中小学机构的主管单位或遵循的规则(如班级人数、空间大小、教师任职资格、师生比例等)。中小幼儿教育机构的设立与运作所遵循的法规种类各不相同,因此很容易产生结构上的断层与不连续性。为了矫正结构上的不连续性,有研究者建议通过单位间的会议、社区合作、整合性的服务等方式,整合各方意见并相互参观学习,以降低彼此间的不一贯性。

# 第四节　教育生态学的理论

教育生态学是一门新兴的交叉学科。它利用多门学科的优势,超越单一学科思维方式的局限,对教育问题进行了综合研究。应用生态学的原理和方法研究教育,正体现了当今自然科学和社会科学领域兴起的跨学科研究方法运用的趋势。生态学是研究生物与环境辩证统一关系的科学,也提供了一种科学的思维方法。因此,用生态学的思维方法研究中小幼衔接的规律就成为一种新的视角。

## 一、教育生态学的历史渊源

孔子在《论语·阳货》中的"性相近也,习相远也"以及"多识于鸟兽草木之名"的言论说明,他当时已经意识到环境因素对教育的作用与影响。孟子在《孟子·滕文公》中强调的"后稷教民稼墙,树艺五谷;五谷熟而民人育",以及"孟母三迁"的典故,也说明当时人们已经注意到教育与自然环境和社会环境的关系。

在古希腊,柏拉图借苏格拉底之口指出,复杂的音乐产生放纵,复杂的食品产生疾病;朴质的音乐文艺教育则能产生心灵方面的节制,质朴的体育锻炼产生身体的健康,指出了教育内容对受教育者心灵具有影响。亚里士多德于公元前335年创设了利森学院,聚集门生在绿荫树下讲学。这与当今世界一些国家兴起的学园计划类似。到了欧洲文艺复兴时期,以维多利诺、拉伯雷和田蒙为代表的一批人文主义教育家,最先表达了活动教学的某些观点,主张儿童通过观察、游戏和劳动等来理解事物并获取经验。裴斯泰洛也主张教学必须以儿童的自然发展顺序来开展,强调多感官学习的重要性。近代教育家夸美纽斯认为应注重实物教学,提出了直观性原则和循序渐进原则,体现了生态学精神。前苏联教育家凯洛夫阐述了遗传、环境和教育在人的发展中的作用。美国心理学家布鲁纳强调教学过程中的原理和态度迁移,以及教学方法中的发现法。这些教育家、心理学家的论著和观点都自觉或不自觉地反映了生态学的观念。

## 二、教育生态学的产生及其沿革

### 1. 生态学

生态这个名词对我们来说并不陌生。自从人类进入工业社会之后,科学的发展、技术的进步打破了生态平衡。在危机面前,人们对生态已经十分关注。例如,我们吃饭追求绿色食品,农民在搞生态农业,旅游倡导生态旅游,就连家里装修用的也在用生态木板、生态门等。

生态学是一门年轻的科学,从命名到现在不过100多年的时间,但由于它关系到人与地球的关系,关系到人类的前途和命运,目前已成为世界上最热门、最有前途的学科之一。

"生态学"一词最早是由博物学家索罗于1858年提出的。但是,它的内涵一直不确定,直到1868年德国生物学家赫克尔首次为生态学下了一个明确定义后,生态学在植物生态学和动物生态学领域才有了快速发展。现在,学术界对生态学较普遍的解释是:"研究有机体或有机群体与其四周环境的关系的科学。"我国生态学家主张,"生态学是研究生命系统和环境系统之间相互作用的规律和机理的科学"。

生态学研究中的一个核心概念是"生态系统"。所谓"生态系统"是一种有边界、有范围、有层次的系统。任何一个被研究的系统都可以和四周环境组成一个更大的系统,成为较高一级系统的组成部分,而且,它本身又可以由许多子系统或亚系统构成。它们相互依存、互为因果。而且,各子系统或亚系统之间以及子系统与母系统之间也同样有着密切的联系。

直到20世纪30年代,生态学的研究还只局限于植物生态学和动物生态学两个领域。1921年,帕克和伯吉斯在他们的著作《社会学科学导论》一书中首次提出人类生态学的概念,从此生态学的研究领域不断扩大,人类生态学、社会生态学等新的研究领域相继出现。随着研究的深入,有的研究领域逐渐成为一门独立的学科,如人口生态学。到了20世纪60年代出现了生态哲学。此时,生态学已不仅是一门科学,它还是一种观点、一种特殊的方法、一种新的世界观。

20世纪60年代至今,是生态学蓬勃发展的时期,生态学研究的深度和广度是前所未有的。70年代以来,大量的生态学交叉学科得到了迅猛发展,如数学生态学、化学生态学、物理生态学、地理生态学、生理生态学等。尤其值得提出的是,生态学与社会科学的结合出现了诸如生态文化学、社会生态学、教育生态学等。教育生态学作为生态学的一个应用学科,也得到了长足的发展。

### 2. 教育生态学

教育生态学是教育学和生态学相互渗透的结果。

教育生态学的研究源于对人类行为的生

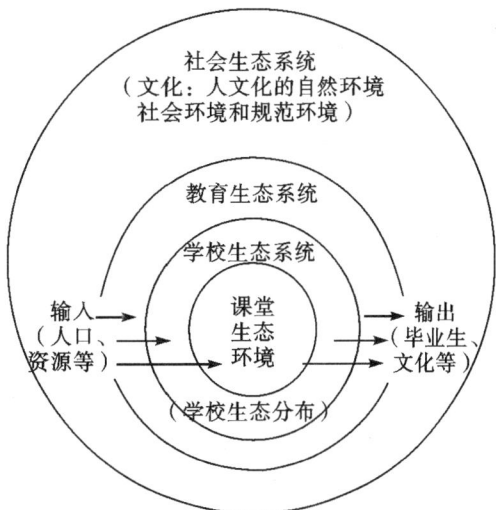

图2-1　教育生态系统模型

态学研究,教育者开始关注学校环境与个体的关系,但那时还没有自觉地运用"教育生态学"这一术语。

20世纪20～30年代,英、美、日等国专家用"教育环境学"的概念表述环境对教育的影响。"生态学"一词在教育研究中正式使用是在1932年,美国教育学者沃勒在其《教学社会学》中提出"课堂生态学"的概念。1966年,美国教育学者阿什比提出"高等教育生态学"的概念,但不少学者认为,"教育生态学"这一术语是美国哥伦比亚大学师范学院院长克雷明于1976年首先提出的。20世纪70年代,康奈尔大学的布朗芬布伦纳沿着这一路线继续前行,并试图建立一门"人类发展生态学"。而英国学者埃格尔斯顿在其《学校生态学》(1977)中独树一帜,以研究教育资源的分布为主旨;同时,埃格尔斯顿还注意到,生态学所关注的是有机体的行为和生活方式,以及其与周围环境的关系。此外,一些学者则从教育与环境的关系方面展开探讨。20世纪80年代到90年代,教育生态学的研究范围不仅更加宽广,而且向纵深方向发展。国外学者对教育生态学研究对象的认识颇不一致,但都强调生态学的基本精神——综合、联系、平衡;研究的内容主要侧重于三个方面——微观教育生态学、教育生态因子生态学、宏观教育生态学。

教育生态学把教育看成一个有机的、复杂统一的生态系统,强调教育与环境之间、教育系统内部子系统之间的物质、能量、信息交换过程及相互影响和相互适应的关系。

## 三、教育生态学在中小幼教育衔接中应用的合适性

学科之间方法的移植借用,往往能够产生在原先学科相对封闭的状态中难以想象的综合效应,因为相对封闭的学科壁垒,在师门传授、近亲繁殖中往往强化某种思维方式或学术方法的优势,使之精益求精,却也可能忽视甚至压抑了另外一种思维方式或学术方法的潜能。当新的能力和方法从其他学科移植过来的时候,可能以新锐的角度、眼光、体例和程序解放了原先被忽视、被压抑的潜能,开发出学科格局的新模样、新气象。

第一,理论的合适性。自然之生态规律的原则与社会之教育规律的原则在价值上和现实上都具有合适性。

第二,实践的合适性。在特殊的社会背景下(如教育的第五次革命,科学发展观指导下的和谐社会的构建,以及建立创新型国家等背景),教育具有生态的理论合理性和现实的合适性。

第三,方法的合适性。以生态世界观、价值观和方法论为基础的生态合理性,是对传统学校制度合理性的超越。"生态本位"的制度合理性方法是对"知识本位"、"关系本位"的制度合理性确证方法的超越。

除此之外,用生态学研究教育具有合适性还在于大众观念的更新。一种新的观念、理论、思潮的引入,由被大众排斥到认可有一个过程。生态学由纯生态学走向与其他学科的交叉而产生新的学科虽然历史不长,但步伐很大,生态学的理念已经广泛渗透到大众生活的方方面面,由生态住宅到生态食品,由生态旅游到生态生产,由经济可持续发展到教育可持续发展,由家园建设到生态校园建设甚至生态课堂教学等等,都体现出大众对生态理念的认可和接受。

#### 四、教育生态学原理在中小幼教育衔接中的应用

根据教育生态学的原理,我们可以在把握生态学的基本精神——综合、联系、平衡的基础上,做好中小幼的衔接,促进义务教育的均衡发展、可持续发展。

1. 分析区域内的生态因子

统筹一个区域的中小幼教育,应关注这一区域的文化、人口、资源等与中小幼衔接的关系,考察、分析各种影响中小幼衔接的生态因子,如区域的自然环境、文化传统、人口、交通、学校社区环境等,以建立一个优化的、可持续发展的中小幼教育衔接生态系统。

2. 优化区域内的生态因子

以"教育生态系统中的各因子都有机地联系着,这种联系又动态地呈现为一致与矛盾、平衡与不平衡"的理论,来整合教育资源的分布,以实现教育优化。特别体现在优化师资等教育资源上,如优秀教师的流动制度、学校间的交流合作、保持教育资源的连续性和平衡性,会使儿童的发展更少来自外部的压力和障碍,心理上更能顺利度过衔接期。

3. 打造有利于儿童成长的环境

生态学所关注的是有机体的行为和生活方式,以及它与周围环境的关系,在教育中则关注受教育者与环境的关系,如课堂环境、家庭环境、社区环境、地区差异等。充分关注施、受教育的个体与其环境的关系,利于实现教育的有效性。例如,学校的生态环境如何,校地面积大小怎样,校园布局如何,学校建筑是否具有审美性、灵活性和开放性以更符合儿童的情绪情感的抒发及适于儿童运动等;还有,课堂生态环境是否有利于儿童的学习生活,教室物理环境要素——颜色、光线与照明、噪音、温度是否适当,教室布置与座位编排是否有利于儿童的学习活动,班级规模的大小是否合适等,都会影响到课堂教学、学生学业成绩与学生情感发展等。根据中小幼衔接期儿童的身心发展规律,打造有利于儿童成长的环境,是教育生态学的又一个要求。

4. 关注儿童在集体中的"生态位"

每个儿童在班级这个教育生态环境中都有自己的生态位,这种生态位的形成既有内因,又有外因。比如,学生的知识和能力水平、性格和自我效能感等属于内部因素,周围环境、他人评价等属于外部因素。这些因素都会影响学生个体在教育生态系统中的生态位。中小衔接期的儿童,由一个熟悉的环境进入陌生的环境,很注意自己在班级这个社会环境中的位置,帮助他们建立、调整适合自己的"生态位"对其十分重要。如果处理不当,会使他们在与环境的互动中被动,甚至产生不利的影响。

5. 关注影响儿童发展的不利因素

"限制因子定律"是指当某种生物所需营养物质降低到该种生物最小需要量以下时,这种营养物质就会限制该种生物的成长,因此这种营养物质就成为该种生物的限制因子。生物所需营养物质如果达到或超过生物的负载力时,也会限制生物生长。在教师的教育教学和校长的管理领导方面,都需要关注限制因子,掌握平衡,变限制因子为促进因子。特别是中小幼衔接期,是儿童身心发展的特殊时期,对环境的要求更加谨慎,过高或过低都会影响到他们的成长,教师、家长应格外留心外界和自己的言行对儿童的影响,及时调整,把握教育的有利时机。

6.遵循耐度定律与最适度原则

耐度定律认为,一个生物能够出现并且能生存下来,必须依赖于一种复杂条件的存在。而如果要使一种生物灭绝,只要使其中的一个因子超过它的耐度就可以了。生态因子的作用可以通过三种状态发挥出来,这三种状态分别是最小量、最大量和最适度。最适度的"度"是生态因子质和量的统一。教育生态系统也遵循耐度定律和最适度原则。教育生态系统在其发展过程中,对周围的生态环境和各种生态因子都有自己的适应范围和区间。中小幼衔接期的儿童,处于生态环境的脆弱期。因此要帮助儿童寻找适于自己个性发展的环境,在他们能承受的限度内,及时调整他们的认知,与老师、同学通过交流、互动,熟悉环境,早日得到老师和同学的认可;否则,对一些心理脆弱的儿童,如果超出他们的耐度,就会产生学习或心理问题。

7.尊重"共生与竞争"原理

生物的存在依靠彼此的联系,多数是合作又竞争的关系。校与校之间、教师之间和学生之间都存在既合作又竞争的关系。因此,发展自我、变强变大、提高核心竞争力是"王道";同时,彼此的交流合作,人际间的互相温暖,更是不可或缺的。这对衔接期的儿童尤为重要。在这期间,学校应该多开展活动,促进儿童间的交往,发展他们的友谊,使儿童尽量学会与他人相处,这对他们的身心发展极为重要。

8.不能忽视"花盆效应"原理

花盆里的植物对生态因子的适应阈值在下降,一旦离开人的精心照料,就经不起自然界中复杂环境的变化,难以生存。一所学校培养的学生,如果在封闭或半封闭的教育系统中学习,忽视了他们能力、情感、态度、价值观的培养,忽略了学生发展所需各种技能的培养,当他们走出校园后,会不知如何去适应这个复杂社会,可持续发展变成空谈。对中小幼衔接期的儿童,更不能掉以轻心。对于儿童,这是他们重要的时期,如果他们从中学会了自我面对问题、解决问题,这种能力的提高也会提高他们的自信心,为他们一生的发展打下良好的基础。如果不注意衔接期儿童的这些发展契机,只顾应试教育,对儿童造成的伤害是无法弥补的。

# 第五节　生态系统论的观点

布朗芬布伦纳的生态系统理论是现代发展心理学的前沿理论之一,强调发展来自于人与环境的相互作用,相互作用的过程设定了人的发展路线。生态发展观进一步扩大了"环境"的概念,将环境看做一个不断变化发展的动态过程。布朗芬布伦纳认为,发展中的个体处于一系列的环境系统之中,这些环境彼此相互作用,并与个体相互作用进而影响发展。个体与环境的关系是一种相互影响的关系,由此个体与环境构成了一个动态的、不断变化的系统。布朗芬布伦纳的理论对儿童发展的环境影响提供了与众不同和全面的解释,值得我们在中小幼衔接的研究中重点关注。

### 一、布朗芬布伦纳与其生态系统论产生的背景

布朗芬布伦纳(1917—2005)是美国著名的心理学家,他的生态系统理论(又称发展生态学或人类发展生态学)为人所熟悉。他在 6 岁的时候从前苏联来到美国,在匹兹堡住了一段时间后,他全家在纽约州定居下来。那里有个机构叫纽约州立智力障碍研究学院,他的父亲在那里当临床病理学家和研究主管。高中毕业后,他获得奖学金到康奈尔大学就读。他于 1938 年在那里获得了心理学和音乐学的双学位,毕业后他专注于发展心理学,在哈佛大学获得了硕士学位,于 1942 年在密歇根大学获得了博士学位。获得学位仅仅 24 小时,他便被征召入伍,在美国空军团和策略服务局当心理学家,做各种相关工作。完成了军官训练后,他在美国军队医疗团工作。

第二次世界大战后,布朗芬布伦纳在退伍军人事务局当过一段时间的助理临床心理学家,之后到密歇根大学做心理学的助理教授。他于 1948 年接受了康奈尔大学的教职,教授人类发展心理学、家庭研究和心理学。从 20 世纪 60 年代后期到 70 年代早期,他是康奈尔大学的理事会理事。直至去世前,他是康奈尔大学人类生态学院的荣誉教授,教授人类发展和心理学。

20 世纪 70 年代,美国哥伦比亚大学师范学院院长克雷明首先提出"教育生态学"这一术语。布朗芬布伦纳沿着这一路线继续前行,并试图建立一门"人类发展生态学"(参见上一节"教育生态学的理论")。

### 二、生态系统论的主要观点

布朗芬布伦纳在其理论模型中将人生活于其中并与之相互作用的不断变化的环境称为行为系统。该系统分为四个层次,由小到大分别是:微系统、中间系统、外层系统和宏系统。这四个层次是以行为系统对儿童发展的直接影响程度分界的;从微系统到宏系统,对儿童的影响也是从直接到间接。

环境层次的最里层是微系统,指个体活动和交往的直接环境,这个环境是不断变化和发展的。对大多数婴儿来说,微系统仅限于家庭。随着婴儿的不断成长,活动范围不断扩展,幼儿园、学校和同伴关系不断被纳入到婴幼儿生活的微系统中来。对学生来说,学校是除家庭以外对其影响最大的微系统。布朗芬布伦纳强调,为认识这个层次儿童的发展,必须看到所有关系是双向的,即成人影响着儿童的反应,但儿童决定性的生物和社会的特性——生理属性、人格和能力也影响着成人的行为。

第二个环境层次是中间系统,中间系统是指各微系统之间的联系或相互关系。布朗芬布伦纳认为,如果微系统之间有较强的积极的联系,发展可能实现最优化;相反,微系统间的非积极的联系会产生消极的后果。儿童在家庭中与兄弟姐妹的相处模式会影响到他在学校中与同学间的相处模式。

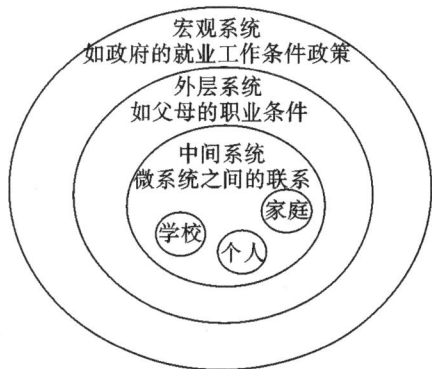

图 2-2　布朗芬布伦纳的宏观、外层、中间和微系统之间的嵌套模型

如果在家庭中儿童处于被溺爱的地位,在玩具和食物的分配上总是优先,那么一旦在学校中享受不到这种待遇则会产生极大的不平衡,就不易与同学建立和谐、亲密的友谊关系,还会影响到教师对其指导教育的方式。

第三个环境层次是外层系统,是指那些儿童并未直接参与但却对他们的发展产生影响的系统。例如,父母的工作环境就是外层系统的影响因素。儿童所在家庭的情感关系可能会受到父母是否喜欢其工作的影响。

第四个环境系统是宏系统,指的是存在于以上三个系统中的文化、亚文化和社会环境。宏系统实际上是一个广阔的意识形态。它规定如何对待儿童,教给儿童什么以及儿童应该努力的目标。在不同文化中这些观念是不同的,但是这些观念存在于微系统、中系统和外系统中,直接或间接地影响儿童知识经验的获得。

布朗芬布伦纳的模型还包括了时间纬度,或称作历时系统,把时间作为研究个体成长中心理变化的参照体系。他强调了儿童的变化或者发展,将时间和环境相结合来考察儿童发展的动态过程。婴儿一出生就置身于一定的环境之中,并通过自己本能的生理反应来影响环境。通过行为,比如哭泣来获得生存所必需的物质。另一方面,婴儿也会根据外界环境来调节自己的行为,如冷暖适宜时会发出微笑。随着时间的推移,儿童生存的微观系统环境不断发生变化。引起环境变化的可能是外部因素,也可能是人自己的因素。因为人有主观能动性,可以自由地选择环境。而对环境的选择是随着时间不断推移个体知识经验不断积累的结果。布朗芬布伦纳将这种环境的变化称为"生态转变",每次转变都是个体人生发展的一个阶段,如升学、结婚、退休等。而布朗芬布伦纳提出的时间系统关注的正是人生的每一个过渡点。他将转变分为两类:正常的(如入学、青春期、参加工作、结婚、退休)和非正常的(如家庭中有人去世或病重、离异、迁居、彩票中奖)。这些转变发生于人的一生,常常成为人发展的动力,同时这些转变也会通过影响家庭进程对人发展产生间接影响。在环境变化或处于过渡阶段时,个体会面临新的挑战,必须学会适应,发展由此推进。因而,布朗芬布伦纳认为,"观察个人如何应对变化是理解发展的最好的基础"。

### 三、生态系统论对教育教学层面的开拓

首先,扩大了心理学研究中环境的概念。传统的发展心理学研究中关注的只是影响儿童的即时环境;在实验中控制的也是儿童身体周围的环境,比如,噪音、明暗等。这使"环境"的概念大大缩小了,实验的信度效度也会跟着下降。布朗芬布伦纳生态系统理论将"环境"的范围拓展得更宽、更复杂,不仅包括了儿童周围的环境,还包括了影响儿童发展的大的社会、文化环境。以这个为基础,实验研究的内容就更真实,更接近生活,研究的结果也就更有实际意义。

其次,从多方面促进了儿童的发展。生态系统理论中的四个系统之间存在千丝万缕的联系。对环境影响的详细分析,可以找出影响儿童发展的因素,从而给予及时的干预。比如,工作压力较大的夫妇,他们与子女的关系可以间接通过父母的工作单位这一微系统改善。

最后,强调了发展的动态性。布朗芬布伦纳的生态系统理论将时间纬度作为研究个体成长中心理变化的参照体系,认为时间系统的最简单形式是关注一生的过渡点,这与以

往发展心理学家所说的"时间"是不同的。以往心理学家关注的是随着时间的变化,在成长过程中成熟对人发展的影响。而布朗芬布伦纳指的是一些生活事件,这将影响发展的偶然性与必然性两方面的因素结合起来。我们知道,重大的生活事件,尤其是偶然发生的事件,如父母离异或父母的死亡对人发展的影响是巨大的。布朗芬布伦纳强调了人的发展的动态性,推动了发展心理学的发展。

## 四、中小幼教育衔接以生态系统论观点为外部支持系统

布朗芬布伦纳的生态系统论中对于个体所经历的角色或场所上的转换相当重视,称之为"生态转衔",即当一个人进入一个新的环境时,"场所衔接"就会发生,中间系统也会因此而产生。所谓"中间系统",指的是"个体积极参与的两个或两个以上场所之间的相互关系"。由此认为,若幼儿在开学第一天独自前往小学,则表示学校与家庭之间的连接通过幼儿一个人进行"单一的连接";若幼儿有兄弟姐妹或同伴陪伴,那么两个场所间就会是"双重的连接";如果在不同场所间有多个个体或人员同时直接参与相关场所,这样的连接就称为"多重连接";如果场所间的连接是单一的、间接的或是没有连接,这样的连接情形则称为"微弱的连接",将不利于个体的发展。因此,社区、家庭、幼儿园、小学、中学等与此转换有关的场所此时必须采取必要的连接,以应对儿童少年在面临角色与场所突然转换时所发生的不适应情形。与衔接有关的人、事、物必须在衔接目标、策略等方面达成共识,且彼此需要在"相互信任"的基础上建立双向的良性沟通,并把儿童少年的顺利发展作为衔接的目的。大班幼儿和小学六年级学生是正处于发展中的个体,他们所处的班级或家庭即为微系统;而衔接中低学段的幼儿园、小学与家庭的连接即属于中间系统;衔接中的高学段、政府(幼儿、小学生未直接参与)或学术机构的衔接态度与策略会对儿童少年所处的幼儿园或小学产生影响,故此时的高学段学校与政府对幼儿来说属于外部系统;整个社会的儿童观、教育观、价值观就像一股无形的力量,推动着上述三个系统的运作,故可称此为大系统。生态模式作为一种体系,包含了影响中小幼衔接的全部因素,拓宽了人们对中小幼衔接的认识。受这种理论的影响,对中小幼衔接的研究呈现出从分离走向整合的趋势。

在具体操作层面上,可以思考关注以下方面的问题。

1. 关注个人和家庭特点、社会和家庭发展趋势、环境和生活经历等对儿童入学适应的影响

据研究,性别、年龄、出生顺序、脾气和社会技能都会对儿童的入学转变产生影响;家庭背景、社会环境、社会经济地位等也影响儿童的发展过程和能力;不同的文化背景和家庭经历同样影响儿童的入学适应。因此,中小幼衔接必须全面考虑儿童对新环境的适应能力,强调家庭、幼儿园和学校之间的各种联系。

2. 以儿童的终身发展为落脚点

中小幼衔接应该与儿童的终身发展相联系,以儿童的终身发展为出发点和落脚点,不能把目光局限于幼儿园大班阶段或小学一年级阶段,更不能仅重视知识的传授,而应该为儿童一生的发展打好基础,为儿童终身的发展做好各方面准备。

3.重视多种因素的影响

入学过渡是复杂的,儿童不只是背着书包进入小学,中小幼衔接背后的因素,如儿童的生活经历、性格、家庭环境、父母职业状况等都值得研究者在进行幼小衔接研究时加以综合考虑。

4.重视各因素间的相互关系

在研究中小幼衔接时,研究者不仅要考察单个因素的作用,还必须对与中小幼衔接相关的各种因素加以综合考察;不仅要对各种因素作全面考察,还要对众多影响因素之间的相互作用、相互影响进行研究,因为各种关系间不是彼此孤立、互不相干的。例如,在考察中小幼衔接时,研究者不仅要对教师、家长、儿童这些处于微系统、中间系统的因素进行研究,还要去了解小学校长、幼儿园园长以及教育行政部门的方针政策、指导原则等;不仅要对家长的职业状况、教养方式有所了解,还要对儿童的生活经历等加以关注,这样才能综合把握儿童受到的总体影响,才能有的放矢地找出儿童不适应小学或中学教育的原因,对教师的中小幼衔接工作给予有效指导。

5.加强各方面的配合与协作

做好中小幼衔接工作,离不开各方面的参与和协作。教育部门要加强科研和立法,制定详细的有关中小幼衔接的教育大纲;社会、社区要增进对中小幼衔接的理解并更新观念;家庭、幼儿园、小学要为儿童更好地适应学校生活做好各种准备。只有各方面加强配合,为儿童提供适宜的微观系统、中观系统、外层系统和宏观系统,才能有效提高幼小衔接质量,促进儿童的终身发展。

# 第六节 终身教育的理念

终身教育是20世纪60年代国际上出现的一种教育思潮,它对国际教育改革产生了重要的影响。1972年,联合国教科文组织国际教育发展委员会主席埃德加·富尔在《学会生存——教育世界的今天和明天》中再次表明:"未来的文盲不再是目不识丁的人,而是没有学会学习的人。"人们明确意识到人的一生应不断地学会认识、学会做事、学会共同生活,实现人的全面整体的发展。作为终身学习的起点的中小幼教育,实现三段无缝衔接,为儿童的终身学习打好基础,是构建终身教育体系的最重要的环节。

## 一、终身教育思想的历史溯源

终身教育观念有着古老的历史。我们中国古语中就有"活到老,学到老"的说法。我国古代教育家孔子主张"有教无类"(《论语·卫灵公》),说的是教育对象不分类别,自然也包括不同年龄的人。从《史记》中的《仲尼弟子列传》可以看出,他的学生有不少是成年人,其"吾十有五而志于学,三十而立,四十而不惑,五十而知天命,六十而耳顺,七十而从心所欲,不逾矩"(《论语·为政》)的论述反映了他的"终身教育"思想。北齐的颜之推在其《颜氏家训·勉学篇》中说:"幼而学者,如日出之光;老而学者,如秉烛夜行,犹贤乎瞑目而无见者也。"他勉励人们要"终身学习"。宋代的欧阳修主张人要不懈地学习和实践,因为"学之终身,有不能达者矣。于其所达,行之终身,有不能至者矣"(《答李翱书》)。日本很早就有"修业一生"的观念;盛行中东的回教教义也有"一生教育自己使自己完善"的条文。

古代希腊著名的哲学家苏格拉底、柏拉图和亚里士多德都十分关注教育,他们认为人的一生接受的教育不是一次性的,而是连续不断的。例如,亚里士多德就主张"儿童和需要教育的各种年龄的人都应受到训练",最好使全城邦的公民都"受到同一的教育"。柏拉图强调"终身追寻知识"才可达至"哲学王"的理想境界。古典终身教育思想具有朴素性和自发性。

近代终身教育思想的一个显著特点是倡导发展"公共教育"来发展终身教育,把发展终身教育视为"国家义务",大大发展和推进了终身教育的思想和实践。

在教育史上,许多国家的教育家和思想家都倡导终身教育观念。捷克的夸美纽斯就主张学习的程序从生至死分为七个阶段,并建议了在不同阶段所需的教育任务,这是早期较有系统的终身教育构想。英国思想家欧文在他的《新道德世界》一书中,要求对所有人进行分龄教育,并具体对同年龄人士的教育职责加以区分。我国教育家陶行知也强调"整个寿命的教育",以使教育与生活息息相关。他还进行了"生活即教育"、"社会即学校"及"教学做合一"的教育实践。

## 二、现代终身教育思想的诞生

第二次世界大战之后,各资本主义国家普遍致力于经济恢复和政治改革,并相应地进行教育改革。20世纪60年代开始,世界进入了"知识爆炸"的时代,现代科技在社会生产中发挥着越来越大的作用,给教育的发展提出了许多新的课题和新的要求,反映现代生产与生活新特征、以终身教育思想为核心内容的现代教育思想在各国广为传播。传统的学校教育已不能应付急剧变动的社会需求;全面的教育制度要冲出学校的概念而重新建立;教育不能止于将有限的知识及一整套不变的价值道德观念,由教师去传授。现代化、信息化社会的教育,是要培养有独立思考能力、批判能力、适应能力及具有主动性的"人"。因此"学"的概念在教育过程中比"教"的概念变得更为重要,教师"辅助"和"引导"的角色也比传统的"传授"角色更重要,而终身教育是强调教育制度要保障任何年龄的人在有需要时均可以得到学习机会,并强调家庭、学校及社会教育之相关性及整合性。

联合国教科文组织于1963年开始将终身教育列为国际会议的议题。负责提议案的法国教育家保罗·朗格朗对于过去数百年来将人的前半生定为学习、后半生定为劳动的不科学的思想,认为教育应该是每个人从生到死的一生中继续着的过程,因此应建立一个整体性的教育制度,方便任何年龄的人士在有需要时学习。1970年为"国际教育年",教科文组织更是大力发展终身教育,着手组织了49项与终身教育有关的工作,并出版了朗格朗写的《终身教育引论》一书。1972年,联合国教科文组织出版了国际教育发展委员会报告书《学会生存——教育世界的今天和明天》。该报告指出,"终身教育这个概念,从个人和社会的观点来看,已经包括整个教育过程","终身教育变成了由一切形式、一切表达方式和一切阶段的教学行动构成一个循环往复的关系时所使用的工具和表现方法"。教育的功能不再"局限于按照某些预定的组织规划、需要和见解去训练未来社会的领袖,或想一劳永逸地培养一定规格的青年",而是要面向整个社会成员;受教育的时间也不再局限于"某一特定年龄",而是向着"个人终身的方向发展"。[①]《学会生存》把保罗·朗格朗倡导的终身教育思想向前推进了,主要表现在将终身教育思想的实施同创建"学习化社会"结合起来。"学习化社会"是指学习成为整个社会成员一项经常的重要活动。创建学习化社会有赖于终身教育思想的普及,又有利于终身教育的实施与提高。1970 年保罗·朗格朗的《终身教育引论》和 1974 年国际教育发展委员会的研究报告《学会生存——教育世界的今天和明天》都已被译成几十种文字出版。这是关于终身教育思想的两部最有代表性的著作,它标志着现代终身教育思想的形成,并引发了传统教育观念的革命性变革,被认为"可以与哥白尼日心说带来的革命相媲美,是教育史上最惊人的事件之一",在理论与实践上对推动整个现代教育事业的发展都有着十分重要的意义。

### 三、终身教育体系的特点

最早对终身教育进行比较系统的理论阐述的保罗·朗格朗认为,人的教育应该贯穿人的一生,应该成为人的一生中不可或缺的活动;应该建立一个新的一体化的教育体系,使教育从纵的方面贯穿人的整个一生,从横的方面连接个人与社会活动之间的各个侧面,使教育在每一个人需要的时候随时随地都能以最好的方式提供必要的知识技能。终身教育的最终目的在于维持和改善个人与社会生活的质量,实现人的自由、和谐、全面和可持续发展。

终身教育体系的建立是教育自身发展的必然选择,包括两方面的内容:一方面是通过社会组织,建立各种教育机构,提供各种教育的场所和机会,建立和架构一个使学习者能够终身受到教育的体系,最大限度地创造学习的条件,使人们在不同阶段和不同层次的各种学习需求的实现得以保障;另一方面是促进个人的终身学习,使每一个社会成员在一生中能持续地学习,以满足其在一生中各个时期各个阶段的各种学习需求。

终身教育体系是以现代大教育观看教育的形态和体制,是家庭教育、学校教育和包括成人教育在内的社会教育等各个领域之间的有机联系整体。终身教育体系超越了阶段性、制度化并贯穿于人生的始终,是一种全新教育模式。它在教育目标的价值预设上具有个体性,在教育过程的实现形式上具有多样性,在教育范畴的时空变化上具有整合性,在教育资源支撑上具有开放

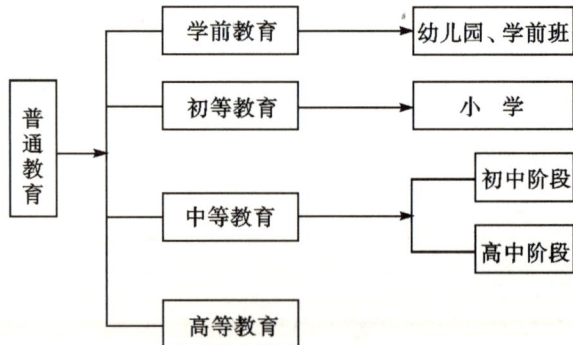

**图 2-3 终身教育体系示意图**(局部)

性。终身教育体系尽可能有效地向社会开放,各级各类教育之间具有包容性,最终能实现沟通与衔接。

#### 1.终身性

这是终身教育最大的特征。它突破了正规学校的框架,把教育看成个人一生中连续

---

① 转自李旭初.终身教育——21 世纪的生存概念[J].华中师范大学学报,1998(6).

不断的学习过程,是人们在一生中所受到的各种培养的总和,实现了从学前期到老年期的整个教育过程的统一,既包括正规教育,又包括非正规教育。它包括了教育体系的各个阶段和各种形式。

2. 全民性

终身教育的全民性,是指接受终身教育的人包括所有的人,无论男女老幼、贫富差别、种族性别。在当今社会中,每一个人都要学会生存,而要学会生存就离不开终身教育,因为生存发展是时代的主流,会生存必须会学习,这是现代社会给每个人提出的新课题。

3. 广泛性

终身教育既包括家庭教育、学校教育,也包括社会教育。可以说,它包括人的各个阶段,是一切时间、一切地点、一切场合和一切方面的教育。终身教育扩大了学习天地,为整个教育事业注入了新的活力。

4. 灵活性和实用性

现代终身教育具有灵活性,表现在任何需要学习的人,可以随时随地接受任何形式的教育。学习的时间、地点、内容、方式均由个人决定。人们可以根据自己的特点和需要选择最适合自己的学习。

### 四、中小幼教育衔接进一步完善了终身教育体系

我国于 1999 年 1 月发布的《面向 21 世纪教育振兴行动计划》提出,到 2010 年基本建立起终身学习体系。终身教育作为一项规定和任务,已分别写入《中华人民共和国教育法》和《中国教育改革和发展纲要》中。教育体系一体化是终身教育论的中心思想,也是各国实施终身教育的共同趋势。

终身教育是教育发展到较高阶段的产物,对中学、小学、幼儿园的要求是必须高标准完成基本普及九年制义务教育,学校教育面向社会开放,社会教育资源比较丰富等。传统教育对课程缺乏整体的认识,小学、初中在知识、技能传授和学习能力培养上缺乏纵向统筹安排,同一学习阶段开设的各门学科的内容缺乏横向的有机联系,其结果造成学生的某些知识存在不必要的重复和产生某些遗漏,造成学生单向、复现性的思维习惯,不利于培养他们的多维的、灵活的、创造性的思维能力。基于此,需要用终身教育的理论,对学校课程进行精心设计,充分考虑幼教、小学、初中各阶段之间的相互联系,避免教学内容的重复与脱节,并使之具有灵活性、多样性和综合性,使学生形成整体观念,这有利于培养学生横向思维和发散思维,促进学生的个体健康发展。

中小幼教育是整个教育体系的关键部分。教育以促进人的终身发展为核心,中小幼教育是人人有能力掌握自身命运的基础,是走向生活的"通行证",中小幼的衔接又进一步完善了终身教育体系。另外,为了更好地促进中小幼的衔接,我们还应该关注以下方面:

(1)增强中小幼衔接理论的学习、方法的实践和管理机构的设置;

(2)加快《终身学习促进法》的立法进程,突出中小幼衔接的重要性;

(3)地方或社区及家长的参与办学,学校办学的自主权得到加强,有利于平衡中小幼教育资源;

（4）家、校、社区联手，提供广泛的学习渠道，为中小幼衔接提供广阔的平台；

（5）提倡、指导建立学习型家庭，学习型家庭＝成长的家庭＋快乐的家庭＋幸福的家庭，让中小幼衔接有更高、更好的起点；

（6）调整课程结构，更顺应儿童身心的发展和社会的需要，这是中小幼衔接的核心；

（7）更重视教育的效益，这也是中小幼衔接的目的之一；

（8）提高中小幼教师素质，重视教师的终身教育，这是关乎中小幼衔接的最关键的因素。

# 第七节　脑科学成果的借鉴

在新世纪的国际竞争中，脑资源开发的战役是决定性的。脑科学是开发脑资源战役的主战场——教育——的一块科学基石。脑科学研究表明，儿童大脑发展具有程序性和连续性，但并不是等速发展。幼小衔接、中小衔接年龄段的少年儿童是大脑发展的快速期和关键期，关键期内适宜的经验和刺激是运动、感觉、语言及其他脑高级功能正常发育的重要前提。脑科学研究成果为中小幼衔接的理论建构提供了有力的支撑。

## 一、脑科学发展近况

关于脑科学的研究是当代的热门课题。世界各国普遍重视脑科学研究。美国 101 届国会通过一个议案，"命名 1990 年 1 月 1 日开始的十年为脑的十年"。1995 年夏，国际脑研究组织 IBRO 在日本京都举办的第四届世界神经科学大会上，提议把下一世纪（21 世纪）称为"脑的世纪"。欧共体成立了"欧洲脑的十年委员会"及脑研究联盟。日本推出了"脑科学时代"计划纲要。我国提出了"脑功能及其细胞和分子基础"的研究项目，并列入了国家的"攀登计划"。

2001 年，日本文部省与日本科学技术振兴事业团在世界上率先公开研究"脑科学与教育"。2002 年文部科学省等三部门联合设置了关于"脑科学与教育"研究指导委员会，2003 年元旦正式启动了庞大的"脑科学与教育"研究规划项目，仅在 2004 年的预算中就投入总额 30 亿日元。

2002 年 5 月在巴黎举行的 OECD 年会论坛中，专门设置了"脑与学习：21 世纪的教育革命"的专题，得到了与会 30 多个发达国家极大的关注。会上，美国、欧洲和日本的脑科学家形成了三个研究方向的分工与合作组织。其中，美国重点研究言语和脑的关系，欧洲重点研究算术、数学和脑的关系，日本则主要承担了终身学习和人的观察力、记忆力和"意欲"等方面的脑与教育结合的研究。

在迎接世界最古老的科学学会——罗马法王厅科学学会（PAS）成立 400 周年的 2003 年纪念讨论会上，来自不同国家的 80 名会员中，约有 30 名是诺贝尔奖获得者，这次重要的科学学会所选择的题目就是"脑·心·教育"。

21 世纪是脑科学的时代。越来越多的研究显示，人们的心理行为问题与社会环境及脑神经生物学因素的相互作用密不可分，儿童的心理行为发展和心理障碍也是环境与生理因素相互作用的结果。

## 二、透过脑科学的研究来认识我们的大脑

### 1. 脑发育及其关键期

人脑在胚胎期逐渐形成雏形。到妊娠 9 个月时,脑已经拥有大多数神经元。出生后,人脑继续生长,在 6 月龄时,将达到最终体积一半;在两岁时,为成人的 3/4。4 岁时人脑的大小则为出生时 4 倍(约 1400cm³),已与成人十分接近。脑科学研究表明,在脑的发育过程中存在着关键期,在这一时期,脑在结构和功能上都具有很强的适应和重组的能力,易于受环境的影响。关键期内,某些脑功能的建立要比到青春期脑发育成熟后更容易。关键期内适宜的经验和刺激是运动、感觉、语言及其他脑高级功能正常发育的重要前提。

### 2. 语言习得同样存在关键期

为了能正常地习得语言,人必须在特定的年龄接触正常的语言环境。婴儿的大脑在出生后就有区分语音刺激与其他刺激的能力,而且,这种语言能力一生下来或在出生以前就优先地在左半球发育。但是,随着大脑的发育,与语言活动对应的皮层结构不断经历着专门化的过程。0～5 岁是儿童大脑高速发育的时期,也是儿童语言习得的关键时期。在青春期以前,如果儿童还没有接触到正常的语言环境,其左半球的语言潜能就会消失。虽然在关键期后,儿童的语言能力可继续得到发展,但其发展速度、加工过程以及学习效果都与正常语言习得有显著差异。

与脑发育关键期密切相关的是脑和神经系统结构和功能的可塑性。所谓脑的可塑性,即脑可以被环境或经验所修饰,具有在外界环境和经验的作用下不断塑造其结构和功能的能力。在脑的发育过程中,个体的基因遗传性与后天的环境和经验不断地相互作用。在关键期内,脑的结构和功能特别容易为环境和经验所影响。关键期实际上也是脑可塑性最大的时期。但是,即使在脑发育成熟之后,

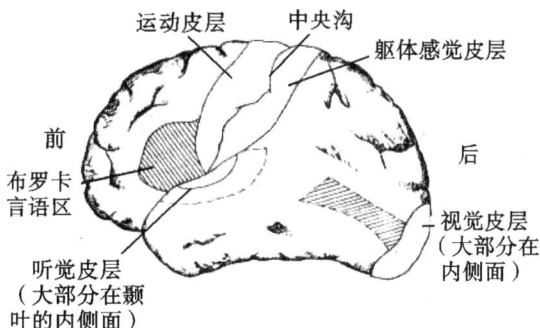

图 2-4　大脑皮层功能定位示意图

脑的结构和功能也并非一成不变,它仍然保持着高度的可塑性。学习实际上就是脑的可塑性的一种重要表现。脑的可塑能力可以终生保持,这也就是为什么我们在一生中的任何阶段都能学习、都能记忆的原因。

语言能力是人类最重要的智力之一,儿童大脑的发育在 0～5 岁最为显著,而儿童的口头语言也几乎是在这一时期中习得的。出生 4 天的婴儿已能分辨不同长度的语言音节,能区别母语与非母语;2 月龄的婴儿能够区分音素;4 月龄的婴儿表现出对语言刺激的偏好;6 月龄左右的婴儿开始学会保留"正确的"声音(母语的声音)和扬弃"错误的"声音(非母语的声音);到 1 岁时,婴儿与成人相似,不再能区分不同的外来语;1 岁半的婴儿开始表现出对词和非词的不同反应,词和非词在大脑额叶和颞叶引起了明显不同的变化。

随着对脑结构、功能及其活动原理研究的日益深入,人们认识到大脑不同区域在功能上有明显的分工,而这种功能定位又呈现动态的变化。在这种大脑动态功能定位的思想

影响下，近20年来，现代智力理论强调智力并非一元，而是多元的，如Gardner的多重智力理论、Sternberg的三元智力理论和PASS的模型等。传统的智力观点更多地局限于学业成绩，对智力的很多重要方面，如实践智力、创造力、计划监控能力等都没有涉及。因此，一些心理学家认为，智力包含相互独立又相互联系的多种智力，如语言智力、逻辑—数学智力、视觉—空间智力、音乐智力、身体运动智力、人际智力以及自我反省智力；每一种智力都以大脑的生理机制为依据，具有其生物学基础。

环境对个体智力发展，尤其是早期智力开发具有极为重要的作用。丰富的环境刺激与丰富的经验能促进脑功能发育，促进神经突触形成。剥夺环境刺激将严重阻碍儿童的脑发育。研究表明，不玩耍的孩子或很少被触摸的孩子的脑比正常同龄孩子的脑小20％左右。影响个体发展的环境因素不仅包括适宜的物质条件，还包括适宜的心理环境、稳定而积极的情感支持、充分的学习机会和大量的自主活动与探索。大量研究表明，影响儿童智力发展的关键性环境因素并非物质环境，更重要的在于社会性应答环境和良好的心理环境。

在我国，关于脑结构、功能发育上的关键期和可塑性，以及儿童智力发展等问题，需要进行广泛的宣传，从而引起全社会的高度关注。

### 三、日本"脑科学与教育"的研究对其教育改革的影响

日本的中小学从2005年4月开始，将2001年使用的新教材统一更换，使用修改后的新教材。导致此项大动作的直接原因是，日本新一轮课程改革按照西方建构主义教育理论和成功智力理论等，在强调个性和创造力培养的同时，设置了综合学习时间，减少了学科课程教学时间，并较大幅度地降低了教材难度，削减了教学内容。这引起了教育界以及社会各界的普遍关注和担忧，很多强调基础学习能力的学者和家长对此表示反对，尤其是近年来又发现学生的基础学习能力显著下降。尽管不少教育学者表示反对，但他们对此进行的大量研究和讨论又缺乏有效的论证。恰在此时，川岛隆太在文部科学省的"脑科学与教育"项目，及时而有效地进行了名为"读、写、算与儿童大脑发育和脑功能发展"的研究，并发表了研究结果。

川岛隆太通过研究发现，读、写、算对老年痴呆患者有显著的脑开发和脑康复效果。他进而又对儿童的学习和教育进行研究并发现，孩子每天坚持基础学习，会对脑有显著的开发作用。并且，他通过对脑的读、写、算的研究发现，读、写、算是脑的全面运动，而其最主要的工作脑区是人脑前额叶；学习后的复习也能起到类似的作用，这些脑区的活动是与创造力的脑区活动密切关联的。

他认为，这些基础学习能力的培养和提高过程，本身就是对以前额叶为主的脑功能的提高和开发过程，而前额叶是人脑的司令部，这些基础学习能力的培养和提高过程，对思考力、交流能力和创造力等都有很大的促进作用。

教育不只是知识的教学，教育的本质是对人脑的开发，教育实际上就是培养脑。从婴幼儿开始，正是教育使人得以正常发展；如果不教育，孩子的脑就会发展得很慢。

与此同时，广岛县尾道市立土堂小学阴山英男校长看到，课程改革后的数学教学，总是问题解决式的学习，强调问题的可探究性。一些孩子能明白，自然对学习感兴趣，而不

明白的孩子,则可能永远也不明白,孩子之间的学习差距越来越大,不少孩子还因此而厌学。因此,他进行了"读、写、算反复练习"的教育实验,良好的效果引起社会和教育界的广泛关注。

在"脑科学与教育"的研究项目中,日本针对当前基础教育课程改革中过于弱化基础学习能力教育的现状,不仅强调加强基础学习能力对儿童发展的重要价值,而且强调使学生在学习过程中充分感受到学习的快乐。更重要的是,这个研究还表明,以往的课程研究中对教学内容和难易程度及练习强度、掌握程度等方面的研究是有局限的。脑科学与教育的结合研究,为相关问题的课程教学研究开辟了一个新的视角和提供了新的研究方法,正显示出从有效促进儿童脑发育和功能发展的角度,对此问题进行的新的研究特点和发展趋势。

### 四、借鉴脑科学研究成果进行中小幼教育衔接

脑科学、认知科学在过去 30 多年中所取得的巨大进展,使我们对儿童智力发育的了解比以往任何时候都要深刻。借鉴国内外经验,我们认为应对以下问题适当关注。

1. 脑的结构和功能的发育存在关键期

关键期是大脑完善其功能的"机会窗口",最容易受到环境和经验的影响。环境和经验对儿童的影响必须经由感觉通道才能实现。鉴于在儿童期脑的发育正处于成熟过程中,具有特别强的可塑性,而脑功能的动态定位特性以及智力的多元性,决定了智力是全脑功能状态的体现。因此,重要的并不是知识的灌输,而是提供或创造一种丰富、适宜的环境,促使儿童的整个脑以全面的方式成熟起来。这在学龄前儿童方面固然值得注意,对于已开始小学学习的儿童来说,也有重要意义。

2. 脑的可塑性

脑的高级功能的基础是由遗传决定的,但是,不论是在脑发育成熟的过程中乃至在发育成熟后,脑在结构和功能上仍然保持着相当程度的可塑性(在发育的关键期,可塑性特别强),这种可塑性能够保持终生,是学习和记忆的神经基础。

因此,环境和经验对儿童智力及其他认知功能的发展有重大的影响,应努力创造有助于儿童智力全面发展的良好环境,促使其脑结构和功能的健全发育、成熟。为儿童提供从事各种类型智力活动的机会,可使儿童的脑功能得到全面的锻炼。课堂上书本知识的传授是重要的,但仅是智力活动的一部分,需要经过其他手段、方法,以更形象、生动的方式,利用脑的可塑性来促进儿童的智力全面发育。对于不同形式的记忆的形成,要运用脑科学所阐明的规律,训练儿童利用不同的方式来进行学习。

3. 语言对于儿童智力的发育有重要的意义

应该抓住语言发育的黄金时期提供语言发育的适宜环境,促进儿童的语言发育。在语言发育的关键期中,应该向儿童提供丰富而有序的语言环境。父母是儿童智力发展中的第一启蒙老师。父母是否为儿童创设丰富的语言环境,是儿童语言能力是否得到正常发展的关键因素。父母应正确认识婴幼儿的能力,意识到婴幼儿还不会说话时就已经有了感知母语、接受语言刺激的能力。

**4. 个体在生命的早期已具备相当的心理能力**

为了促使儿童心理健康发展,儿童养育者应当对日常生活中可能出现的、有利于儿童学习的情境保持高度敏感,善于从日常生活与游戏中发现儿童的能力、锻炼儿童的能力,进而促进儿童早期智力的发展。在充分满足儿童基本的生理需要以及保证安全、健康的前提下,应当充分重视对儿童各种心理需要的及时觉察和满足。还应注意教育者自身的心理状态对儿童发展的可能影响,积极调整自身的心理状态,尽可能为儿童提供具有稳定情感支持的心理环境。

**5. 儿童智力的发展是其自身积极建构的产物**

因此,要重视儿童的主体性与能动性,为儿童提供大量自主探索和活动的机会。要注意转变视儿童为被动容器的观念与做法,注意为儿童提供通过活动发现问题、解决问题的机会。

**6. 中小幼衔接阶段是儿童学习习惯养成的关键期**

从神经科学的角度来分析,人的任何一种习惯(包括思维习惯和行为习惯)都有其物质基础,这个物质基础就是脑神经网络。学习过程就是形成脑神经网络的过程。从这个意义上讲,教学是塑造脑神经网络的过程。被动式的、重复式的训练与主动式的、探究式的学习活动所形成的脑神经网络结构明显不同,两者会使人产生不同的思考习惯和行为方式。前者强化了固定的思考方式和习惯,后者得到的是善于灵活多变和思考的大脑,而一个人的脑神经不可能同时具有两种网络结构。因此,在不同的脑优势之间,我们需要做出选择。

**7. 创造需要激情,需要积极乐观的人生态度**

研究认为,A10 神经是唯一的一条通过下丘脑、边缘系统及大脑新皮质三部分的神经,因此一旦被激活,人就会情绪高涨、干劲十足、思维敏捷,记忆力明显增强,产生无比的快感。因此,学生的学习应该建立在兴趣上,教师还应适时赞扬、鼓励学生,使之产生更大的学习动力,平稳度过衔接期。

**8. 形体语言令人终生难忘**

动作经反复强化后存在于我们的右脑。右脑是形象脑,从这个角度来讲,右脑记的东西更牢靠。善于运用右脑的人,不但具有超常的想象力,而且具有惊人的记忆力。通过身体记住的本领和技能很难再忘掉,利用这个规律帮助衔接期儿童掌握知识,以身体动作配合大脑来进行记忆,效果会更好。

随着脑科学研究的进一步推进,人们有可能对思维、智力发展的规律有更深刻的认识,这将使对儿童的教育实践奠定在更加科学的基础上。

# 第八节　系统工程的启示

从系统论来看,社会是一个复杂的巨系统,教育是社会巨系统中的一个子系统。教育系统的基本功能是培养社会所需要的人才。教育从幼儿园起直至大学是一个整体,教育各阶段有相对的独立性,各教育阶段之间既有联系又有区别,是相互作用、互为影响的,因此存在着各教育阶段之间的衔接问题。目前对教育的各阶段的研究已经取得了相当成熟的成果,形成了学前教育学、普通教育学、高等教育学等,而各教育阶段之间衔接问题的研究却比较少且存在一些问题。中小幼教育衔接的研究对完善普通教育理论,提高教育质量,解决基础教育阶段衔接的某些矛盾,具有重要的现实意义。

## 一、系统和系统论

与其他学科中的每一种新思想一样,系统概念也有很长的历史。

"系统"一词由来已久,在古希腊是指复杂事物的总体。到近代,一些科学家和哲学家常用"系统"一词来表示复杂的具有一定结构的整体;直到20世纪30年代前后,才逐渐形成一般系统论。一般系统论来源于生物学中的机体论,它是在研究复杂的生命系统中诞生的。

20世纪20年代,奥地利学者贝塔朗菲研究理论生物学时,用机体论生物学批判并取代了当时的机械论和活力论生物学,建立了有机体系统的概念,提出了系统理论的思想。从30年代末起,贝塔朗菲就开始从有机体生物学转向建立具有普遍意义和世界观意义的一般系统理论。1945年他发表了《关于一般系统论》,这可以看做他创立一般系统论的宣言。一般系统论是研究系统中整体和部分、结构和功能、系统和环境之间的相互联系、相互作用问题。贝塔朗菲研究了机体系统、开放系统和动态系统的理论,试图以机体系统理论解释生命的本质。他还把开放系统作为系统的一般情形,全面考虑了开放系统的输入、输出和状态等基本因素,科学地解释了与开放系统有关的稳态、等终极以及有序性的增加等问题。关于动态系统,他用数学的方法描述了系统的各种性质,如整体性、加和性、竞争性、机械性、集中性、终极性、等终极性等。所有这些工作,为他的一般系统论奠定了理论基础。

系统有众多的定义,总的意思是:系统就是由多个元素有机地结合在一起,执行特定的功能以达到特定目标的集合体。

系统具有以下的特性。

1.整体性

组成系统的各个元素不是简单地集合在一起,而是有机的组成一个整体,每个元素都要服从整体,追求整体最优。这就是所谓全局观点。

2.层次性

系统是有层次的。系统的每个元素仍可以看做一个系统。

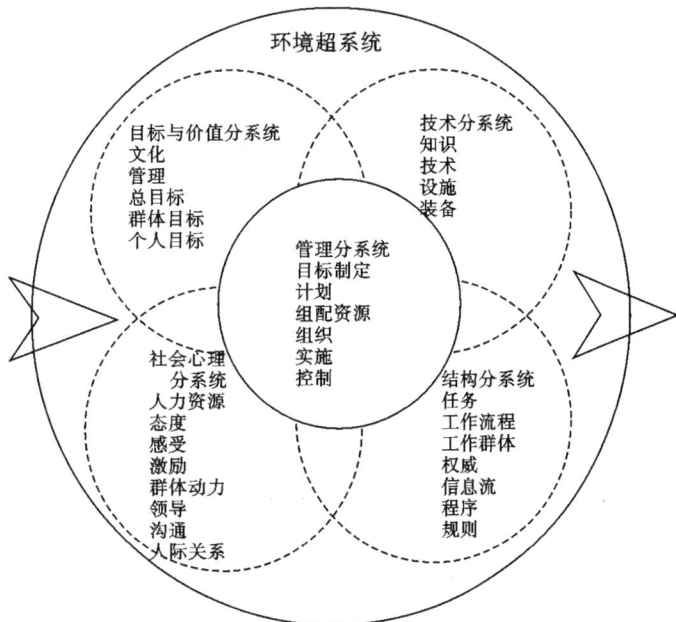

图5　系统理论的组织模式示意图

3.相关性

系统内各个元素(或各个子系统)是有联系和相互作用的。

4.目的性

任何一个系统都有一定的目的或目标。

5.环境适应性

任何系统都处于特定的环境中。

在系统的特性中,整体性是系统最主要的一般特征,是系统的本质属性。系统之所以是系统,而不是要素或集合,这都是由系统的整体性所决定的。贝塔朗菲就说:"一般系统论是关于'整体'的一般科学。"

## 二、系统工程及其方法、特点

1.系统工程的含义

系统工程是系统科学的一个分支,是系统科学的实际应用。系统工程是以大型复杂系统为研究对象,按一定目的进行设计、开发、管理与控制,以期达到总体效果最优的理论与方法。

2.系统工程方法

最常用的系统工程方法,是系统工程创始人之一霍尔创立的,称为三维结构图。三维结构由时间维、逻辑维和知识维组成一个立体结构。

(1)时间维将系统分为7个时间阶段。

①规划阶段:对系统进行定义、确定目标、制定开发规划和策略。

②制订方案:提出具体方案。

③研制阶段:实际系统地研制方案。

④试运行阶段:将项目投入试运行。

⑤安装调试阶段:将整个系统安装好,拟定运行维护规范和运行计划。

⑥运行阶段:按预期目标运行系统。

⑦更新阶段:改进旧系统,使之成为新系统。

(2)逻辑维是指系统开发过程中每个阶段所经历的步骤。

①问题确定:通过收集数据弄清问题的症结。

②目标确定:确定目标及评价标准。

③系统综合:研究达到目标的各种策略。

④系统分析:通过建模,推断可供选择的各种方案的可能结果。

⑤最优化:求出最优系统方案。

⑥系统决策:选出最优方案。

⑦计划实施:将有选方案付诸实施。

(3)知识维是指完成各阶段、各步骤所需知识。

3.系统工程的特点

(1)系统工程研究问题一般采用先决定整体框架,后进入详细设计的程序,一般是先进行系统的逻辑思维过程的总体设计,然后进行各子系统或具体问题的研究。

(2)系统工程方法是以系统整体功能最佳为目标,通过对系统的综合、系统分析构造系统模型来调整改善系统的结构,使之达到整体最优化。

(3)系统工程的研究强调系统与环境的融合,近期利益与长远利益相结合,社会效益、生态效益与经济效益相结合。

(4)系统工程研究是以系统思想为指导,采取的理论和方法是综合集成各学科、各领域的理论和方法。

(5)系统工程研究强调多学科协作,根据研究问题涉及的学科和专业范围,组成一个知识结构合理的专家体系。

(6)各类系统问题均可以采用系统工程的方法来研究,系统工程方法具有广泛的适用性。

(7)强调多方案设计与评价。

### 三、教育系统的特点

从现代教育思想看,教育是一个系统工程,学校教育只是基本教育。其实,在我国古代首部教育专著《学记》中,就把教育看做"建国君民"的系统工程:"古之教者,家有塾,党有庠,术有序,国有学。比年入学,中年考校。一年视离经辨志。三年视敬业乐群,五年视博习亲师,七年视论学取友,谓之小成;九年知类通达,强立而不反,谓之大成。夫然后足以化民易俗,近者说服,而远者怀之,此大学之道也。"从中可以看出,从学校设置到学段学习的目标、任务,都有系统安排。教育作为国民经济建设的一个子系统,具有与其他子系统不同的含义。教育系统是人工系统,具有鲜明的目的性。教育系统不同于其他系统的目的性就是,教育系统是为培养生产力中最活跃的因素劳动者接受各种教育而存在的,它的效益凝结在受教育者的潜能之中。教育人的工程是一个复杂而长期的工程,组成教育系统的任何要素出了问题,整个教育系统的功能、目的都难以发挥作用。将系统工程方法论渗透到教学的各个方面,有助于儿童感受逻辑思维,潜移默化地形成思维能力。系统工程思维和方法,有助于抓住教育体系的各本本质,形成开放的自循环、自学习系统,从而实现教育系统的目的和功能。教育系统是由教育者、受教育者、教育方针、教育体制、教育环境、教育规划、教育管理、教育方法、教育层次、教育内容等要素构成的一个有机整体。教育系统有以下特点。

1.相关性

教育系统的要素之间具有较强的互动关系,这种互动关系相互制约、相互促进,从而使教育系统始终处于动态变化之中而生存发展。

2.层次性

教育系统的层次性表现为教育方针的层次性、教育组织的层次性、教育规划的层次性、教育管理的层次性、教育内容的层次性、教育者及受教育者的层次性等。

3.整体性

教育系统的整体性是指系统相对于环境而言,系统自成一个完整的具有独立功能的有机综合体。系统与环境之间连续不断地进行信息、物质、能量流动,从而形成一个开放系统。在有些系统之中,如果要素之间关系协调得好,则由这些要素组成的系统是良好的系统,否则是一个恶性系统。教育系统也一样,即使每一个要素独立时都很好,但在组成系统时要素关系没有理顺,则系统也不能是一个完好的系统;反之,如果要素独立时不一定最好,但在组成系统时要素关系协调处理得好,则可以形成一个优良的系统。

### 4.目的性

凡是系统必有结构,结构决定功能。任何系统存在,都有一定的功能目的性。系统的功能目的性是系统之间互相区别的标志。系统工程就是为了最优地实现系统的功能目的性而进行的组织管理工作,教育系统的目的就是为国民经济建设培养德智体美劳全面发展的劳动者。

### 5.适应性

任何系统都存在于一定的环境之中,因此,系统与环境之间不断地进行着物质、能量、信息的交流。系统一方面适应环境的变化,另一方面也引导着环境的变化,从而使系统从一个平衡点达到另一个更高的平衡点。应试教育到素质教育就是为了适应社会发展需要而提出的,中小幼衔接也是为了更好地适应素质教育的发展需要提出的。

## 四、中小幼教育衔接补充完善了系统工程

系统论是中小幼衔接研究最主要的理论依据。幼儿园教育、小学教育和初中教育可以看做由区教体局主管的一个教育系统。如果整合系统及其子系统中的各个要素,从整体优化角度注意协调处理幼儿园教育、小学教育和初中教育三个子系统及其各要素之间的相互关系,发挥其最佳的功能,将会使幼儿园教育、小学教育和初中教育很好地衔接起来,形成一个互相开放而又互相联系、互相衔接、互相依存的整体,更好地体现新课程标准中各学科学习的系统性和完整性,最终使各个学段相互联系、螺旋上升,达成各学科教学的三维目标,实现教育功能的最优化。

具体地说,系统工程对中小幼教育衔接的启示可以体现在以下几方面。

### 1.从系统的整体性出发重新定位中小幼教育系统在社会大系统中的位置

亚里士多德早就说过,“整体大于部分之和”。系统不是各部分的简单组合,而是有统一性的;各组成部分或各层次充分协调和连接,可提高系统的有序性和整体的运行效果。我们将中小幼各个子系统重新组合为一个新的系统,纳入终身教育的体系,能优化教育的目的和功能。系统的整体性原则还告诉我们,对教育这个多元系统里面的任何一种现象,都不能孤立地看待,而必须与整体文化甚至于世界文化这个人类社会中最大的多元系统中的现象联系起来研究。中小幼教育是教育金字塔的地基,从系统的整体性原则出发,更能突显中小幼衔接的重要性。

### 2.从系统工程的整体性出发为塑造“大成”的人打基础

系统工程在教育上的独特的理论建树是“大成智慧”学说。我国著名科学家钱学森教授,多年致力于系统工程的研究,十分重视建立统一的系统科学体系的问题,并由此提出教育的“大成智慧”学,即教育、培养集人类智慧于一身的“大成”的人。他说:“大成智慧的核心就是要打通各行各业各学科的界限,大家都敞开思路互相交流、互相促进,整个知识体系各科学技术部门之间都是相互渗透、相互促进的,人的创造性成果往往出现在这些交叉点上,所有知识都在于此。所以,我们不能闭塞。”他也时常强调,我们掌握的学科“跨度越大,创新程度也越大。而这里的障碍是人们习惯中的部门分割、分隔、打不通。而大成

智慧学却教我们总揽全局,洞察关系,所以促使我们突破障碍,从而做到大跨度地触类旁通,完成创新"。① 他开阔的思路,给我们的中小幼衔接研究提供了有效的方法,也指出了中小幼教育的方向和途径。

3. 从系统的最优化原则出发整合中小幼教育资源

社会存在着许多可资利用的资源,可以运用"霍尔三维结构"的系统工程的方法——时间维、逻辑维、知识维——对中小幼衔接问题,依据心理学、教育学、脑科学、美学、系统工程学等的要求和多年的实践经验,明确目的,设计目标,分析优化,决策实施,规划,拟定方案,运作反馈、调整,整合,实现教育效果的最优化。实践证明,越会系统整合,越有可能成功。

4. 从系统的自组织性特点出发促进中小幼衔接的发展

在现实世界中的一切组织都是开放系统,都同其周围环境相互联系、相互作用,进行着物质、能量或信息的交换和转换。中小幼本身自成系统,衔接成为一个庞大的子系统,同时各自又有着更为微小的繁多的子系统。对于一个由大量子系统所组成的系统来说,在一定的条件下,它的子系统之间自发地通过非线性的相互作用就能产生协同现象和相干效应,并形成自己一定的组织功能和时空结构,使系统表现出新的有序状态,这个特性叫做系统的自组织性。中小幼衔接成为一个系统,在自组织性的作用下,各系统的交流合作形成"物质、能量与信息"的交换,不仅能促进各自的系统的"进化",更能促进整个基础教育的发展。

5. 从系统评价的规律出发多元评价中小幼衔接的各项工作和儿童的发展

系统的自组织性在某种意义上意味着自足性、自律性和自我生成性,各个子系统——无论是学校还是受教育者个体,发展都具有不完备性、非同步性、多倾向性、动态性和不确定性等。因此,它强调要从整体系统的相互作用来考察事物。系统评价,即明确系统价值的过程,可分为目标评价、方案评价、设计评价、计划评价和规划评价;事前评价、中间评价、事后评价、跟踪评价;技术评价、经济评价、社会评价,等等。要保证评价具有一定的客观性,不同目标要用不同的准则来衡量。在中小幼衔接评价方面,对各个学段的机构、人员和儿童,应从不同的层次的系统出发采用不同的方法评价。其中,对于儿童的评价,尤为重要。尊重儿童的身心发展规律,等待儿童长大,尊重个体的发展的差异,参照多元智力不强求统一的评价模式,不压制学生的个性,让其系统内在的自组织性发挥作用,更合乎儿童的成长规律,更合乎教育的目的。

6. 从系统的目的性出发为实现教育的最终功能——人类的幸福奠定基础

教育的目的是育人。马克思主义认为,我们的教育目的应该是人的全面发展。英国教育家赫伯特·斯宾塞在他的《教育论》中提出了"为完满生活做准备"的教育目的。这里所说的"完满生活"不仅指物质条件方面,还包括怎样对待自己的身体、怎样培养心智、怎样教育子女、怎样做一个好公民、怎样合理利用自然资源而增进人类幸福等丰富的内容。使人幸福是目的,而不是手段;教育不是一个事物,而是一个永远无止境的过程。把中小幼教育作为一个系统来看待,就会在宏观和微观层面上都更专注于教育的育人功能;就会以儿童的终生幸福为目的,而不是把儿童当成谋取分数的工具。

---

① 钱学敏. 钱学森大成智慧教育的设想[J]. 光明日报,2008-10-16.

# 第三章
# 中小幼教育衔接的基本策略

## 对一则故事的反思

有这样一则故事。有人问一位白发苍苍的诺贝尔奖获得者:"您在哪所大学、哪个实验室学到了您认为最重要的东西呢?"这位获奖者回答:"是在幼儿园。"提问者愣住了,又问:"您在幼儿园学到些什么呢?"科学家耐心地回答:"把自己的东西分一半给小伙伴们;不是自己的东西不要拿;东西要放整齐;吃饭前要洗手;做错了事情要表示歉意;午饭后要休息;要仔细观察周围的大自然。从根本上说,我学到的全部东西就是这些。"这位学者的话代表了与会科学家的普遍看法,他们认为终生所学到的最主要的东西是小时候老师给他们培养的良好习惯。可见,从小养成良好的习惯,对人的一生有多么重要。

古今中外,大凡走向成功的各界人士,并不一定拥有很好的天赋,但他们有一个共性,那就是都拥有良好的习惯和品质。儿童时期是养成习惯的关键期:培养始于父母,养成始于家庭,关键在于幼儿园和小学。对于孩子来说,要成就学业、事业,要拥有美好人生,必须养成好的习惯。

中小幼衔接在不同学段有不同的侧重点,策略与方法也因此宽泛而多元,包括角色换位策略、能力训练策略、习惯养成策略、心理培养策略、评价激励策略、外部支持策略……为了实现幼小中的科学衔接,我们应坚定地走在策略探索创新和实践研究之路上。

# 第一节 角色换位策略

角色换位是指低学段与高一级学段的教师或者儿童彼此互换角色,进入对方的工作或学习环境,进行角色换位体验。角色换位能够使参与的教师在真实的工作状态中了解另一个阶段儿童的年龄特点、生活与学习的需要、习惯及常规的形成状态,以及针对这些情况所应采取的有针对性的教育活动,并在此基础上反思和改进自己在本阶段的教育行为。角色换位能够使得参与的儿童真实体验即将面临的高一学段的学习环境,有助于减小儿童学段衔接的坡度和压力,有助于提高教师教学指导的有效性和针对性。

## 一、策略特点

### 1. 情境性特点

角色换位策略在实施中,不论是教师还是儿童,都将自己置身于另一学段的真实情境中,获得真实的体验与感受。这无论对于教师还是儿童,都将是顺利完成衔接过渡的最为宝贵和有益的经验。

### 2. 反思性特点

换位体验这种方式"揭开了隔在中小幼学段教育之间的神秘面纱",让换位双方都能对对方的课程目标、课程组织与实施方式以及对学生的行为习惯的要求等有亲身的体验和深入的了解,既有利于平复衔接过程中不必要的焦虑情绪,也有利于下阶段在实践中推动幼小衔接工作的进一步发展。教师与儿童在角色换位的同时,会获得一些别样的感受与体验,从而会自然引发自身对新问题的思考。这种反思性的思考将为衔接工作带来新的起色。

### 3. 互动性特点

在角色换位策略中,无论是教师互动、师生互动,还是学生互动,都体现出了不同角色之间互动的特点。正是基于这种角色换位后的互动,使得衔接研究更加具有发现问题的真实性、解决策略的针对性、研究成果的实效性。

## 二、注意事项

### 1. 加强师资力量的全面培养

教师上岗前应进行有针对性的培训,熟悉上下衔接阶段的课程标准和内容要求,熟悉上下衔接阶段学生的身心特点;掌握《课程标准》要求的教学方法,积极体现教师角色的换位是为了能更好地服务于学生的学习的理念。

### 2. 加强角色换位的双向沟通

角色换位实施前后,换位双方要就活动的内容、主题的设计、问题的反思等方面进行周密的部署与安排,以保证换位策略的实施取得应有的实效。

### 3. 重视遵循教育规律

衔接的关键在于遵循教育的规律——在衔接阶段,上、下学段的特点同时并存且相互交叉。幼儿教育要按幼儿年龄特点进行,小学教育要按小学生年龄特点进行,中学教育要按中学生年龄特点进行。因此,衔接的核心是要找到"奠基阶段"的共通点,而不是简单地在某一学段增加一两个环节。

## 三、实践操作

### (一)奠定角色换位的基础——衔接联合体促进以校为中心的互动

在九年制义务教育大背景下,从整体优化角度考虑,要实现中小幼无痕衔接,形成一个能发挥最佳教育功能的整体,必须要做到相互借鉴、不断创新,实现资源统整化、联动体系化、成果共享化。

1. 创建衔接联合体为换位搭建平台

策略一:建立机构。为实现教育均衡、内涵式、跨越式发展的目标,本着"全区一盘棋"、"全区教育一体化"的思想,我区 7 所初中学校依据地域原则与周边的 4 所左右的小学结成中小幼衔接联合体,5 所公办幼儿园就近与周边小学结成幼小衔接联合体。衔接联合体建立后的校际互动,为角色换位策略的实施奠定了坚实的基础。

策略二:明确思路。把握"按片分区,以'联合发展,互助共赢'的形式,研究确定发展行动思路,构建全区'衔接联合体',研究中小幼衔接策略,做到:中学和小学衔接,小学和幼儿园衔接;做到思路对接、行动一致、资源共享、特色发展,一切着眼于培养学生终身学习的愿望和能力,为学生终身发展奠基"的总体思路。要以"衔接"与"研究"为抓手,实现学校、教师、学生的全面、均衡发展。

**【案例 3.1】**

### 家园校共话幼小衔接

孩子从幼儿园到小学是个重要转折点,让孩子顺利适应小学生活是每个家长的心愿。随着小学报名日期的临近,作为家长的我们开始为孩子的幼小教育衔接而着急,对孩子入学的担心和困惑也接踵而来:小学的一日生活是怎样的?与幼儿园生活有何不同?孩子在入学前家长需要做好哪方面的准备?我们家长需不需要辅导孩子学习拼音和数字?……这些问题真是迫切希望有专家给我们解答。

在一个阳光灿烂的午后,我早早地来到了青岛市四方区实验幼儿园的多功能厅,因为在这里即将召开一场幼小衔接座谈会,不仅有幼儿园老师,还邀请了小学校长和班主任,相信与她们的近距离接触能够解答我心中的许多困惑。

活动在周园长的介绍中拉开了序幕,作为幼儿园的老师,她们见证着幼儿的每一步成长,为了帮助孩子们更好地过渡到小学生活,幼儿园做了大量的工作。原来她们比我们当家长的行动还早:关注孩子们的生活习惯、学习习惯,教会孩子如何自护,组织孩子们参观小学……无处不体现着她们对孩子无微不至、理智又科学的爱。接下来,青岛宜阳路小学的高校长向我们介绍了小学的课程设置、教学内容、教育方式等,让我们受益匪浅。具有多年一年级班主任经验的张老师,把在教学中的亲身体验和感悟,把生动真实、具有强烈说服力的个案介绍给我们,并用质朴、真挚的语言毫无保留地将宝贵的经验传授给大家,让在座的家长们豁然开朗。

整整两个半小时的座谈会让我们每一位家长都受益匪浅、意犹未尽。有了这些专家、老师们的介绍,我们家长对如何配合幼儿园和小学的衔接过渡有了更清晰的认识,对如何在家庭中对孩子进行科学、具体的指导有了更明确的目标。相信在我们大家的共同努力下,我们的孩子一定会更加自信、更加快乐、更加顺利地迈入小学,开始新的学习生活。

(青岛市四方区实验幼儿园　朱晓燕)

2.建章立制保障换位科学规范

策略一:出台制度及时到位。课题研究的顺利实施,必须有相应的制度做保障。全区各校普遍建立了互访交流、成长跟踪记录、参观、听课、教师培训等各项工作制度,定期召开工作会议,研究交流中小幼衔接工作的新认识、新理念、新方法,落实各项衔接工作的措施,保障了衔接工作的顺利实施。联合体各学校签订衔接协议,从指导思想、领导、管理等方面对衔接工作进行确定,明了了衔接工作的重点;部分学校还建立了"教师互动"、"校际联席"制度、"校际互访日"制度等等,加强与周边学校的合作,使各方的衔接工作取得了明显的效果。各学校每学期组织"请进来、走出去"活动,使中小学教师对对方的教育有了更直观的了解,为学生的顺利过渡搭建了一座有益的桥梁。

策略二:先进经验及时推广。研究协作体建立后,为保证研究的科学规范,我们从每个子课题实验单位选派课题研究分管干部和骨干教师进行课题研究高级培训,聘请专家进行课题研究讲座,学校间互相交流课题进展情况,促进了全区学校深入开展课题研究。例如,青岛平安路第二小学通过与中学的合作,建立了各部门间的对口合作制度,并确立各自的研究课题,校长室侧重学校管理方面的衔接,教务处侧重教学方面的衔接,德育处侧重学生管理、养成教育的衔接。这些优秀学校的先进经验和做法通过各级会议在全区进行推广宣传,形成了以点带面、共同发展的良好格局。

## 二、引领角色换位的方向——联动教研促进以教师为中心的互动

1.教师之间的互动

教师之间的互动,是我们研究的关键所在。理念的提升和行为的改进是随着教研实践的深入而逐步实现的。各学段教学的衔接,主要是通过教师之间的互动来完成的。

策略一:联动行动发现问题。为了保证"联动"的效果,我们成立由校长和幼儿园园长、教师等多方代表参加的衔接"联动行动"协调小组,邀请教体局、教科室的领导为协调小组的顾问。每学期召开一次"互动衔接"工作委员会联席会议,协商工作计划,通报工作情况,交流工作经验,研究中小幼衔接过程中出现的新情况和新问题,探索加强衔接的有效途径和方法。

策略二:集体备课解决问题。不同学段教师的集体备课、互相听课评课、教学总结和

经验交流等教研活动能够研究解决衔接调查中发现的实际问题,促进衔接的有效进行。衔接双方开展形式多样的互动观摩活动,互赠教材与教师指导用书,进一步熟悉和了解衔接阶段双方的教育教学内容及其重点,互帮互学,共同促进,为搭建互助合作的教研平台奠定基础。

2. 教师与学生之间的互动

为适应儿童的身心发展特点和规律,促进其顺利过渡,幼儿园、小学和中学都强调让教育适应儿童的发展,开展适合儿童发展的教育。要真正

图 3-1　幼儿教师走进小学课堂

做到这一点,首要的前提是增进衔接学校教师彼此的了解,让教师走进彼此的课堂,换位体验中学和小学、小学和幼儿园各自的教学风格和教育环境。

策略一:走进课堂,同课异构。中小幼不同学段,面对不同的教育对象、不同的知识与能力,教师们各自有自己的教学策略,互换一下课堂,体验一下不同学段的孩子在课堂上与自己的互动,感受一下不同学段教师的执教策略与风格,可以帮助教师更好地找到不同学段教学衔接的契合点,提高自己应对衔接阶段各种问题的能力。角色换位让教师体验了彼此工作的难处,并且发现了其中的契合方式——快乐激情课堂教学与扎实的、规范的基础

图 3-2　中学生为小学教师的讲课深深吸引

教育相结合。这样,既能让学生快乐成长,又能保证中小幼衔接的平稳过渡。

【案例 3.2】

## 幼小衔接实验课

接到幼小衔接实验课数学《认识厘米》时,我的心情即紧张又兴奋,为小学生上课对我来说是一次全新的考验。

在设计教案时,我首先根据幼儿园对教师角色的定位"幼儿学习的指导者、组织者和合作者"的理念来设计"认识厘米"的教学活动,但在试讲时发现我忽略了小学生现有的数学经验,这种经验是学生学习认知的起点,也是探究建构新知识的"支架"。因此,我马上及时调整教案思路,注重让学生基于自己的知识背景带着自己的生活经验走进课堂,通过学生的探究、操作、交流、分析、反思等活动,主动进行知识建构。

在教学中,我以录像"喜羊羊遇到难题"激发起孩子们的兴趣,引起疑问:怎么会不一样呢?学生看完之后议论纷纷,在这一生活化的情境中体会到为什么要统一长度单位以及尺的重要作用,激发了他们进一步去了解、探究尺的兴趣,

从而把数学研究的兴趣延伸,让学生采用多种方法到直尺上找出1厘米,2厘米,5厘米……培养了学生勤于思考和追求真理的态度,为以后的学习打下了坚实的认知基础。在此基础上,我又让学生动手练习,培养他们灵活运用所学的数学知识解决真实生活情境中问题的能力,逐步完善自己的思考过程,使他们的实践能力得到进一步培养。这堂课上,科学、合理的测量方法在学生的体验之中不知不觉地生成。

实验课的成功让我颇有感触:游戏化、生活化的课堂教学,对于幼小衔接初期的小学生还是十分必要的。充满激情与情趣的课堂不仅能调动学生的积极性,引导学生体验知识的形成过程,获得成功的体验,而且能培养他们在生活中探究、在探究中学习的优良品质。幼儿园和小学两个学段之间要顺利衔接过渡,需要双方的共同努力。你缓我促,找到最佳结合点,这不仅是儿童的需要,更是教育的规律。

（青岛市四方区机关幼儿园　王海燕）

**【案例3.3】**

### 互换一下吧　看看错在哪

2008年12月12日,我校多媒体教室涌入了许多听课教师,课堂氛围十分活跃,不时传来琅琅读书声、学生热烈讨论的声音及教师娓娓的讲述声,这是我校和青岛洛阳路第一小学联合举办的一场别开生面的中小学衔接教育活动。

如何加强中小语文教学工具性与人文性的统一?如何实现中小学段语文教学的感性与理性的衔接?在中小语文课中如何适度地渗透德育教育?教学中如何体现教师的服务意识?……这些问题一直是困扰我校及小学语文教学的突出问题。

也许可以换位思考:中小学语文教师用相同学生同上一节课会有什么样的感悟呢?于是,在学校与青岛洛阳路第一小学等校的衔接教育共同体年会上,我与青岛洛阳路一小的李丽娜老师用洛阳路一小六年级学生共同执教了北师大版小学六年级语文《荷塘旧事》一课;我校李念胜老师与青岛洛阳路第一小学的李艳老师用青岛第四十一中学初一的学生共同执教了人教版初中一年级语文《羚羊木雕》一课。

课后,大家热情参与了激烈的听评课及座谈交流活动,就中小学语文课堂教学的共同点、不同点与衔接点展开了热烈的讨论。洛阳路一小的李丽娜老师说,通过上课、听课,她最大的感觉是小学教学以感性引导为主,中学教育以理性要求为主,小学教学应当加强"规范化"要求,如汉字书写。而在青岛第四十一中学的李念胜老师看来,小学的授课激情值得学习,现在不少中学教师习惯了规范化教学,可以尝试增添一些感性的引导方法,增添课堂激情。

该换位授课活动被《半岛都市报》以"互换一下吧　看看错在哪"为正标题,"中小学教师互换课堂,突围初小衔接"为副标题,作了整版报道,引起了大量教育界人士的深思。

这种方式更好地找到了中小学课堂教学衔接的契合点,互换课堂,换位体验了彼此工作的难处,并且发现这其中的契合方式——快乐激情课堂教学与扎实的、规范的基础教育相结合。这样,既能让学生快乐成长,又能保证中小衔接的平稳过渡。

(青岛第四十一中学　任瑞春　于　薇　李念胜)

策略二:走出课堂,广交朋友。中小幼衔接期的孩子们各有自己的年龄特点,尤其是中小衔接期的学生正处于青春期,他们的生理、心理变化需要教师用心揣摩。认识到这一规律,教师们走出课堂积极与前后学段的中学生、小学生、大班孩子交朋友,进一步了解他们的心理及生理特点,并将所了解的信息与朝夕相处的孩子特有的生理心理特点作比较,寻找有效的教育策略,以期找到衔接的切入点,为衔接工作做好铺垫。

图3-3　学做小学生

### 三、充实角色换位的内容——衔接开放日促进以学生为中心的互动

在衔接教育的实施过程中,儿童是当之无愧的主角。每年4月份起,各衔接联合体确定学校开放日,主要是衔接高学段的初中和小学分别向衔接低学段的六年级学生和大班幼儿开放。通过参观教学楼、实验室、微机室、舞蹈室、图书室等硬件设施,直观感受衔接高学段的学习环境;六年级学生通过参加初一的课堂学习,体悟中小学教师授课方式的不同;幼儿大班孩子通过参与小学的升旗仪式等活动,体悟成为小学生的自豪。

#### 1. 幼儿走进小学

策略一:小学教师引领参观校容校貌。带领幼儿走进他们为之向往的小学校门,那里的一切对于他们来说,都是新奇的。在小学老师的引领下,孩子们会参加小学的升旗仪式,浏览学校的特色活动室、文化长廊,听小学老师讲解小学生的一日活动,幼儿还会有机会与一年级小学生互动。在这样的参观活动中,幼儿积累了对小学的初步感知,从心理上消除了陌生感,缓解了升入小学的压力。

图3-4　幼儿园的小朋友们参观小学

**【案例3.4】**

**我要上学啦**

开学时,老师在班里做了一个"倒计时牌",她告诉我们:当计时牌上的数字变成"0"时,我们就要上小学,成为一名光荣的小学生了。

　　我的心里充满了幻想,但也有点儿小担心:学校是什么样的? 上学是不是就不能做好玩的游戏了? 我那么调皮,老师会批评我吗? 如果记不住老师布置的任务怎么办?

　　老师好像猜出了我的担心,她为我们请来了一年级的小学生。"小姐姐,你的书包里有什么? 能给我们看看吗?"姐姐打开她的书包,哇,里面有那么多的书和本子,还有一个我最喜欢的美羊羊铅笔盒。书包外面的袋子里还装着水壶、跳绳和水彩笔。不过,我们家可没有姐姐戴的红领巾,她是从哪儿买的呢? 姐姐告诉我,红领巾可不是买来的,只有上了学,成为少先队员,才能戴上红领巾呢!

　　听了小姐姐的介绍,我对即将到来的小学生活更加充满了期待和向往,心里有了更多想知道的问题:"小学生下课了做什么?""小学上课时间长吗?""小学生可以带玩具吗?"……老师让我们把这些问题用自己的方法记录下来,她要带我们走进小学,让我们自己寻找答案。

　　以前,我总是在脑海中想象着学校的样子,现在终于有机会走进学校,心里既兴奋又紧张。走进小学的大门,一切都让我们感到新奇,学校可比我们幼儿园大多了。操场上,哥哥姐姐正在训练跑步。学校里还有这么多教室,里面的桌子和椅子也和我们教室里的不一样,上面放着哥哥姐姐们上课用的书。老师还让我们也坐到课桌前试试,找找感觉。这里的老师还给我们上了一节观摩课,让我们亲眼看看一年级的哥哥姐姐们是怎么样上课的。

　　"零……"下课铃响了,坐了那么长时间,我都有点累了,真想快点儿到操场上活动活动。可哥哥姐姐却不像我们那么着急,他们有的拿杯子喝水,有的结伴去上厕所,把这些事情做完后再到操场上去,踢毽子,跳皮筋儿,投沙包,他们会玩那么多的游戏,也不需要老师在一旁看护。唉,看来我们还是没有长大,身上还有许多小缺点要改正,不过,我可没有失去信心。

　　回到幼儿园,老师在班里为我们创设了"小学校"的活动区,我可愿意在这里学做小学生了。现在的我会看课程表,会包书皮儿,会系红领巾,还学会了许多课间十分钟的小游戏……我相信通过自己的努力,也会像哥哥姐姐那样成为一名合格的小学生!

(青岛市四方区教工第一幼儿园　阎　敏)

**【案例 3.5】**

我当"讲解员"

　　早春的校园还是一片新绿,草啊、芽啊初露头角,害羞地含着下巴。忽然,像是"忽如一夜春风来,千树万树梨花开",校园里绽开了一朵朵热烈的"花儿",这是星河幼儿园大班的小朋友们,今天他们要参观我们的学校,而我,就是今天的讲解员。

　　还没来得及跟大哥哥大姐姐们见面,朗朗的读书声就幽幽传入耳畔。循着这声音,我带领一个个好奇的小脑袋来到了一年级一班的教室里,我向小朋友们介绍，这是我们的同学们正在早读。他们惊讶地瞪大眼睛，看着坐姿整齐的同学们，手拿课本，大声地读书，一脸的敬意和向往。走出一年级一班的教室，我们又来到了先前还没来得及停下脚步的教学楼大厅。大厅的左面是来自河西百科网站的小编辑们精心设计的百科知识展示栏。很明显，这些幼儿园的小朋友们已被一整墙琳琅满目的图片深深吸引了。他们张大嘴巴，不时叫出声来："看，大猩猩！""这里还有一只大熊猫！"一个个像发现了新大陆一般。我被他们如此的"一本正经"逗乐了，告诉他们："先别着急，等到你们上一年级的时候，也欢迎你们加入我们的百科网站，那里还有好多好多你们从来都没见过的小动物等着和你们交朋友呢！""真的吗？""噢！噢！太好了！我真想快点和他们交朋友！"一个个稚嫩的声音争先恐后地往我的耳朵里钻。

好不容易把这些兴奋的"小鬼们"拉到右边来，大大的礼仪、纪律、卫生评比栏映入我们的眼帘。"静静地听，这面墙在和我们说话呢！小朋友们，进了教学楼就不能大声说话了，否则墙爷爷发起脾气来就把你装进批评栏里啦！你看我们的教学楼这么漂亮，你们一定不忍心弄脏它，否则墙爷爷又要发火啦！现在我们就来比一比，看看谁的小嘴巴闭得严严的，而且不用手指到处乱摸，谁就最先进入'光荣榜'！"

就在这时，欢快的下课铃声奏响整个校园。顿时，校园里热闹起来了，有花样跳绳的，有踢毽子的，还有打乒乓球的……一双双小眼睛好像从来没见过这么大的场面，有点应接不暇了！"这里有好多人！"我们的同学们牵起一双双小手，带着他们融入了热闹的课间十分钟，校园里的"花儿"开得更加烂漫了！

此外，我们还参观了科学实验室、美术室、音乐教室，等等。他们满眼流露着羡慕与期待。最后，幼儿园小朋友的此次参观在广播操和集体舞的音乐声中落下帷幕。

望着已走远的他们，我的脑海里又浮现出自己小时候入校的场景，而今天的讲解，更是把校园的一草一木刻在我的脑海里，让我永远也抹不去……

（青岛河西小学 杜 君）

策略二：与一年级学生同上一堂课。让幼儿进入班级与一年级哥哥姐姐同上一堂课，课堂上幼儿仿佛进入了小学生的角色。在听课的过程中，幼儿还参与到课堂的表演、回答问题中。小学生们端正地坐着，响亮地回答着，教师耐心和蔼的讲课深深地吸引着他们。让幼儿体验小学生的课堂，不仅能让幼儿从中获取很多有益的经验，而且我们幼儿园的老师也会在此过程中，针对课堂上发现的诸多问题，找到下一步衔接工作的突破点。

图 3-5　走进小学课堂

【案例 3.6】

## 与孩子们同上一堂课的感悟

一个阳光明媚的早上,我和即将毕业的大班幼儿一起在青岛长沙路小学一年级的语文课堂上经历了别开生面的一堂课。

当朗朗的读书声整齐地响彻在耳边时,孩子们瞪大好奇的眼睛,目不转睛地看着老师和小哥哥小姐姐们的一举一动。半节课过去了,壮壮突然对我说:"老师,你看我也有那样的橡皮。""嘘! 可不能大声喊,会影响老师上课的。"他的注意力已经开始被学习用具吸引走了。渐渐地,孩子们开始坐不住了,有的爬上了椅子,有的弯下腰去捡地上的纸片,有的开始和旁边的小朋友说起话来,雯雯说:"老师我想上厕所。"我只好悄悄地把她送出去。

一堂别开生面的语文课结束了。孩子们像放出笼的小鸟,争先恐后地离开了坐了一节课小椅子,叽叽喳喳地说笑着,而我的思绪却依然留在课堂上。课堂上孩子们从注意力的分散到随意插话、说话,以及课前没有及时小便等问题久久地萦绕在我的脑海里,如果这些问题得不到很好的解决,将会大大影响到他们今后小学生活的质量。

回到幼儿园后,我和孩子们进行了讨论:"小学的哥哥姐姐上课时和我们小朋友上课时有什么地方不一样?"针对这两者之间的差距进行了对比和分析,孩子们明白了:上课时注意力要集中,不能玩弄铅笔、橡皮;想回答问题时要举手,不能随便插话,更不能和别人聊天;小便也一定要在上课前的十分钟去完成。说起来容易做起来难,为了帮助幼儿了解小学生的上课、活动等规则,我和孩子们一起在班级创设"我要上学"社会性区域,模拟小学课堂添置了书本、小黑板等材料,让孩子们通过扮演老师或学生角色,进一步了解小学生的一日活动规则。接下来,我们又开展了"课间十分钟"活动,通过录像讲解、分析讨论、实践验证等环节让孩子们知道课间十分钟应该先干什么、后干什么、为什么要这么做。看着孩子们一天天长大,我对他们未来的小学生活充满信心。

(青岛市四方区教工第三幼儿园　刘　潇)

2. 小学生走进中学

策略一:信息分享会。对于小学高年级的孩子来说,未来的中学是什么样子的,已经不需要在教师的带领下去参观了,他们完全有能力通过多种渠道自己去获得未来学校的相关信息。因此,教师需要给他们搭建一个平台,邀请几名初一的学生参与信息分享会,在互动中帮助小学生建立对中学的初步感知,让小学生交流自己的收获与发现,向初一的学生提出自己的困惑与迷茫,共同讨论分享,使六年级学生对未来的中学学校生活充满期待与向往。

策略二:与初一学生同上一节课。走进中学生的课堂,与中学的哥哥姐姐同上一节课,感受中学老师的授课风格,感受初中生的课堂氛围,体验当一名中学生的自豪与神气。课后,让六年级学生和初一的学生坐在一起,互相交流分享一下自己的感受与体会;让六年级的学生细心观察、欣赏中学生的课堂笔记,翻阅他们的课程与书本,了解他们的学习方法与习惯,找出差距,明确方向。

3.多元化的社会实践

策略一:联合体学校的冬令营活动。组织"中小学衔接课题研究联合体学校冬令营"活动,通过开展各种动手动脑的实践活动,营造氛围,制造亲切感,让小学生与中学的教师、师哥、师姐共同参与、共同体验,消除小学生对中学生活的陌生、疑虑和恐惧的情绪,形成他们对中学学习生活的期待和向往,实现中小学生学习环境的有效衔接。

**【案例3.7】**

## 中小衔接,从沟通了解开始
### ——青岛第二十三中学冬令营活动侧记

2007年1月31日上午,来自青岛四方实验小学等几所学校的六年级的同学们来到我们青岛第二十三中学,中小衔接活动拉开帷幕。整个衔接活动分三部分:中小衔接内容课堂讲解、自我展示益智文体活动、参观校园。活动安排紧凑,内容丰富。

作为已经升入初中一年的我们——本次参与服务的初一同学,在校门口引导来校的同学们有序地进入活动教室。教室里,老师生动介绍了我校的学校办学思想、管理结构、课程设置、教学理念、良好的师资力量、学校近年来教学方面取得的成绩;从小学踏入初中后,同学们在思想上、学习方法上应注意的事项,让同学们对初中的学习生活有了较为深刻的了解。

操场上,我们准备的精彩互动活动开始了!

同学们纷纷拿起画笔、调好水粉,用五彩斑斓的彩笔描绘出一幅幅绚烂的图画;将卡纸剪成七巧板,看看谁能摆出更多有创意的图形;背靠背,相互支撑、相互鼓励朝着同一个方向奋力前进,我们可是一条绳上的"蚂蚱"……

看着一张张认真的面孔、一幅幅可爱的作品、一声声整齐的加油,一年前的我们仿佛就在眼前。这些轻松益智、动静相宜的项目让同学们展示自我、相互了解,不少同学因为表现出色得到了奖品,大家一下子对这个校园熟悉起来。

"这是我们学校的教室","实验室到了,以后同学们会做许多物理、生物、化学实验,可有趣了","那边还有我们即将竣工的教学辅助楼,会有更多先进的设施呦"……这是我们在做"导游"呢!我们带着同学们参观了整个学校,路上也回答了六年级学生提出的一些关于初中校园生活的问题。

通过这次活动,来自各所小学的同学们对初中生活有了较为准确的了解,很多同学表示出对初中生活的向往;很多人喜欢上我们学校,希望秋天会到这里学习,成为青岛第二十三中学的一名中学生。这次活动的成功组织让我们这些参与服务的师兄师姐们也感到特别自豪。

(青岛第二十三中学　王浩榕)

　　策略二：素质教育的社会实践活动。组织小学和中学的孩子一同参加社会实践活动，如"晚报爱心义卖"活动，让他们临时担任一定的社会角色，在亲历社会实践与体验的过程中获得新知、锻炼才干。而且，在这种真实的社会实践活动中，学生的意志品质、社会交往、团结协作、独立思考等能力得到了全方位、多角度的锻炼。这种社会大角色的换位，必将使衔接之路更加便捷通畅。

# 第二节　能力培养策略

　　能力是人们成功地完成某种活动所必需的个性心理特征，是人的综合素质在行动中表现出来的实际本领。知识变成能力才有用，能力作用于知识才有力量。在儿童成长的各个衔接阶段，人们越来越清醒地意识到：帮助儿童顺利度过衔接期的不是知识的衔接而是各种能力的衔接，因此，能力的培养对于实现教育的无缝衔接具有十分重要的意义。

## 一、策略特点

### 1. 循序渐进性

　　学生任何一种能力的培养都不是一蹴而就的，衔接工作也不是一朝一夕就可以完成的，所以要将能力的培养目标分解到各个不同的年龄段实施，在能力培养上做到由易到难、由简到繁、层层递进、步步深入，以至最后形成能力、养成习惯。

### 2. 个体差异性

　　儿童在能力的类型、发展水平上存在不均衡的现象，绝大多数儿童的能力发展正常，但有少部分儿童能力的发展高于常态，也有少部分儿童的能力发展低于常态。作为教师，要注意把教育的着眼点放在属于中间能力的大多数学生身上，根据学生的特点因材施教，促使不同水平的学生的能力都能得到充分发展。

### 3. 主观能动性与良好个性的配合

　　任何能力的形成都是与克服困难联系在一起的，没有克服困难的坚毅精神，动辄灰心丧气、失去信心、缺乏动力、见异思迁、缺乏主观能动性，就不会培养出真正的能力来。能力发展与良好个性的形成相辅相成，互相促进。一个大胆、开朗、勇于探索和不畏艰难的人，就会比一般人有更多的机会去锻炼自己的能力、发展自己的能力；同时，能力的提高，又会使其个性更为杰出。

## 二、注意事项

### 1. 准确把握能力培养关键期

　　儿童能力的发展有一个关键期，在关键期内，儿童的能力易于养成；过了关键期，儿童能力的培养就显得特别困难。作为教育工作者，只有准确把握儿童能力发展的关键期，科学地实施有针对性的教育策略，才能收到事半功倍的教育效果。

### 2. 科学实施能力培养策略

　　知识的学习和能力的训练都应当建立在学生兴趣的基础上，如果不掌握学习的内容和方法,缺乏对学习的兴趣,再多的能力训练也是无用的,有益的衔接更是无从谈起。因此,不要超前和任意拔高学习难度与扩大学习范围而加重儿童的学习与生活负担,要着眼于儿童素质的全面发展,适当兼顾他们的特长;要关注儿童的可持续发展,为儿童今后能有更广阔的发展空间而实施科学的教育策略。

3.综合运用能力培养途径

一般情况下,培养能力是一个综合的过程,不同的能力有不同的培养策略与途径,如通过弹性化教学培养自主学习能力、研究性学习培养创新精神和实践能力等。但是,一种能力的培养可能需要多种途径去完成,一种途径又可能培养多种能力。在培养的过程中,不仅需要教师的科学引导、学生的主动配合,更需要家长的大力支持,因此,我们应当注意综合运用能力的培养途径,实现培养效果的最大化、最优化。

## 三、实践操作

### (一)幼小衔接阶段

幼儿从幼儿园进入小学是一个重要转折,是幼儿主体对变化的外界环境重新适应的时期。客观上,幼儿在这一时期存在诸多不适应,主要表现为社会适应能力、学习适应能力和自理能力三个方面。社会适应性是学习适应性的基础和保证,并对其有相当重要的影响。

1.社会适应能力

(1)规则意识和执行规则的能力。规则是人们在日常生活、工作、学习中必须遵守的行为规范和准则。许多幼儿升入小学后普遍感到时间紧张,小学教师反映孩子下午上课精力不足、对于班级规则充耳不闻、缺乏遵守规则的意识和执行规则的能力。规则意识及规则执行能力的培养是社会性的重要组成部分,不仅可以缓解幼小衔接的坡度,还将使孩子终身受益。

策略一:以调整作息制度作为过渡缓冲。一是规定幼儿的来园时间,养成良好的生活规律。进入大班第二学期,对幼儿的作息制度进行了调整,要求幼儿早晨在规定的时间之前来园,并结合大班幼儿已认识过时钟的情况,请幼儿在自己的"来园时钟"记录单上记录下自己的来园时间。通过比一比"谁能准时到园"的活动,让幼儿逐渐形成时间观念,有助于幼儿形成良好的生活规律。二是逐步减少睡眠时间,适应小学的生活。在大班毕业前两个月的时间适当减少孩子睡眠的时间,让孩子慢慢地把午睡的习惯改为午休,以适应以后的小学生活。教师可将减下来的课时进行合理安排,组织一些安静的区域活动,如各种棋类游戏、做手工等,让孩子能集中注意力认真地进行各类活动。值得注意的是,减少睡眠的过程应是渐进的,如每周减少 5 分钟,让幼儿逐渐适应完成过渡。三是适当延长和增加课时。到了大班下学期,适当

图3-6 记下来园时间,争当全勤宝宝

将课时延长至35或40分钟；同时注意增加一些数学思维训练游戏和田字格拼摆游戏等课程，从课程内容的设计和实践上予以衔接。

策略二：寓教于乐，做好前期铺垫。为了拉近与小学的距离，让孩子逐渐适应小学生的一些规则，如举手发言、写字画画等，将这些规则逐渐细化，融入幼儿一日生活中；通过调整活动室环境及桌椅的布置为幼儿创设遵守规则的外部条件；通过模拟"小学生的一天"的游戏，调动幼儿遵守规则的自控能力；通过及时有效的评价，激发幼儿自觉执行规则的动力。

**【案例3.8】**

### 勤劳的孩子不迟到

大班幼儿面临上小学，应该增强时间观念，初步养成守时不迟到的习惯。但每每过了规定的来园时间，总有三五成群的家长和孩子匆匆忙忙往班里赶。我分析了幼儿迟到的各种原因，也做了大量的宣传工作，但效果不大。

于是，我又想出新对策，设计了"勤劳的孩子不迟到"五星奖比赛活动，并精心挑选了"会说话"的小钟，按我们的教育要求设定了每天说话的时间，这样一来，情况有了很大的变化，孩子们会着急地催促着父母："快点，快点，不能迟到，迟到了就听不到小钟说话了。"在7:50早餐前，我园的小钟会准时发出一个卡通娃娃说话的声音："小懒虫，快起来，勤劳宝宝不迟到。"孩子们赶呀赶，就想听到这句话，然后得意地在五星奖比赛栏给自己记上一颗星。我们一周评比一次，看看谁进步了，比比谁得到了五星奖，活动取得明显的效果。

教育要求如果停留在说教层面，幼儿不容易接受。换一个角度，把幼儿作为活动的主体，激发其内在动机，把教育目标内容渗透其中，效果就会大不一样。因此，我在设计活动时，充分利用了幼儿已有的经验和兴趣点，采用五星奖比赛活动，并选择会说话的小钟来提醒幼儿、鼓励幼儿。这样，将外在的教育要求、规则转化为幼儿感兴趣的活动，成为幼儿自身内在的需要。活动中，幼儿主动调动起自己的积极性，还提醒和要求父母早点送他来，说明这个活动设计符合自主能动性的原则，所以收效好。

从这个例子中可以悟出一个道理：教师要随时关注和捕捉幼儿的兴趣点，寻找契机开展活动，充分发掘活动的教育价值，来完成预定的教育目标。

（青岛市四方区教工第三幼儿园　刘　晓）

(2)任务意识与完成任务的能力。任务意识，主要是指幼儿在教师或者家长的带动下，有目的地完成某一任务的愿望。在实际生活中，经常会出现这样的情况：幼儿上学后总是丢三落四，不是把铅笔盒丢在家里，就是忘了老师让带什么东西，老师上课讲了什么也说不出来，不会或忘记向家长转达老师布置的任务等。幼儿表现为对各类事情漠不关心，独立完成任务的意识和能力欠缺。幼儿完成任务的意识和能力的培养，不仅关系到幼小衔接的顺利进行，而且对其一生的发展都有重大意义。

策略一:以创新活动为载体。一是开展小小传令兵的活动。为培养幼儿完成任务的意识和能力,教师改变以前写通知的形式,让孩子当小小传令兵,把任务转达给家长听,或用符号和图画等形式进行记录。这样的作业既增强了幼儿的任务意识,又能够培养幼儿准确转述他人意图的能力,入小学后,孩子们就清楚地向家长传达学校信息并能完成学校老师布置的任务。二是在班级创设责任区的活动。在班级创设几个责任区。把各种任务按要求划分成若干项,每一项落实到一个责任区,然后有目的、有计划地分配给幼儿,使幼儿主动承担起责任区工作,以此让幼儿去体验"责任"的含义。此外,请幼儿担任各种值日生工作,培养幼儿的责任感,养成关心集体、爱护班级的好习惯。

策略二:以及时评价为动力。提倡教师勤观察,多引导,布置了任务要坚持要求、坚持检查。例如,利用"小小广播站"将幼儿完成事情的情况天天播放给全班幼儿听,激励幼儿自己完成自己的任务。对于整理玩具、图书角、做值日生等事情,不仅做到任务交代明确,而且随时了解、评价幼儿的任务完成情况,对认真完成任务的幼儿进行表扬、鼓励。

【案例 3.9】

## 我的柜子我做主

幼儿园在每个班级的衣帽间都为每位幼儿准备了一个柜子,让其放置衣物、水彩笔等他们自己的一些物品,但是常常发现他们的柜子几乎乱作一团,东西经常找不到。

一天下午,我在柜子旁边贴上了一张正确摆放物品的示意图和一张温馨提示,楠楠正一边看着示意图一边把一样样的物品整整齐齐地放入自己的柜子中。我期望用图示来影响幼儿的行为,利用环境这一隐性的教育资源把对幼儿的要求生动形象地融于环境中,使示意图像一位无声的老师,时时提醒幼儿应该怎么做。

半月后,我又跟孩子们谈话:"这段时间,你们的柜子整齐吗? 你们喜欢自己的柜子吗?"东东说:"我想找哪样东西时,总是找不到。"敏敏说:"我的柜子里的东西总是塞得满满的,找东西要全部搬出来才能找到,很不方便。"幼儿嚷嚷乱成一团。我问:"找不到水彩笔时,心里有什么感觉?""为什么会这样?""我们应该怎样解决呢?"孩子们议论纷纷,最终得出结论:就是要把自己的柜子收拾整齐,东西要有秩序地摆放好,这样取东西就方便了。我问"上次的图示是老师帮你们设计的,你们能根据自己的需要设计吗?"孩子们纷纷行动起来,一会儿,他们的设计全贴到了黑板上。

在接下来的日子里,整理小小的柜子就是成了他们每天必须要完成的一项任务。带着这项任务,孩子们学会了坚持,学会了发现和解决问题,学会了评价自己和他人。这样的能力训练不仅有助于他们顺利完成幼小衔接,还有利于他们一生的发展。

(青岛市四方区教工第三幼儿园　郑　晶)

(3)社会交往能力。社交能力是指一些积极的社会行为,这些行为有助于建立并维持令人满意的社会交往。而与人交往是孩子日后成才的重要能力之一。越来越多的研究表明,儿童时期建立并维持社会关系的能力,对将来的生活具有重要的影响作用。许多刚入学的孩子不会主动与同学交往,课间时,有的无所事事,有的追逐打闹,哭闹告状的现象屡见不鲜;有些孩子为此产生焦虑不安的情绪,甚至出现不愿上学、怕没人跟自己玩、怕受人欺负等问题。由此看出,幼儿缺乏独立意识和必要的社会交往能力,是造成以上现象的主要原因。

策略一:创设适宜交往的环境。充分尊重幼儿的意愿,采用固定与灵活设置相结合的方式共同创设丰富的、多功能的、具有选择自由度的区域。反之,还可以有意识地减少材料投放数量,创设制造矛盾的场景,对交往中产生的矛盾与冲突,对达成任务过程中遇到的难题,在没有危险性的前提下让孩子自己学会处理。

策略二:让幼儿在失败中产生交往合作的需要。当幼儿在活动中遭遇失败时,我们把"商量怎么玩"的机会留给幼儿,给幼儿提供自由、自主商讨的机会,让幼儿在相互交流中,亲身感受被接纳、被拒绝、一些争执和活动的失败,使幼儿自我中心受挫,自然萌发与人合作的愿望。

策略三:注意适时传授,习得交往的技能。一是角色扮演,感知体验。在游戏中,幼儿扮演不同的角色,模仿不同角色间的交往方式,逐步认识、理解角色的义务与职责,从中了解社会交往的行为准则和方式方法,学会一些初步的人际交往技能。二是通过移情训练,提升认知。游戏中,通过教师有针对性的引导,使幼儿置身于情境中,设身处地为他人着想,体验他人正体验的或设想他人正体验的情绪和情感,并由这种发自内心的情感转化而带来积极的行动变化,从而形成良好的交往能力。

**【案例 3.10】**

### 五子棋的风波

最近,孩子们迷上了五子棋,有空就结伴下棋。这天,成成和童童一起下棋,走了几个回合,总是童童赢,成成急了,在第三回合时,移动了一粒已经走好的棋子,硬说自己连起来是五个棋子赢。童童不干,两人争了起来,童童生气地来向我告状。

其实,我一直在旁边看着他们,见童童来"搬救兵"了,就问他:"你们刚才有没有说好下好的棋子不能动?"他摇摇头,又连忙说:"强强上次说的,下好棋就不能再动的。"我又问成成:"如果童童下好的棋也动来动去,你同意吗?"成成想了想摇摇头。"那怎么办呢?"我问他们。他们俩你看看我、我看看你,童童说:"那我们说好,谁也不能动,怎么样?"成成点头答应:"好的。"两人又高兴地下起棋来。

争吵是幼儿交往中不可避免的现象,是幼儿交往的一种方式,幼儿正是在争吵中学会保护自己,学会与人交往的必要经验。孩子在争吵中无法说服对方时,往往会找老师做自己的"靠山",希望通过老师"权威"性的话语,帮助自己反败为胜,从而达到自己的目的。而如果老师经常充当幼儿的靠山,那就剥夺了幼儿参与交往的权利,也阻碍了幼儿交往能力的形成和发展,影响幼儿学习交往的过程。

　　作为教师,一位事件的旁观者,应帮助幼儿分析争吵中的是与非、对与错,通过解决问题学会谦让、学会宽容、学习处理纠纷的方式方法;让幼儿用协商的方法来解决纠纷等,使幼儿在与同伴的交往中逐步形成和发展自己的交往能力,帮助他们顺利地在学校这个新的家庭中找到更多的朋友、得到更大的发展。

(青岛市四方区教工第三幼儿园　李　杰)

　　2.学习能力

　　学习能力是指能顺利完成学习任务所必须具备的心理条件。从心理学层面来说,包括注意力、记忆力、思维能力等;从学习过程来说,包括写的能力、听的能力、看的能力、计算能力、阅读能力等。这些不同结构的能力又是相互交叉、相互影响的。在此,我们就幼小衔接阶段倾听能力、阅读能力和前书写能力这三方面能力的培养做重点介绍。

　　(1)倾听能力。倾听是幼儿感知和理解语言的行为表现。倾听能力包括三种倾听技能:专注性倾听,集中注意地倾听;辨析性倾听,分辨不同内容;理解性倾听,感受、理解倾听的主要内容与意思。幼儿刚入小学时,在倾听习惯上存在种种缺陷,如好动、易兴奋、注意力易分散、不喜欢听他人说话、在他人说话时喜欢插嘴、当别人还没有表达完自己的意思就急不可待地强行发表自己的意见等。这些不仅严重干扰了课堂教学秩序,而且大大降低了教学的效果水平。这些现象产生的原因在于幼儿缺乏良好的倾听能力培养,没有形成良好的倾听习惯。

　　策略一:运用多种形式激发倾听兴趣。一是在游戏中快乐倾听。游戏是孩子们最喜欢的活动,在轻松愉快的游戏情境中,孩子倾听的兴趣与欲望油然而生,因此在游戏中培养幼儿的倾听能力,幼儿乐于接受。二是在生活中轻松倾听。生活中处处存在着声音,而且都是各种各样的声音,教师可以利用生活中的声音引导幼儿轻松地倾听。再者,与孩子们聊一聊他们感兴趣的话题,在交流中培养他们认真倾听同伴发言从而获得有意义的信息的能力。

　　策略二:创设宽松环境引发倾听行为。一是安静的环境。安静的环境有利于幼儿集中注意力,引发倾听的行为,提高倾听的效果。二是民主的环境。教师要与幼儿平等交谈,认真倾听,相互尊重。教师的语言要体现出热爱幼儿、尊重幼儿的情感。在温暖、宽松的环境中,幼儿才没有压力,没有自卑,心情舒畅,有话敢说、想说、爱说。

　　策略三:实施多元渠道培养倾听习惯。一是言传身教,以身作则。教师应该注意自己的言行,在向幼儿提问时,耐心等待和聆听幼儿的回答;不论孩子的

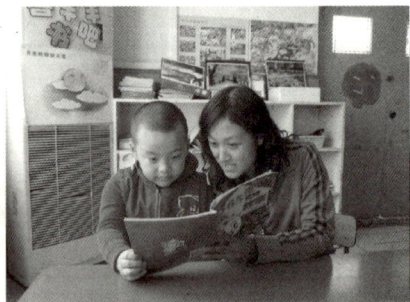

图3-7　故事真好听
——培养倾听好习惯

话题多么简单,教师始终要侧耳倾听,并以目光、手势、语言来传递听到的感受,让孩子觉得老师认真听了,在关注着他。二是故事引导,寓教于乐。在日常生活中,一些幼儿因不注意倾听或不耐心倾听而无法按要求完成任务,教师可通过讲述有趣的故事,引导幼儿学

会控制自己的行为,学会倾听他人;还可以以接龙、传话、开火车等游戏的方式指导幼儿耐心倾听别人,不随便插话,培养幼儿良好的倾听习惯。三是家园合作强化幼儿倾听习惯的形成。倾听习惯不仅仅在幼儿园培养,家庭中的培养也是非常重要的。因此,要通过和家长交流、召开家长座谈会等形式,商议培养幼儿认真倾听的方式方法。

**【案例 3.11】**

### 洋洋要上小学了

我班的"小问号"洋洋特别喜欢听故事,大大的眼睛里盛满着好奇与求知,可是他好动、坐不住、注意力易分散、喜欢插话,这对一个即将进入小学的孩子来说,是一个很大的适应障碍。

研究表明,课堂上认真听讲的孩子,眼睛是不会离开老师的。洋洋喜欢听故事,利用语言活动培养他良好的倾听习惯是一个很好的途径。一次,在语言区游戏时,我用商量的口气对他说:"我们来做一个互看眼睛游戏好吗?老师和你说话的时候,你要看着老师的眼睛,不能离开哦。"他迫不及待地答应了。可过了几分钟,他的眼睛有些游离了,我马上引导并及时鼓励:"你那双会说话的眼睛跑到哪里去了?""这么长时间你一直用眼睛看着我,你赢了!"看着他那专注认真的神情,我开心地笑了。

看到他玩得有些倦时,我拿出图片故事《三只小猪》,"想听故事吗?"洋洋的眼睛立即流露出渴望,故事的魅力对孩子来说是无可抵挡的。讲故事前我先问:"三只小猪会用什么东西造什么样的房子?"他猜了起来:"砖?沙子?土?……"当他的注意力被全部吸引之后,我又说:"房子还有一个大大的秘密呢,这个故事会告诉你的。"让他学会有选择地听、有重点地听,在具体情境中筛选出有价值的信息,这是进入小学不可缺少的能力。

听完他续编的故事,我真诚地对他说:"你真是一个会听别人说话的好孩子,你编的故事真精彩,我听得都入迷了。"在他那自豪的神情和开心的笑容中,我知道他已经体会到认真倾听和与人交流的乐趣。

(青岛市四方区机关幼儿园 王海燕)

(2)早期阅读能力。阅读能力是幼儿学习的基础,学会阅读是幼儿成功学习的重要条件。早期阅读可以帮助幼儿尽早地进入知识的海洋,开阔幼儿的视野,启迪幼儿的智慧,陶冶幼儿的性情,为幼儿打开了一扇认识世界的窗口,架设起一道健康成长的阶梯。

策略一:丰富词汇的积累。词汇,是组成句子、段落、文章最重要也是最不可缺少的部分。在帮助幼儿掌握丰富词汇方面,主要有实物比喻法、同类归纳法

**图 3-8 说说看,故事讲了件什么事**

以及成语故事讲解等方法。在有目的的提问、引导下,孩子们的词汇会逐渐丰富起来,为以后升入小学的组词、造句甚至文章描写,都奠定了很坚实的基础。

策略二:多种句式的使用。引导孩子们在平日的描述和讲述中,大胆、主动地多运用比喻、拟人、排比等句式。在日常的生活中,采用"情境激趣法"、"句式示范模仿造句法"和"经典句式记录"等方法,充分调动孩子们想说的欲望,让孩子们能围绕着一个主题,正确地使用多种句式来表达,为将来孩子升入小学造句做好铺垫。

策略三:总结、概括能力的初步培养。"总结、概括能力"在语文学习中是非常重要的。概括每段段意,总结文章中心思想,甚至是阅读理解,都离不开概括和总结。在培养幼儿"总结、概括能力"方面,主要采取"关键问题设疑"和"重点提炼"的方法。经过提问的层层递进,孩子们会形成最初的"概括能力"。除此之外,"天气预报员"、"小小报餐员"、"天天新闻播报员"……这些特殊的角色都是为了强化幼儿的概括、总结能力,这为他们以后在小学中的总结段意、概括文章中心思想提供了很好的帮助。

策略四:完整、连贯、有顺序地讲述。如果说总结、概括是一个由"分"到"总"的过程,那么完整、连贯的讲述就是一个由"总"到"分"的过程了。有了之前大量词汇和丰富句式的串联做铺垫,再让孩子们完整地讲述一件事情就不是件难事了。无论是生活经验讲述,还是较复杂的创造性讲述,孩子们只要把握住讲述的四大要素:时间、地点、人物和发生的事情,再加以语言的简单修饰,就能成功地进行讲述。而这,不正是小学中叙事作文的雏形吗?

## 【案例 3.12】

### 一个所有故事都合用的问题
#### —— 这个故事讲了件什么事

由于从小对语文学科的偏好,使我更加知道"总结、概括能力"在语文学习中的重要作用。概括每段段意,总结文章中心思想,甚至是阅读理解,都离不开概括和总结。那么,怎样培养幼儿的总结和概括能力呢?

在幼儿园中,孩子们最感兴趣的要数听老师讲故事。这时是他们最安静、注意力最集中的时候。我们老师就是要抓住这个时机,有目的地引导幼儿,先是从简单的回答问题入手,加深幼儿对故事的理解,再到进一步地复述故事,最后引导幼儿试着用最简短的语言来讲一讲"故事里发生了一件什么事"。经过这样的层层递进,孩子们开始形成了最初的"概括能力"。

我们在学习故事《两兄弟》时,我尽可能形象地将故事讲了两遍,中间我采用了层层递进的提问方式,在确定孩子们已经对故事的大体内容掌握了以后,我对孩子们提出了更高的要求:"谁能用最简单的一句话,说一说这个故事讲了件什么事?"孩子们陷入了沉思。"老师,我想试试。"终于,金诺小朋友勇敢地举起了手。"这是个讲两兄弟相亲相爱,互帮互助的故事。""太棒了!"金诺的回答让我情不自禁地带头为她鼓起了掌,因为她的回答让我这个当老师的都自叹不如。她不仅用了最简短的一句话道出了故事的主旨,而且用了两个十分贴切的形容词加以修饰。有了第一个敢吃螃蟹的人,接下来,孩子们都踊跃地举起手来。"这个故事就是讲两个兄弟互相关心、互相帮助。""这个故事就是讲两个兄弟互相送大米,互相关心对方。"……

虽然有的孩子只是在重复别人的话,但他们已经形成了初步概括的意识,掌握了初步概括的能力,这为他们以后在小学中的总结段意、概括文章中心思想提供了很好的帮助。

(青岛市四方区教工第一幼儿园　张　俊)

(3)前书写能力。前书写不是写字,更不是写作,是为幼儿将来写字、写作而做的准备工作。前书写能力培养是幼儿书写汉字、书写拼音的有关书法方面的基本动作、方位知觉、字形辨别、书写方式、书写习惯等技能的学习与培养。通过书写形式(绘画样式)的练习,向幼儿渗透有关笔画、笔顺、间架结构的知识,帮助幼儿建立上、下、左、右、里、外等空间知觉,掌握前书写技能,为幼儿进入小学以后正式学习书写汉字做好准备。

策略一:肌肉协调性练习经常化。在握笔书写之前要进行肌肉协调性的练习,训练幼儿灵活地控制手指和运用手指惯性,练习拇指、食指与中指配合和手腕动作的协调性。做一些小手运动操,也可以在区域中投放能锻炼幼儿小手肌肉的材料,如玩积木、积塑、捏橡皮泥、撕纸、剪纸等,提前做好前书写的准备工作。

策略二:书写姿势养成习惯化。幼儿园教师及家长要按正确的执笔姿势和坐姿标准指导幼儿书写,培养良好的书写习惯:书写时正确的坐姿、书写时眼睛和书保持适当的距离、正确的握笔姿势、眼睛随手由左而右的习惯等。掌握正确的执笔方法及书写姿势,养成良好的书写习惯是幼儿阶段前书写能力培养的重要任务。

策略三:基本笔画练习游戏化。教师可以设计专门的前书写游戏,用画"人行横道线"学写"一横",用画"鱼钩"学写"竖钩",用画"栅栏"学写"一竖",用画树叶脉络学写"撇、捺",用画楼梯学写"横折"等;开展一些"连线游戏"、"描画游戏"、"复印汉字"、"开汽车"、"拼字"、"砂纸描画"等游戏,让幼儿在有趣的描描写写的游戏中,丰富相关的书写知识,进一步提高注意力及手眼协调能力。

**【案例 3.13】**

### 我"写"我的日记

常听小学老师和家长说,刚入学的孩子常会出现因为不会写字而不会记作业的现象。还有的孩子因为写字太慢,每次作业写得很晚才能按要求完成,影响学习效率。由此可见,前书写能力对于幼儿能否快速适应小学生活有着重要的作用。作为幼儿园的老师,我们该如何根据幼儿的年龄特点,帮助他们减少学习困难,在入学前进行前书写能力的训练呢?

每天离园前的半小时,是我们班的幼儿"记日记"时间。与其说是记日记,不如说是画日记。因为他们除了简单的数字和姓名以外,几乎是不会写字的。要想把心里的想法记录出来,就要用绘画的形式来表现。这样一来,孩子们可感兴趣了。有的用简单的数字记录今天的日期,有的用笑脸或哭脸表示自己的心情,有的主动要求老师把他要写的字写在黑板上照着写。每天指导幼儿记日记,也是我感到很快乐、很温馨的时刻。为了有效提高幼儿的任务意识,便于家长配合指导,幼儿日记中的"今天的任务"一栏,还增加了家长评价的内容。这样一来,家长也可以更好地了解幼儿在园的生活,明确幼儿园的教育任务,提醒幼儿完成老师布置的"作业"。

挂满幼儿日记的"日记栏",成了我和孩子们每天最喜欢待的地方,也成了家长们最关注的一个栏目。从一个个童稚、可爱的笔迹中,我们看到每个孩子的内心世界;从慢慢增多的文字中,我们也看到了每个孩子的进步。相信当幼儿把这种记日记行为演变成一种习惯时,将会对其一生产生深远的影响。

(青岛市四方区实验幼儿园　朱晓燕)

### 3. 自我服务意识与生活自理能力

生活自理能力是指在日常生活中照料自己生活的自我服务性劳动的能力。简言之,就是自我服务,自己照顾自己,它是一个人应该具备的最基本的生活能力。幼儿生活自理能力的形成,有助于培养幼儿的责任感、自信心以及自己处理问题的能力,对幼儿顺利过渡到小学乃至今后的生活也会产生深远的影响。

策略一:增强幼儿的生活自理意识。幼儿的教育是在学中玩、玩中学的情况下进行的,特别是对于游戏和生活中的故事、儿歌等,幼儿的学习兴趣会更浓。教师要抓住这一大好时机,有意识地对幼儿进行培养和练习,从而提高幼儿的自我服务意识。

策略二:教给幼儿生活自理的技巧。要让幼儿做到生活自理,必须让其明确生活自理的方法。通过游戏、儿歌等形式教给幼儿自理的方法与技巧。寓教于乐,因材施教,循序渐进,让幼儿品尝到自理的成功体验,这样可以使幼儿对自己的能力充满信心,成为激励幼儿自觉掌握自理能力的强大推动力。

图3-9 "瞧,我的毛巾宝宝得星星了!"

策略三:巩固幼儿的生活自理行为。技能的形成是一个反复的过程,还要注意以后的巩固练习。教师要经常督促、检查、提醒幼儿,使幼儿良好的习惯得到不断的强化,逐步形成自觉的行为。教师可以在日常活动中、区角活动中、充满竞争的比赛中,为幼儿搭建自理能力训练的平台,在家园协调一致的言传身教中,辅以耐心细致,尽早培养幼儿较强的生活自理能力。

**【案例3.14】**

毛巾宝宝上的星星

最近在指导孩子洗手的过程中,我发现孩子们常常忽略擦手的环节,都是应付着随便擦两下就走了。尽管我一再提醒一定要把手用毛巾擦干,但收效甚微。陈鹤琴先生说过:"习惯养得好,将终身受益。"幼儿期是生活自理能力形成的关键期,良好的生活行为习惯尤其是生活自理能力的形成会给儿童的生活带来便利,更能促进儿童身心活泼、健康地成长。

于是在晨间谈话时,我就拿着一条毛巾说:"小朋友,今天毛巾宝宝来到了我们班,想让小朋友帮个忙。我们班的毛巾家族要举行星级毛巾比赛,看看哪条毛巾最能干,能帮助结对的小朋友把手擦得干干的,就能得到星星的奖励。"我话刚一说完,孩子们都哈哈地笑了起来。俊俊抢先说:"真是太简单了,我一定能把手擦干,让我的毛巾宝宝得到星星。"平时有点懒的诚诚也说:"我也是,我也会认真地擦手的。"……

从那天早晨开始,毛巾架上便有了新的亮点——闪闪的星星。孩子们每当新奇地发现自己的毛巾上有星星时,都会禁不住地叫起来:"哦,我的毛巾宝宝有星星奖励了!"现在,每次洗手后我都不必再唠唠叨叨,只轻轻地说一句"我要看看谁的毛巾宝宝上有星星",孩子们便为了这个"星星"自然而然地从被动到主动地擦手了。

现在,每当孩子们不经意地看到毛巾上贴的小星星时都会露出惊喜的微笑,这时的我也会被孩子们的情绪所感染,更加轻松地融入幼儿当中。我用拟人化的语言引起了幼儿的兴趣和好奇心,将传统的说教道理形象化、拟人化,强化了幼儿的正确行为,他们良好的自理能力正在逐渐转化为习惯。

(青岛市四方区教工第二幼儿园　刘倩玉)

## (二)中小衔接阶段

小学阶段既是学生基本知识的学习阶段,更是学生学习能力、学习习惯的养成阶段,良好的学习习惯将决定今后的学习和生活。所以,从这点来说,中小衔接不仅是小学毕业班的事情,更是小学整个学习阶段的事情。从初中教学实践来看,有良好学习基础、学习习惯的学生,喜欢学习,学习成绩好,学习动力足,往往成为品学兼优的好学生。有些学生升入初中就开始掉队,就是因为没有好的学习习惯和基本学习能力。

因此,在中小衔接阶段学习能力的培养,特别是学习兴趣、学习方法的指导,需要我们积极探索。在这里,我们将就中小衔接阶段的学科能力和自主学习能力的培养进行探讨交流。

### 1.学科能力

教育学中,人们通常从学科知识与技能的学习、表达和应用出发,将学科能力分为探究学科知识的能力、表达学科知识的能力、应用学科技能的能力、解决学科问题的能力四个方面。以上四种学科能力是相互独立的,但是它们之间也有着密切的联系,相互支持,相互影响。基于以上认识,我们将从语文、数学、英语三个不同的学科,从阅读能力、思维能力、听说能力三个不同的角度切入,了解一下学科能力的培养策略问题。

(1)语文阅读能力。

策略一:阅读指导,是提高阅读能力的核心目标。认真阅读和大量阅读,能提高学生听、说、读、写能力。根据学习情况、不同的阅读目的和任务,要采用不同的阅读方法。精力主要放在精读、略读和速读能力的培养训练上,使学生具备最基本的阅读能力,能理解,会运用,有速度,形成自读的技巧,养成自读的习惯,以适应中学学习的要求。

策略二:精讲精练,提高阅读能力的重要方法。语文阅读教学中,把学生的精读训练和教师的讲读内容密切结合起来,切实解决读什么和怎样读的问题,以此实现一篇带多篇、一段带多段学习的目的,培养学生独立有效的阅读能力。

策略三:个性化阅读,提高阅读能力的有效途径。正所谓"一千个读者就有一千个哈姆雷特",面对同一文本,每个人都有不同的感受,自然会产生各自不同的阅读期待、阅读反思。我们在教学时,认可学生对语文材料的多元化反应,鼓励学生自主体验,提倡个性理解,通过鼓励个性化的阅读来逐步培养学生探究性阅读和创造性阅读的能力。

策略四:注重课外积累,拓宽学生视野。在小学注重积累性阅读,能为中学语文学习奠定扎实的基础。因此,重视语言积累的过程,督促学生诵读优秀诗文,课外进行大量阅读积累,并利用学校图书馆、网络等信息渠道为学生提供阅读书目,鼓励学生进行探究性阅读,以扩展自己的阅读面,指导学生养成随手摘录、随时积累运用以及勤于动笔的好习惯,为语文学习打下坚实的基础。

策略五:开展阅读实践,提高语文素养。《课程标准》中指出"要开展综合性学习活动,拓宽学生的学习空间,增加学生语文实践的机会",鼓励学生用自己喜欢的方式展示自己学习的成果,让学生走出教室,走进多元丰富的生活,在活动中使学生全面提高语文综合素养。

**【案例 3.15】**

### 课本剧,找回孩子阅读的心

现在的孩子都是些"电视控"、"电脑控",每天完成作业之后,没有心思读书,更不要说潜心地揣摩书中的文字了。我想,这也是孩子阅读能力退化的原因。那怎样把孩子阅读的"心"找回来,让他们主动地、用心地去读书呢?

于是,我们班的小剧场诞生了。书本上的文章,课外书中的文章,孩子在边读边选、自导自演的过程中,找回了阅读的心。

我舍得花时间让孩子去演,并持之以恒地坚持,而且每次表演结束我们也有相应的奖项颁发,同时邀请我们班的小记者团对他们进行专访。孩子们从最初的扭捏,到现在大方地表演,从最初只会读旁白和对话,到现在完全能根据课本内容合理地去想象、去编排。我看到的是孩子们阅读水平一点一点地提高,而看孩子们演的课本剧,也成了我的幸福时刻。

记得孩子们表演《军神》时,他们突然加上了两个文中根本就不存在的人物——刘伯承的战友和他的主治医师。

在手术室外,"刘伯承的战友"回忆道:"当时,刘伯承在战场上带头冲锋,我落在后面,他回头招呼我时,却不幸被一颗敌弹射中。子弹从他的颅顶射入,从右眼眶飞出,血流如注,他当即昏倒在地上……"说着,这位"小战友"啜泣起来。

表演之后,我们班的小记者团采访他们怎样想到要添加这两个人物时,他们笑着不好意思地说,这两部分都是他们查的资料,觉得很重要,能表现刘伯承的坚强,但是又没法表演出来,干脆找个人说出来。

课本剧让孩子们把语文书读厚了,读深了,读得更有味了。在小小的课本剧中看到孩子阅读能力一天天地提高,我怎能不爱他们呢?

(青岛人民路第二小学　陈　蕾)

(2)数学思维能力。

策略一:教会学生思维的方法。在数学学习中要使学生思维活跃,就要教会学生分析问题的基本方法,这样有利于学生掌握科学的思维方式。要学生善于思维,必须重视基础知识和基本技能的学习,没有扎实的双基,思维能力是得不到提高的。

策略二:善于调动学生内在的思维能力。一是要培养兴趣,让学生迸发思维。教师要精心设计,使每节课形象、生动,并有意创造动人情境,设置诱人悬念,激发学生思维的火花和求知的欲望,还要经常指导学生运用已学的数学知识和方法解决自己所熟悉的实际问题。二是要分散难点,让学生乐于思维。对于较难的问题或教学内容,教师应根据学生的实际情况,适当分解,减缓坡度,分散难点,创造条件让学生乐于思维。三是要鼓励创新,让学生独立思维。鼓励学生从不同的角度去观察问题、分析问题,养成良好的思维习惯和品质;鼓励学生敢于发表不同的见解,多赞扬、肯定,促进学生思维的广阔性发展。

策略三:鼓励学生质疑,诱发创新意识。注重学生质疑能力的培养,对提高教学质量和发展学生的创新能力大有裨益。鼓励学生勇于质疑、争论和大胆发表自己的意见,注意引导他们全面分析和思考问题,克服思维的表面性和片面性。

(3)英语口语能力。

策略一:创造轻松、愉悦的口语表达氛围。学生对自己的口语表达不自信,其中有大部分是因为害怕说错了而不开口。因此,教师在上课时尽量创设一种平等、宽松、和谐的氛围,而不要给孩子以压力。

策略二:重视英语朗读、背诵对说的推动作用。读是说的基础,要注重听说和朗读,养成朗读习惯。另外,读不仅仅是为了把所学的东西背下来,而且也是观察和模仿的过程。只要反复进行大声的朗读实践,并注意模仿运用,到一定程度,就会自然而然地记住所读的内容并将其说出来。"熟读唐诗三百首,不会作诗也会吟",就是突出了"读"的作用。

策略三:为学生搭建口语训练和展示的平台。对于课文中一些可以表演的段落、短文,教师可以与学生一同表演对话。在课堂中适时地安排一些看图说话、值日生汇报或 free talk 的一些话题;采用讲英语幽默故事、猜谜语、阅读英语趣味短文等多种形式,为学生搭建"说"的平台。

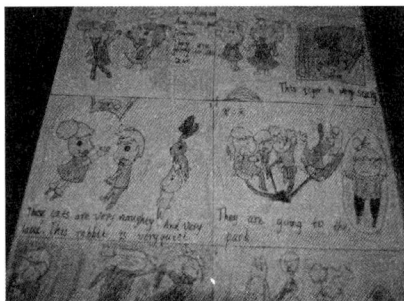

图3-10　深受同学喜爱的英语故事报

【案例 3.16】

## 小五星，大用途

六年级了，有的学生在英语学习方面还是没有养成良好的学习习惯，不喜欢听读，不喜欢写。为此，我很是苦恼。在衔接活动中，幼儿园里的评价标志——"小五星"为我带来了灵感。

六年级二班王臣同学对英语学习兴趣不高，不喜欢写作业，我决定采用奖励红五星的方式激发他学习英语的兴趣。我对评价方法进行了改进，对他降低了要求。其他同学书写工整，得一颗星，而王臣只要能完成作业，就可以得到同样的奖励，书写工整还可以得两颗星；其他同学要用标准的语音语调流利地朗读所学对话，才得一颗星，而王臣只要能读出来，就可以得一颗星。

一周以后，我发现王臣学习英语的兴趣又高涨起来了。有一天，他拿了一盘录音带悄悄地对我说："苏老师，这是我自己录的带，您听听。"这真是一个意外的惊喜，我做梦也没有想到王臣会自己录带。我当即在全班播放，同学们听了以后，都奇怪地问："咦，模仿得这么地道，是谁呀？"王臣不好意思地低下了头……我抓住这次有利时机，大加表扬了他并奖励他 5 颗星。几天后，我听写英语句子，王臣又给了我另外一个惊喜——满分。我不失时机地又奖励他 5 颗星。仅一个月，王臣的五星数增加到 30 颗，更重要的是他又有了学习英语的兴趣。

我把这种评价机制应用在其他学习有困难的同学身上，也取得了较好的效果。这种做法保护了学生的自尊心，挖掘了他们的自信心，激发了他们的上进心，为今后中学学习英语打下了坚实的基础。

（青岛重庆路第二小学　苏小丽）

### 2. 自主学习能力

《课程标准》指出：自主学习是素质教育的灵魂。它提倡把学生作为主动的求知者，在学习的过程中培养他们自主学习、自主探求、自主运用的能力，使学生真正成为课堂的主人。自主学习实际是学习者能够根据自己的学习能力、学习任务的要求，积极主动地调整自己的学习策略和努力程度的过程。自主学习能力的培养不仅有助于促进中小无缝衔接，更能让学生终生受益。

图 3-11　神气的小老师

策略一：创设情境，激发学生"想学"的动机。首先要建立良好的师生关系，营造自主学习的课堂氛围，课堂的气氛就会显得活跃，学生的学习的兴趣就会油然而生，学生学习的积极性就容易调动。其次要采用多样的教学方法，培养兴趣，变"要我学"为"我要学"。

策略二：传授科学的学习方法，指导学生学会学习。俗话说："授之以鱼，不若授之以渔。"教师告诉学生"是什么",学生照单全收,但不知其"为什么";告诉学生"为什么",学生可以有所领悟,但最重要的从"是什么"到"为什么"的思维过程却给忽略了。坚持让学生自主学习,哪怕学生的自得自悟的能力还不够全面、深刻,但对提高其解决问题的能力却有着不可估量的意义。

策略三:强化学生的意志力和自信心,确保学生坚持不懈地学习。在教学活动中,要不断有意识地强化学生的意志力与自信心。同时,教师还应充分重视学生的个体差异,尽可能地满足不同学生发展的学习需求。对学习上一时存在困难的学生,要给予格外关怀和呵护,尽最大的努力去扶助与感化他们,使其逐步踏上自主学习的阶梯,与其他同学一道分享求知的乐趣与成功的喜悦。总之,要把培养学生自主学习能力贯穿整个教育教学活动中,结合学生实际情况,大胆创新,最终实现"教学是为了不教"的教学目标。

**【案例 3.17】**

### 由一张预习卡引发的改变

多年来,我一直担任毕业班的语文老师,在以往的教学中发现毕业班的孩子虽然已经是小学高年级了,马上他们就要进入一段新的学习历程,但这群羽翼日渐丰满的鸟儿,在学习中却依然像嗷嗷待哺的雏儿一样,张开小嘴等待着别人的喂养。这对于即将踏入中学的他们可不是件好事。

为了培养孩子的自主学习能力,我设计了符合学生认知特点的预习卡。在卡片中设计了"标标段落"、"圈圈生字"等栏目。

在自主预习卡使用过程中,我特别关注我们班的小C同学。小C虽然思维比较活跃,但由于学习习惯差,经常不完成作业,一听写就一大堆错误,所以是班里名副其实的差生。

第一次使用预习卡后,我发现小C能够按照预习卡的要求做一简单的填写。虽然内同不太翔实,但可以看出小C读过文章。在这次讲评中,我特意表扬了小C。虽然孩子还是低着头很沉默,但能看到他眼底的惊喜。课下的时候,我悄悄找到他,告诉他"字词盘点"中的生字,不能只写简单的,而要整理课文中自己不会且易错的生字。第二天的预习卡中小C有了更大的进步。后来,我发现小C的预习作业不再是只是为了获得老师的表扬,而是能真正地读书思考了。在学古诗《游园不值》时,他在预习卡中提出"为什么柴门关不住一只红杏"这样有价值的问题。我知道只有认真的思考,才能对文章有这样深入的理解。

一张小小的预习卡是我研究"先学后导,以学定教"课堂教学模式的序曲。一张小小的预习卡也让习惯了"填鸭"式教育的孩子们,找到了自己独立思考的方向。自主学习的路还很长,我们将一步步地去寻找它带给我们的惊喜。

(青岛洛阳路第一小学　李丽娜)

**【案例 3.18】**

### 在班级内开展学生自主自习课的研究尝试

初一新生习惯于遇到不会的题目就找到老师,让老师立即给予讲解。特别是在自习课上,有的学生往往一边写着作业,一边不停地问老师。由于依赖老师,上课明明认真听讲就能掌握的问题,却因为分心而没有学会,造成了对老师教学劳动的巨大浪费。另外,那些在学习中相对落后的学生,开始在心中对请教老师产生了一定的畏惧情绪。

针对这种自习课上好学生问得过多而落后学生又不愿意问的情况,作为班主任,我想通过学生自主学习的方式去解决。

我决定采取一个大胆的创举——由学生取代老师在自习课上答疑。

我在班级中作了如下的安排:

所有任课老师共同选定 8 名"小老师",每人一天轮流负责自习课值班答疑。轮到自己值班的自习课,"小老师"要在讲台上就座,负责管理这节自习课的班级纪律和全班同学的疑问解答。如果碰到自己也无法解决的问题,要负责记录,并且在及时请教老师后给相关同学解答清楚。

这项规定实行下来,我发现了班级的很多转变。

首先,由于是由所有任课老师"钦定"小老师,所有学生尽量通过自己在课上的优秀表现,努力向任课老师们证明自己有当"答疑小老师"的实力,课堂因此大为活跃了。

其次,为了答疑的时候不至于被同学问住而丢面了,这些学生通常会在自己当"小老师"前的好几天就提前预习,把当天其他同学能做的作业,自己首先完成,并且把其中可能出现的疑问,自己提前去请教老师,彻底搞明白。

第三,那些生性腼腆或者成绩较差而不敢向老师请教问题的同学,由于面对着自己的同学,而大大增加了请教问题的勇气,从而解决了很多积压的疑惑。

我班通过此次尝试,既提高了课堂教学效率,又达到了培养学生自主学习能力的效果。

(青岛第四十四中学　于　谊)

# 第三节　习惯养成策略

有一句名言这样写道:"播下一个行动,收获一种习惯;播下一种习惯,收获一种性格;播下一种性格,收获一种命运。"换言之,习惯改变命运,习惯决定命运。习惯是指某个人在一定的情况下自然地或自觉地进行某种动作的倾向。它是人们在社会生活中逐步形成的一贯的、稳定的行为方式,是由于较长时间动作的重复而巩固起来的行为方式。习惯具有经常性、反复性,它会不假思索、自动地体现于行为中,即通常所说的"习惯成自然"。习惯一经养成,就会自然而然地沿袭下来,不会轻易改变。也正如孔子所云:"少小若天性,习惯成自然。"人小的时候养成的习惯会像人的天性一样自然、坚固,甚至说就变成人的天性了,以至于以后所取得的成功、创造的奇迹,很多方面都是由在小时候形成的习惯所支撑的。

幼儿园、小学、初中三个阶段的教育对象正处于人生发展的起始阶段,良好习惯教育具有基础性。为此,把握幼小,中小这两次人生关键的转折时期,做好三阶段良好习惯教育的衔接,帮助幼儿或学生们顺利过渡,不仅会影响他们当下的发展,还会影响他们在中学、大学甚至以后的发展。

## 一、策略特点

1. 突出正面性

处在中小幼衔接学段的幼儿或学生可塑性强,是打好学习基础、养成良好习惯的最佳时机。为此,衔接阶段良好习惯的培养要突出正面引导和影响。

2. 坚持连贯性

一个习惯的培养并非一朝一夕便可以完成的,它需要长期、反复的坚持,因此,应兼顾幼儿园、小学、初中的各阶段良好习惯养成培养目标,层层递进,做好衔接引导。

3. 注重实践性

坚持知行统一原则,构建幼儿园、小学、初中良好习惯培养的无缝衔接,引导幼儿或学生在新环境实践中不断认知、体验、内化、矫正、实践,螺旋上升,并最终实现良好习惯的养成。

4. 凸显人文性

尊重幼儿或学生的个体差异和情感体验,积极发挥他们的主观能动性,在老师和家长的关怀帮助下,主动养成良好的行为习惯和学习习惯。

## 二、注意事项

1. 以人为本

衔接阶段习惯培养策略以学生发展为本,内容贴近学生实际生活。

2. 循序渐进

习惯培养目标尊重教育规律,符合衔接阶段学生身心发展特点。

3. 榜样示范

衔接阶段习惯培养模式坚持在潜移默化中培养学生良好习惯。

4. 持之以恒

长期坚持,层层递进,引导督促衔接阶段学生养成良好习惯。

5. 营造氛围

家校携手共同关注,促进衔接阶段学生养成自我约束良好习惯。

### 三、实践操作

**（一）行为习惯，细微着手**

中小幼衔接阶段是幼儿或学生道德行为习惯培养的最佳时期，从行为习惯培养有效的途径入手，弘扬中华传统美德，养成的良好品质和习惯，能让学生终生受益。因此，在中小幼教育的衔接阶段我们十分重视良好行为习惯的衔接。

1. 幼小衔接，细小入手

尊重教育规律，根据衔接阶段学生身心发展特点，家校携手，做好幼儿园到小学的衔接，从行为习惯培养入手，从而带动其他习惯的养成，促进学生和谐发展。

（1）培养良好的生活习惯。良好的生活习惯是保证孩子适应新学习环境的必要条件。通过对"幼小衔接学生生活好习惯教师调查问卷"分析得出，做好大班幼儿和一年级小学生衔接阶段的良好生活习惯培养，不仅习惯容易养成，而且牢固并影响一生。

策略一：养成良好的作息习惯。幼儿园入园时间是8：00，强调一日活动的五交替，幼儿活动时间较多，小学生每天8：00到校，按照课表上课，相对静止时间较多；幼儿园的孩子每天有上、下午各一次的加餐，午饭时间11：00，午休时间夏季两个半小时，冬季两个小时，而小学生，没有课间餐，中午放学时间为11：50，下午上课时间为13：30。为使大班幼儿尽早对小学作息时间适应，大班下学期家长可适当调整孩子的作息时间与小学步调一致，节制看电视时间，逐步养成按时睡觉、早睡早起、必须吃早餐的习惯。

策略二：养成有条理做事的习惯。家长首先要以身作则，为孩子创设井然有序的生活环境。家长平日生活中可以教给幼儿学会自己按顺序穿脱衣服和鞋袜，会把衣服叠好，并把它们放在固定的地方；玩完玩具自己知道应该收拾到哪里；看完的图书放回书橱等。当孩子入小学前，建议家长们提前给孩子买一个小书包和铅笔盒，教孩子如何整理书包、书本和铅笔盒；帮助孩子在铅笔、书皮等上面贴上写有名字的标签，认识自己的物品；同时，教会孩子养成爱护书本和文具的好习惯。

策略三：养成讲究卫生的习惯。坚持幼小衔接教育的连贯性，教师和家长要耐心指导大班幼儿养成饭前、便后洗手的习惯；小学一年级学生在老师指导下，了解用眼卫生，学会做眼保健操；知道爱护牙齿，坚持早晚刷牙；经常携带并会正确使用手帕，保持清洁；学会扫地、擦桌椅。教师和家长教育引导幼儿或学生，不乱扔果皮、纸屑，不随地吐痰，不随地大小便等，不仅在家里要做到，而且在幼儿园、学校、公园、电影院、公共汽车等公共场所也要自觉做到。

图3-12　我把小手洗干净

策略四：坚持积极锻炼的习惯。幼儿园和小学时期，是人身体迅速生长发育阶段。与幼儿园相比较，进入小学后，学生的户外活动范围扩大，户外体育活动时间增多，内容更加丰富。因此，在家长的陪同下，除了慢跑、散步外，还可以教给孩子学会跳绳、踢毽子、丢沙包等简单易行的体育活动，每天坚持锻炼，提高学生身体素质。

培养良好的生活习惯是件平凡而细致的工作,要持之以恒、坚持一贯地要求幼儿或学生。通常运用示范、讲解、提示、练习等方法,给他们以具体的指导和帮助,教会他们如何做。

**【案例 3.19】**

### 六步洗手法

说起习惯,我就想起培根说过的一句话:"习惯真是一种顽强而巨大的力量,它可以主宰人生。"自从我担任一年级班主任以来,注重对学生独立性的培养,教育学生在集体生活中要爱清洁、讲卫生,除了让学生知道怎么做,还要让他们知道为什么要这么做。下面我就来谈谈教给一年级学生"六步洗手法"的方法。

"同学们,我们怎样洗手呢?"这个问题很简单,多数学生都会。我让晓泽演示给大家看怎样洗手,并借此机会告诉学生正确的洗手方法是——"六步洗手法"。

"洗手之前,我们要打开水龙头后,用流动的水冲洗手部,应使手腕、手掌和手指充分浸湿;再打上肥皂或洗手液,把手心、手背、手腕都搓出泡沫来。"

"接下来,我们要学习六步洗手法了,请同学们仔细听,仔细看,看看谁学得快,学得好!"我边激励边演示边讲解——

"手心对手心,手指并拢搓一搓(第一步),手心对手背,手指交叉搓手背(第二步),……"

随着我编的儿歌,学生们边听边看边模仿,舞动着小手洗得又白又干净!在学会"六步洗手法"以后,我只需适时用语言提示,学生们便逐渐养成自觉洗手讲卫生的习惯。

(青岛人民路第二小学　周艳洁)

(2)培养良好的文明习惯。重视文明礼仪教育是中华民族的传统美德,是文明、进步的表现。儿童时期是文明礼仪等良好行为习惯养成的最佳时期,坚持幼小衔接文明习惯的循序渐进的培养,让幼儿园时对幼儿进行的如有礼貌、守纪律、团结友爱、互相帮助、关心集体、讲道理、明是非等教育,在上小学后成为其文明习惯,并在小学阶段教育中,随着学生年龄与知识的不断增长与积累,将其进一步延伸、发展和深化。

策略一:学会相互尊重。大班幼儿入学成为一年级小学生后,与人交往的机会和范围比幼儿园时更广。为尽早适应小学集体生活,与同学快乐相处与合作,家长和幼儿园应引导幼儿学会尊重他人。首先家长要尊重老师,树立老师在孩子心中的形象,并发挥示范作用,在家庭中父母要互相尊重;其次教师应教育幼儿尊重他人,正确对待他人的意见及建议,会与人合作。

策略二:做到举止文明。通过幼小衔接参观等活动,让大班幼儿在整洁优美的学习环境中,感受到美的熏陶,教师应适时引导他们爱护校园中的一花、一草、一木;教师通过走廊墙面上的主题画,提示一年级学生"走楼梯不推挤"、"见到老师和同学要主动问好";通过每周的升旗仪式和班队会,对一年级学生进行文明行为的养成教育。

策略三:从小懂得感恩。利用特殊的节日如"三八"节,幼儿园或学校可举办"我为妈妈做一件事",在父亲节,可举办"为爸爸自制一样礼物"等活动,让学生体会父母的爱,从小培养孝敬父母的好品质;清明节时,学校可带领学生进行扫墓活动,缅怀烈士,培养学生珍惜幸福生活、抵抗挫折等品质;在"世界地球日"举行画展,让他们从小有爱护环境的意识;通过教师节、感恩节、元旦等节日来教育学生,养成学会感恩、学会表达、学会交流等好习惯。

## 【案例 3.20】

### 文明礼仪教育三举措

文明礼仪是社会文明程度的标志,更是一个人修养的内在体现。日常工作中我坚持三项举措对幼儿进行文明礼仪教育。

举措一:丰富文明礼仪认知——我把礼仪教育的内容设计成幼儿喜欢的、易接受的故事、儿歌等教学内容,便于幼儿理解和接受。例如,《学做小客人》让幼儿知道了到别人家做客时应该轻敲门,不能乱翻别人家的东西;儿歌《礼貌用语我知道》让幼儿知道了"请""对不起""别客气"等礼貌常用语。我还利用一些古代流传下来的讲礼仪的佳话,如"孔融让梨"、"程门立雪"等小故事拓宽幼儿认知,为幼儿提供仿效的榜样。

举措二:优化文明礼仪氛围——在我班的墙面上有一些与文明礼仪主题一致的画面,如"洗手不争先"、"妈妈辛苦了"等,用视觉语言暗示、提醒幼儿。有一段时间我发现教室的地板上常常能看到垃圾。如何让孩子发现问题呢?我从网上寻找了一些美丽公园、

图 3-13 文明礼仪经典诵读

清洁马路等图片,有意识地引导幼儿观察、讨论,对比之下幼儿发现了问题,最后大家一致认为做一个垃圾箱放在教室里,既实用又美观。我跟孩子们一起动手把垃圾箱制作好了,孩子们高兴极了,不但愿意把自己的垃圾扔进去,而且还能主动将地板上的垃圾捡起来扔进去,由此教室的地板干干净净了。

举措三:强化文明礼仪行为——为了引导幼儿学习说不同的礼貌用语我班开设了"小商店",要求营业员面带微笑,热情接待;在"娃娃家"开展"做客"游戏,引导幼儿学说"请进"、"请坐"、"请喝茶"等,使幼儿在角色扮演中得到良好的礼仪习惯练习。

幼年时形成的习惯可以改变一生,因此,在幼儿期进行文明礼仪教育,对幼儿良好行为习惯的养成和幼儿素质的全面提高都有积极的意义。我常抓不懈,使孩子们真正认识到文明礼仪的经典内涵,为上小学做好充分的准备。

(青岛市四方区教工第二幼儿园  刘倩玉)

　　(3)培养爱惜物品的习惯。爱惜物品,是一种美德。但随着人们生活水平的提高,家长对孩子物质方面的需求可以说"有求必应",而这种"有求必应",这恰恰让学生养成了浪费的习惯。通过对大班幼儿和小学一年级新生爱惜物品习惯的调查,我们发现,在一年级教室的讲台上,经常放着长短不一的铅笔、簇新的橡皮,却很少见有学生主动前来寻找自己丢失的物品;即使教师询问,很多物品还是找不到失主。为此,教师和家长应抓住各种有利的教育契机,强化幼儿或学生爱惜物品习惯的养成。

　　策略一:满足合理需求。日常生活中,6～7岁的孩子正处于模仿期,拥有强烈的好奇心,他们往往在吃、喝、穿、玩等方面提出一些物质要求。这些要求有些合理,有些却是不合理的。作为家长,应具体分析,根据孩子的实际需求,适时适量地给予满足,不随意地乱给、多给。这样,孩子便不会轻易把某种物品扔掉,养成大手大脚的习惯了。

　　策略二:制止不良行为。处在幼小衔接阶段的幼儿或学生自我控制能力较差,往往出现一些损坏物品的行为,如在桌子上乱刻、在墙上乱画、打碎玻璃等。教师发现这些不良行为后,应先弄清原因:若是无意的,便及时给予引导,指出其危害,提醒他们以后注意;若是有意或以此来要挟,则及时给予批评,使其认错并自觉改正。

　　策略三:树立榜样示范。家长在此方面应严格要求自己,为孩子树立学习与模仿的榜样。例如在看书时,要首先把手洗净擦干;翻书页时也轻柔小心;吃饭时,无论碗、筷、桌、凳都轻拿轻放,不挑食、不剩饭菜、爱惜粮食;生活中节约用水;孩子进入小学,和孩子一起擦洗桌椅,修补图书;及时发现和表扬孩子爱惜物品的行为,督促其形成良好习惯。

### 【案例 3. 21】

#### 趣味活动培养学生爱惜物品的习惯

　　如何让一年级学生爱惜物品,我们通过开展丰富多彩的活动,抓住各种有利的教育契机,强化一年级小学生良好行为习惯的养成。

　　举办故事大赛"铅笔头的诉说"——爱惜从小处做起。一年级小学生都愿意听故事,我们就让学生搜集有关铅笔的故事,说说铅笔芯、铅笔杆分别是用什么做成的。老师也给孩子们讲故事,如讲大树爷爷的故事,让学生知道,我们使用的木制笔杆,需要砍伐许许多多的大树。我们要保护环境,就要从爱惜一支小小的铅笔做起。小学生们听得很认真,也很受感动。小故事中蕴涵的大道理,使学生们懂得了节俭、爱惜。

　　开展实践活动"给它一个家"——让文具物尽其用。教师将平日收集的铅笔、橡皮等文具收集起来放到讲桌上,让一年级学生看到:原来自己丢弃了这么多文具,多浪费啊!教师让学生们认领铅笔头、小橡皮,让他们回到文具盒这个"家"。对于无人认领的文具,教师实行分配的原

图3-14　指导学生爱惜课本不折角不乱画

则,给文具们找"小主人",找一个"家",告诉学生:它们是我们学习上的小帮手,我们还可以给短短的小铅笔头"戴帽子",教给学生用彩色卡纸做笔帽的方法,引导学生物尽其用。学生在活动中积极性高,做笔帽既锻炼了动手能力,又杜绝了浪费。

　　设立岗位"每日小班长"——加强自我教育。我们根据《四方区小学生素质发展手册》对一年级学生的要求,结合学校的具体情况,给学生设定爱惜物品的行为细则,如:"本子不能有翘角,不撕不涂不乱画";"物品摆放要整齐,桌洞每日清理它";"桌椅靠墙一步远,人人保护白墙壁"。请学生轮流做"每日小班长",学生在执行任务的过程中养成了爱惜物品的习惯,也培养了学生对自己、对同学、对班集体的责任感。

(青岛杭州路小学　徐文莉)

### 2. 中小衔接,细节入手

对于刚踏入初中门槛的新生来说,他们来自不同的学校、不同的家庭,经过幼儿园和小学阶段的教育,他们已养成了一些行为习惯;同时,对于整个初中阶段来说,他们又如一张白纸,具有很大的可塑性。初一学生处于小学和高中的过渡时期,他们在小学已形成的一些行为习惯还未达到中学教育管理的标准,有的学生身上还存在着一些不良的行为习惯。因此,结合学生的年龄特点和中学教育管理的标准,做好小学六年级和初一学生明理修德、文明诚信和勤俭节约等行为习惯培养的衔接,使之尽早适应初中的教育管理方式,有着十分重要的意义。

培养明理修德的习惯。小学六年级到初中阶段,是人生的转折期,也是学生心理从幼稚走向成熟的过渡时期,容易产生逆反心理。因此,把抓好中小衔接阶段学生的明理修德习惯养成放在第一位,培养小学六年级和初一学生崇尚科学、明理修德的习惯,对他们今后的成长具有重要性与艰巨性。

策略一:通晓事理。树人重在育德,育德必先健心,健心之要在于动之以情,通情才能达理,理能解惑而启悟,悟便自然相信,信则心服,心服才会自主变教育为金玉良言、导航之灯塔。为此,教师和家长要结合生活实际,发挥好示范作用;运用小学六年级和初一学生所学到的知识,使学生正确认识自己,明确自己在家庭、学校的角色及其基本职责、人生价值和意义;通过学习历史,了解凡是有所建树的人都具有良好的道德修养;用这些人物的先进事迹、闪光的道德品质,激发学生不断提高自身修养和素质,实现自己人生的价值,尤其是社会价值。

图3-15　学生在上礼仪课

策略二:修身立德。人的品德是做人处事的根本,是认识美的标准。在小学六年级学生明白道理的基础上,教师和家长要引导他们每天规范地做好几件事,尊敬师长,团结同学,积极参加读书、科技、文体、艺术、家庭及社会公益劳动,热心帮助他人,自主进行自我教育,养成良好行为习惯,提高良好的思想道德品质。初一教师和家长要在尊重学生的基础上,引导初一学生积极实践、定期总结、反思体验、明事理、懂是非、知荣辱、求上进、学做人,尤其是要注重提高初一学生的自尊、自爱、自信、自强、自律等优良心理品质和思想政治道德品质。

**【案例 3.22】**

### 礼仪常识为主线,礼让风度满校园

为了抓好"迈好中学第一步"的教育与管理,让初一学生迅速实现过渡,我们结合《青岛第二十三中学学生礼仪文化读本(试行)》,以学生学会做人、具有良好的个人修养和公德意识为目标,在初一学生中普及礼仪知识,开展各种竞赛活动:设立"二十三中校园吉尼斯奖",记录并大力宣传广大学生在各个方面的发展特长,鼓励全面发展,培养学生自信,让学生尝试成功。为丰富学生的文化涵养,提高人文素质,我们设立了"读书节",全校师生开展了"学《论语》,讲修养"为主题的系列活动,师生集体诵读古诗文,举行古诗文知识竞赛、古诗文硬笔书法展、古诗文赏析讲座,突出了对学生的人文教育,增加学生的儒雅之气。

(青岛第二十三中学　徐玉玲)

(2)培养文明诚信的习惯。文明诚信,实质上是履行一种无形而又有形的承诺,是人类文明的体现,是做人的核心基础。青少年学生是祖国的未来,民族的希望。小学六年级到初中阶段,根据学生身心发展规律,小学重在培养学生良好的文明习惯,让学生掌握基本的礼貌、礼节规范,在学习、生活实践中初步养成讲文明、讲卫生、讲秩序、讲公德的良好习惯;初中在培养学生养成文明习惯的基础上,让学生理解学习

图 3-16　储存文明信用卡

文明礼仪的意义,培养说文明话、办文明事、做文明人的意识,培养热心参与、友好交往的能力,使他们能够自觉规范自己的行为举止,完善个人素养。

策略一:细化内容。弘扬中华民族传统美德,结合《四方区小学生素质发展评价手册》,细化教育内容,开展小学生的公德教育,帮助学生形成健全的人格和养成文明的行为规范,从一点一滴做起,督促、指导学生养成良好的行为习惯。

策略二:量化激励。坚持知行统一的原则,落实《中小学生日常行为规范》,通过开展"日查、周结、月评"的量化评比活动,让学生参入学校管理和自我管理,运用激励手段,引导他们争做修身立德的好少年。

策略三:家校合作。开展家校同步教育,通过"小手拉大手"等活动形式,实施孝敬长辈、团结友爱、关心幼小、帮助弱势等文明行动,影响、带动家长文明素质的提高。通过家长开放日、校园网、《校报》、班级主页等渠道加强学校与家庭的联系,促进学生健康成长。

【案例3.23】

## 储存文明信用卡

"让我们为自己的文明建立一个信用账户吧!"——习惯要慢慢养成,文明需要自觉积累;我们通过"储存文明四环节",培养六年级学生的文明诚信习惯,为上初中做好准备。

环节一:设立一个明确的信用账户。记录姓名、班级等个人信息,最重要的是个人的文明宣言,对文明信用账户的内容做好计划。

环节二:设立一个储存的时限。根据自己的能力设置为一个月或一个季度等,对应设置记录完成情况,分为文明好习惯和陋习记录。

环节三:按时进行文明行为总结。当计划实施一个月后,就可以对自己这段时间的表现进行一下总结了。对照自己的文明宣言目标,查找还存在的陋习,进行自我提议告别陋习。

环节四:"争做文明信用 VIP"评选。

至此,这张信用卡就完成了它的使命,可以开始有针对性的使用下一张文明信用卡了。为了更好地激励这一活动,我们进行相应的"争做文明信用 VIP"评选,被选上的优秀 VIP 可以把自己的典型事例对全校同学做推广宣传,号召大家更好地加入到储存文明信用的活动中来。

(青岛人民路第二小学  王  萌)

(3)培养勤俭节约的习惯。中国有一句古话:"历览前贤国与家,成由勤俭败由奢。"这是中华民族的传统美德。随着社会的发展与进步,家庭物质生活水平的提高,学生的教育出现了新问题:多数家庭比较富裕,随便花钱吃零食,挑吃挑穿,偷懒怕累不俭朴;家长们心疼孩子,很少让他们做家务,养成学生饭来张口、衣来伸手、经受不住挫折等不良习惯。因此,我们坚持从细节着手,从点滴小事做起,培养衔接阶段小学六年级和初一学生的勤俭和理性消费习惯。

**图 3-17** "世界水日"在五四广场举行签名宣传活动

策略一:养成正确的消费习惯。家校携手加强对学生理性消费观的教育,培养学生科学理性的消费观念,教给学生正确的消费方式,把握好消费的"度",明白理性消费对个人、对家庭、对学校、对社会的意义之所在,树立正确的、科学的理性消费观。

策略二:增强学生的责任感。让学生明白父母挣钱的不容易,摆脱依赖心理,不盲目攀比,减轻家庭经济负担;通过储存压岁钱等形式,教给学生理财知识,学会如何科学、合理、文明理财,树立健康合理的理财观。

【案例 3.24】

### 节约是一种责任

学期初,一天午饭后,我看到有几个学生正在收集初一学生们吃剩的米饭,整整一大袋子。这之后的几天我就利用午饭的时间到初一各班去,结果令我大吃一惊,浪费饭菜的现象极其严重,有的学生甚至整盒饭都没有吃就倒掉了。

学生们从小就会背《悯农》,可是却常常在忽略着《悯农》诗中农民的辛苦。也许有的同学会觉得自己家里比较富裕,总是把"不差这点儿"的话挂在嘴边,把挥霍当成一种大度,毫无愧疚地倒掉碗里的饭菜,浪费着社会的资源。我决定抓准这个时机,在初一开展一场反浪费教育,以遏制这种浪费现象。

首先利用升旗仪式,升旗仪式上我让学生把收集的剩饭抬到国旗下,当学生得知这是学校午饭浪费的饭菜,看到袋子里雪白的米饭时,全场哗然。然后又安排初一学生作了专题国旗下演讲,号召同学们勤俭节约。通过这次升旗仪式,同学们的思想受到了很大的触动,浪费现象大大减少。接着,在各班又开展了"浪费可耻,节俭光荣"的主题班会。主题班会前,我布置同学们利用星期天时间,采访自己的父母或爷爷奶奶,听他们讲过去的生活,并要求每位同学以"听前辈讲过去的事情"为话题写出采访的主要内容和感受。在主题班会上,同学们围绕"告别浪费,厉行节约"进行交流,深受教育。

教师要善于抓住每一个能使孩子受到教育的契机,时刻渗透德育教育,让学生们从小养成节约的美德,让节约成为生活的习惯。

(青岛第四十中学  刘 超)

## 二、学习习惯,主动为本

会学习,既是方法,也是习惯。学习习惯是在学习过程中经过反复练习形成并发展,成为一种个体需要的自动化学习行为方式。良好的学习习惯,有利于激发学生学习的积极性和主动性,提高学习效率,培养自主学习能力、创新精神和创造能力,使学生终身受益。学习习惯培养强调以学生发展为本这一核心理念。结合衔接学段特点,我们进一步聚焦,将学生学习习惯的培养定位在培养学生积极进取的意识与激发学生的内趋力,促进学生主动学习上。

1. 幼小衔接学习习惯的培养

有些一年级学生家长向老师诉苦:"我孩子一写作业,就拖拖拉拉的,动作很慢,边写边玩,真是急死我了……"还有的家长说:"每次做作业,一定要我坐在旁边陪着他,我一离开,他就不写了,怎么办呀?"针对以上一年级学生家长所面临的困惑,我们进行了问卷调查、分析梳理,认为应提前做好大班幼儿和一年级小学生学习习惯培养的衔接,重在培养学生良好的学、思、做、写的学习习惯。

(1)培养学的习惯。伏尔泰说:"耳朵是通向心灵的道路,倾听是一种心灵的沟通。"当这条通道出现故障时,所有的信息都将拒之于心灵之外。如何沟通?如何能有效地学习?

只有用有效的策略疏通这条通道,让衔接阶段的幼儿或学生学会倾听、学会阅读、学会说完整的话,才能提高学习质量。

策略一:学会倾听。大班幼儿或一年级刚入学的小学生,不论从身体到心理都还未发育成熟,普遍存在课堂上注意力不集中或集中时间短暂、自控能力较弱等特点。教师应发挥教育智慧,在集体活动时通过激发兴趣、问题导入、适时提醒、树立榜样、表扬激励等方法,教给幼儿或学生学会倾听,学会欣赏别人、赞美别人并用心去做。

策略二:学会阅读。书是人类最好的朋友,是获取知识的捷径。通过读书可以开拓幼儿或学生的视野,可以让他们从书中寻找到自己想知道的事情;通过读书可以了解、认识变化万千的世界。家校携手为创设良好读书环境,教给幼儿或学生读书的方法,如在家长的帮助下学会选书、安静看书、看后讲书、读后放书,培养幼儿或学生养成良好的读书习惯,为将来的发展提供知识上的储备。

策略三:学会表达。课堂上学生除了会听课、会思考,还要学会用语言表达自己的想法。教师应创设让幼儿或学生们畅所欲言的机会,坚持因材施教,对一些不愿说和不会说学生可留出时间单独辅导;对于个别学生因为胆小或自卑,不愿发言,可采取表扬激励的方法,激发幼儿或学生说的主动性。

## 【案例 3.25】

### 通过游戏培养幼儿倾听习惯

"注意,我只说一次!"——让你的每一句话都在学生的耳膜上留下痕迹。

录音机讲故事时,幼儿显得特别安静、特别专心,这是因为它只有一次机会来听故事,他们有"错过就没有"的警惕性。因此,当我们要幼儿学什么或干什么的时候,要先告诉他们——我只说一次。如此一来,幼儿一定会很专心地倾听你讲的话。养成习惯后,每当你讲话时他们就会专心听了。对幼儿其他方面的教育,我们也不妨在讲话前提醒他们:"注意,老师只讲一次",吸引幼儿集中注意力、耐心地倾听,教育教学效果也就会在无形中被提高。

"老师嗓子疼,只能轻轻说"——调低一切活动的音量,让听更专注。

适度的刺激能激起人适度的反应。很多时候,老师说话的音量也影响着倾听的效果。当声音过响,容易降低倾听的难度,反而成为干扰因素;音量过轻,幼儿听起来吃力,便容易放弃;而适中的音量可以提高幼儿的专注程度,听的兴趣更浓。因此,在教学或教育时,一定要学会让嗓子"偷点懒"、"省点力",不妨对他们说:"老师的嗓子有点疼,只能轻轻地说话,你们可要听仔细了哟!"这一策略不仅能吸引学生的认真倾听和关注的目光,而且还能唤起幼儿的责任心——用自己的行动来关心老师,可谓一举两得!

"你听到我说什么了?"——复述他人的话语,掌握倾听的方法。

要求幼儿复述别人说的话,得教给他们一些倾听的方法:①中途复述或点评;②听前交代,听后回答;③如何倾听同伴的发言。

"谁是倾听小明星"——让评价伴随着学生倾听的过程。适时的评价不仅可以激励幼儿养成认真倾听的习惯,也可以达到强化这一习惯的作用。在实际教育教学中,对于能做到认真倾听的幼儿给予及时的鼓励,如"你是个文明的小听众"、"你是倾听小明星"等。对于不能做到认真倾听的学生要给予引导。幼儿都比较好强,只要我们用一些激励性的话语,往往就能收到良好的效果。除了教师给予评价,也可以让幼儿互评,让幼儿在互评中学会向他人学习,从而养成认真倾听的好习惯。

(青岛市四方区教工第三幼儿园　栾伟波)

(2)培养思的习惯。

策略一:仔细观察。观察是人们认识事物的起点,是迈向创新的第一步,是学生认识世界的主要途径。教师可调动学生多种感官进行观察;课堂上有目的地指导学生从整体到部分、从远至近等进行有序观察和比较,发现事物间的联系,做生活的有心人。

策略二:发现问题。6～7岁的儿童好奇心强,经常爱问问题,作为家长和教师一定要珍惜和保护儿童的这种好奇心,并积极引导,耐心地给予鼓励。要引导学生学会在观察、比较中主动发现问题,并引导他们寻找解决问题的方法,拓展学生的思维。

策略三:思考问题。认真思考的学习习惯,有利于提高学生学习质量,培养其创造能力。

在学习过程中,教师要创设问题情境,精心设计问题,带领学生进行思维活动,加深对知识的理解和记忆;引导学生在操作的过程中,循序渐进地思考、发现问题,并在实践中自己得出结论。

(3)培养做的习惯。

策略一:学会合作学习。新课程倡导合作学习,以促进学生更好地适应社会需要。家长或教师要为大班幼儿或一年级小学生创设合作、交流的机会,课堂中可以采取小组讨论的方式,共同研究解决问题的好方法;家庭中可让孩子参与社区小朋友间的合作活动,学会协商,学会交流,学会沟通。

策略二:学会动手操作。著名儿童心理学家林崇德说过,"习惯是在生活过程和教育过程中形成与培养起来的。习惯的形成方式主要是靠简单

图3-18　"小耳朵,竖起来;拍拍手,我坐好"

的重复和有意识的练习。"6～7岁的儿童小肌肉群发育不完善,灵活性较差,为了适应小学学习需要,幼儿园可开展粘、贴、剪、画等技能练习,在活动中发展幼儿的手眼协调性,动手操作能力;小学一年级可采取摆学具等方法,培养学生学会在动手实践中观察与思考。

**【案例3.26】**

巧用儿歌　培养好习惯

作为一年级的班主任,我采用儿歌的形式适时地让学生诵读,使其明白了什么时候该做什么、不该做什么,学生在诵读中不知不觉地使行为得到了规范和强

化。半年的实践证明,用儿歌培养学生的良好行为习惯效果显著。

"铃声响,进课堂,比比哪个坐得好。"巧用儿歌,培养学生良好的常规习惯。

一年级的孩子刚刚从幼儿园来到校园,对许多常规纪律记不住,而且他们比较活泼好动,一进教室就喜欢说话,往往是一片吵吵嚷嚷的场面。针对这个问题,我把说教的时间节省下来,教学生唱:"铃声响,进课堂,课本铅笔放放好,静等老师来上课,比比哪个坐得好。"一开始学生就表现得兴趣十足,很快将要求的内容记了下来。在第二次进课堂时,我仅简短地进行了点评。在接下来的一个多星期里,许多学生在听到铃声后马上齐背儿歌,可喜的是在其他课上也产生了相同的作用。巧用儿歌培养学生良好的常规纪律,取得了显著的效果。

"小耳朵,竖起来;大眼睛,看老师。"巧用儿歌,培养学生良好的学习习惯。

一年级学生对学习知识有好奇感,却很难做到专心听讲,注意力容易分散,持久性弱。巧用儿歌,辅助教学,能让学生及时调整状态,学得专心、玩得开心,养成良好的学习习惯,提高学习效率。上课时说:"一二三,坐好了。"注意力分散时说:"小耳朵,竖起来;大眼睛,看老师。"一年级孩子注意力很难持久,必要时可安排学生休息一会儿:"请趴下,眼闭上。"为培养孩子们倾听的习惯,当学生回答问题时说:"大眼睛,看同学。""眼看、耳听、心想。"为培养学生专心读书的习惯,读生字时说:"小手指,指生字。"读课文时说:"双手拿书,眼离书本一尺远。"书写笔画顺序时说:"小手指,举起来。"这样一来,在老师与学生的一问一答中,学生不知不觉就养成了好习惯。同时,表扬孩子也可巧用儿歌"棒、棒、你真棒!""表扬你,顶呱呱!"这种充满童趣的表扬方式深受孩子们的欢迎,更能激发他们专心听讲、积极发言。

巧用儿歌,省时、省力、高效,对学生良好习惯的养成起到了事半功倍的效果,促进了一年级学生的文明礼貌养成教育和行为习惯教育,促进了学生素质全面和谐发展。

(青岛人民路第二小学  孙晓蕾)

(4)培养写的习惯。大班幼儿要开始进行数字书写等练习,而幼儿的正确握笔姿势是非常重要的。如果握笔姿势不正确,不仅会影响书写的质量,而且会由此影响坐姿而造成视力减退。因此,培养孩子正确的握笔姿势不容忽视。

一是正确读写姿势。教师和家长都应重视,随时观察、示范、提醒、监督和引导处于发育期的幼儿和学生保持良好的读写姿势。限制近距离用眼时间,重视用眼卫生,对不良的读写姿势实施干预与纠正。要推荐学习榜样,激发幼儿或学生坚持正确读写姿势的热情。

二是正确握笔姿势。幼儿手部肌肉发育不完善,协调性及灵活性较差,握笔与执笔有难度。因此,家校应共同抓好学生正确握笔姿势。在写字过

图3-19  我与笔来做游戏,姿势不对不动笔

程中，教师讲解并示范正确的书写姿势，始终关注每个幼儿或学生的姿势是否保持正确，时刻提醒纠正。

**【案例3.27】**

### 握笔姿势习惯的培养

游戏是孩子最喜欢的，也是接受最快的学习方式，所以将握笔姿势的学习融合在游戏中，对孩子来说无疑是最适合的。

游戏一：捉迷藏。首先用彩笔在孩子们手上点这么四个点。第一点：在拇指指尖。第二点：在食指指根骨节凸起处。第三点：在食指指尖。第四点：在中指第一关节与指甲边垂中间的位置。然后设计成"捉迷藏"的比赛游戏，这样不仅能够让儿童更容易接受和记忆，更能让孩子在不知不觉中养成良好的握笔姿势习惯。

游戏二：我的手是把枪。让孩子在一开始就养成一个良好的握笔前奏。食指要平直；三只辅助手指轻微弯曲，指尖指向自己身体；弯曲距离四厘米；弯曲指尖至拇指位置。整只手就像一把枪一样。

游戏三：写字的手成"螃蟹钳子"了。绝大部分的错误握笔姿势是横握型，它的最大敌人是拇指，要消灭这个敌人，就把拇指和食指弯成螃蟹钳子的形状，即是将拇指指尖（第一点记号）粘住笔杆，同时把食指指尖（即第二点记号）粘住笔杆。

游戏四："钳子"把笔杆钳住。螃蟹钳子般的拇指和食指把笔杆钳合起来，当中指稍用力向上顶，拇指和食指向下压，笔杆便可锁紧了。

每次书写前，我利用以上几步小游戏巩固握笔姿势，培养幼儿良好的握笔习惯。当然，还需家长大力支持。我将以上内容通过家长园地、班级网站等形式告知家长，使家长们可以时时督促、及时纠正，为孩子们上小学打好基础。

（青岛市四方区实验幼儿园　王　蓓）

2.中小衔接学习习惯培养

爱比克泰德有这样一句名言："是否真有幸福并非取决于天性，而是取决于人的习惯。"[①]学生的成绩不是取决于天性，而是取决于学生的学习习惯。学生获得知识和能力是在学习行为过程中实现的。一定的学习行为，重复多次就会形成一定的学习习惯，养成好的习惯会使人终生受益。因此，只要学生想学是不够的，还必须"会学"。

(1)养成预习的习惯。预习是学习知识的一个重要环节，它在学习知识的整个过程中有着不可低估的作用。其主要任务是复习、巩固有关的旧知识，初步感知新教材，找出新教材的疑难点，为学习新知识扫清障碍做好准备。通过预习，不但可以缩短衔接阶段学生在学习上的差距，使他们在课堂上显得更自信、更有勇气，而且可以让学生自己摸索出一

---

① 〔古罗马〕爱比克泰德. 生活的艺术[M]. 天津：天津社会科学院出版社，2008.

条学习的路径,积累一些自学的方法。

策略一:掌握预习方法。教师首先应指导学生设立预习目标,让学生明确通过预习应达到什么样的目标、掌握哪些内容。要让学生首先概览一下,做到心中有数;其次注意学法指导,带领学生掌握高效的预习方法;学习撰写预习提纲,预习提纲是学生预习的"方向盘"和"台阶",让学生们带问题读一遍比不带问题读五遍效果要好;让学生通过看书、探究,独立解决这些问题,最后真正获得新知。

策略二:建立预习笔记。抓关键,标难点。预习过程中教师可指导六年级学生学会读、划、批、写,抓住新知识的重点所在,并把不懂的知识标记出来,以备上课时有针对性地解决问题。要将自己的思维成果记录下来,预习笔记要线索清楚、重点突出、层次分明。条理化的笔记有助于记忆。

**【案例 3.28】**

### 借助讲稿对初一新生进行"有效预习"指导

我担任初一班主任。记得初一新生报到日,我在黑板上写下开学需要带齐的物品和书费,学生们拿出本子来,认真地记好。

"同学们,我们要对新课做好预习……"当我说到这句话,却发现孩子们陆续把记事本收起来了,根本没有人把"预习"这个任务记下来!

"看来大家对预习这个学习环节不太重视啊,老师要教给你们的第一课,就是如何进行有效的预习!"我向新生发放了学校提前印制好的各科讲稿,然后带领他们按照讲稿上的步骤进行预习工作:

"××同学,请你先帮我们朗读一下'预习目标',好不好?"

"有感情地朗读课文……"

"好的,谢谢你为我们明确了这次预习的目标。那么,请拿出我们刚刚发的语文课本,大家以小组为单位,朗读一遍课文。"

对于讲稿上的几个思考题,如"山与海的含义一样么?"学生们则各抒己见,甚至到了争论的程度。正是在这种思维碰撞中,学生们对这首含义隽永的诗歌产生了更深层次的理解。

不知不觉,一个小时过去了。我带领学生完成了几门主要学科的预习工作,引领他们一步步完成了讲稿上的预习任务。

"同学们,你们真棒!我们在上课之前就一起解决了这么多的问题!在以后的学习中,也请同学们像今天这样认真对待预习环节。上课过程中,老师们会充分让你们展示自己的预习成果,并且给大家加分,好不好啊!"

"好!"学生们一脸的兴奋之情。

看着学生们认真收好自己的讲稿,蹦蹦跳跳地离开教室,我知道,我教会了他们今后三年初中学习中很重要的一课——预习!

(青岛第四十四中学 于 谊)

（2）培养复习习惯。"艾宾浩斯遗忘曲线"显示：人的遗忘有先快后慢的特点。识记后的两三天，遗忘速度最快，然后逐渐缓慢下来。因此，要求学生对刚学过的知识，要及时"趁热打铁"，可加深和巩固对学习内容的理解，防止通常在学习后发生的急速遗忘。为促进中小无缝衔接，小学六年级教师可开展及时复习、制定复习计划、建立复习笔记等策略，培养学生的复习习惯。

策略一：及时复习。小学六年级和初一衔接阶段，教师应指导学生当天功课当天复习，及时复习，根据学科的不同开展交替复习。

策略二：建立复习笔记。小学六年级和初一衔接阶段，教师应指导学生学会系统归纳小结——每一学科的知识都有它的系统性，需要去认真总结整理归纳；每学完一个章节、单元之后，要进行总结，将知识整理，形成知识树、结构网，系统归类；总结时，可以采取列图表法，或用文字叙述法。

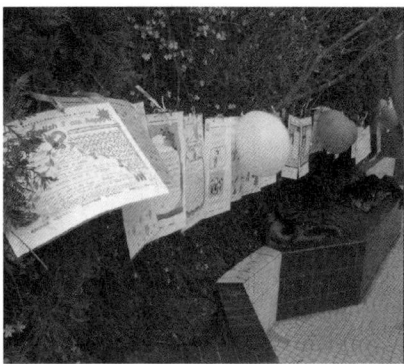

图 3-20　单元反思定期交流

**【案例 3.29】**

### 单元反思说收获

结合小学六年级学生英语复习习惯培养，我们每学完一个单元，要求学生及时复习并整理该单元的知识，做好单元反思。我们定期进行交流，帮助学生掌握适合自己的学习方法，为顺利适应初中学习做好准备。以下是学生的一些反思：

在这一个单元里，我学会了许多水果、蔬菜等关于食物的单词，我还学会了一首英语小儿歌，学会了怎样制作蛋糕，看到了健康和不健康的饮食食谱。

向你推荐一种记忆单词的小窍门，记单词不能死记硬背，最好照字母组合，如 th，er，wh 等，这样记起来就好记了。如果你觉得背不过那些组合的话，那就用音标记忆好了，根据音标来找字母，也挺简单的，快试试吧。

自开学以来，我准备了一个小本子，它不大不小，正好能放入我口袋，根据老师的建议，我每天记五个单词，课间和同学玩拼单词的游戏，"两只小蜜蜂啊，飞在花丛中啊，飞啊，飞啊……"在这样的游戏中，我们记住了许多单词，单词拼写变成了一件很容易的事情。

（青岛重庆路第二小学　苏小丽）

（3）培养听课习惯。教学的核心环节在课堂。学生知识的接受、能力的形成，很大程度上在课堂完成，课堂一分钟胜于课下十分钟。如果学生没能养成良好的听课习惯，那么学习效率将大打折扣。在课堂上形成专注听讲、积极发言、争相参与又能深入思考的良好的听课习惯，有利于学生学习知识、形成能力，并且对于良好学习习惯的形成十分重要。

策略一：认真听课。针对那些发言活跃的学生，提醒他们要静心多思，培养其思考的习惯；针对少数不太愿意发言的学生，教师应主动邀请，积极鼓励，降低问题难度，为其发言铺设阶梯,培养其说的习惯;针对个别分散注意力的学生,教师可以改变语速、语调、节奏或用突然停顿的方法,暗示或直接提醒的方法,让学生思维回归正题;表扬注意力集中的学生,将注意力集中到老师讲课的思路上,集中到预习遇到的难点上,培养学生专注听课的习惯。

策略二:学思结合。孔子曰:"学而不思则罔,思而不学则殆。"为进一步提升小学生升入初中后的听课质量,在小学六年级要注意抓好学生专心听讲的同时,重视教会学生思考。课堂教师所提出的问题必须符合学生的实际,有一定的思考价值,启迪学生的思维,教会学生养成一边听讲、一边看书、一边思考的习惯,使学生的多种感官都参与活动;无论是课前、课内还是课后,指导学生去字斟句酌地研究课本,多问几个为什么,从而加深对知识的理解。

(4)上课记笔记的习惯。有实验表明:上课光听不记,仅能掌握当堂内容的30%;一字不落的记也只能掌握50%;而上课时在书上勾画重要内容,在书上记有关要点的关键的语句,课下再去整理,则能掌握所学内容的80%。小学生进入初中,要面对较大的课堂容量、广泛而有深度的学科知识,如果他们具备记笔记的能力,即使不适应,也可以通过记课堂笔记,课后慢慢消化,逐步适应中学的快节奏、大容量的课堂教学,而且,记课堂笔记也有助于集中注意力专心听讲,提高学习效率。

策略一:摆正"听"与"记"的位置。记笔记是一种很好的学习方法,它有助于指引并稳定学生的注意力,加深他们对学习内容的理解。要想在听课的同时记好笔记,必须要跟上教师的讲课思路,把注意力集中到学习的内容上,光听不记则有可能使自己的注意力分散到学习以外的其他方面。

策略二:善于对信息分类、选择、组织。记笔记的过程也是一个积极思考的过程,可调动眼、耳、脑、手一齐活动。好笔记要求在听课的同时记下讲课的提纲、重点和难点,用自己的语言记下对所学知识的理解和体会。

策略三:课后坚持整理笔记。坚持每天课后对照笔记进行归类、整理、复习,既系统、有条理,又觉得亲切熟悉,因而复习起来,事半功倍。当然不同的学习基础与学习水平,会使记笔记的要求也略有不同。应根据学生实际,科学地指导并运用这一方法。

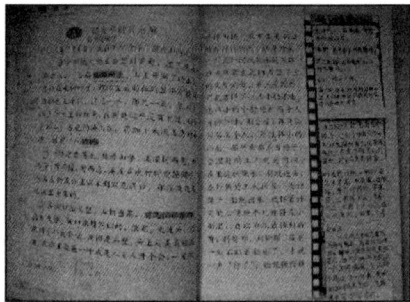

图 3-21　重点段落随时记录在书上

【案例 3.30】

### 培养学生记笔记的好习惯

我在小学高年级阶段注重培养学生记课堂笔记的习惯,指导学生把课堂上的重点内容有序地记录下来,为他们顺利进入初中做好准备。

荧光笔圈画。圈画好词佳句或重点词句,使得笔记重点突出,一目了然。

特殊符号简化记录,使得笔记简洁高效。小学生课堂常常涉及字词句的知识巩固。

而到了初中,知识点也在不断增多,要在有限的课堂时间内高效地做好笔记,才能不影响后面的听课学习。所以,我平日坚持利用好课本资源和一些常用修改符号或简单的特殊符号指导学生快速记录。

圈画批注,积累感受。"不动笔墨不读书",我指导学生把课堂上的点滴感受和同学、老师的精彩发言随时记录在课文的空白处。例如,在重点词语或课题下加注释,把对文中重点句子的理解记在句子旁边,或是记录课文的重点段意、主要内容、中心思想……如果文中有不懂的句子,还可以在句旁打个问号,课后请教老师。

在小学的高年级段教学生会做笔记,善于做笔记,这样才能帮助他们更快适应中学学习,成为一名合格的中学生。

(青岛嘉定路小学　吴　健)

(5)培养质疑习惯。爱因斯坦曾经说过:"提出一个问题往往比解决一个问题更为重要。"许多名人大家对质疑的重要性也进行过很多的阐述。教师在课堂上或课外随时都要求学生对自己感兴趣的问题、埋在心里的想法、引申出的知识点等向师生提出,或在课堂上专门留一定空间让学生质疑,鼓励学生在学习中找出问题,让他们尽可能多提问,让他们有较多的锻炼机会,并不失时机地表扬在学习中能发现问题、提出疑问的学生,使学生有获得成功之喜悦,从而培养学生勤思多问的习惯。

策略一:小学"半扶半放"。小学教师从小学中、高年级开始,应在正确认识小学生思维发展的基本特点、正确把握小学生思维发展规律的基础上,采取正确的教育和教学方法,尤其是要摒弃机械式的重复讲解分析和练习,教师讲课时有意识地多问一些为什么,努力引导学生思考、质疑,最大限度地提高学生的逻辑思维能力。

策略二:初一"螺旋前进"。作为初一的教师,不能因为教学内容多而忽视了教学组织形式与教学方法选择的重要性,特别是初一起始阶段,教师应充当半个小学老师的角色,适当放慢教学节奏与进度,给课堂适当添加小学沙龙。在开始的一段时间里,要抓紧对学生的管理,有意识地把要求提得具体一点,检查多一点,如有可能增加面批作业的次数和人数,然后慢慢过渡到目前对初一学生的要求。

【案例 3.31】

**大胆质疑**

我担任小学六年级的数学教师。记得在"圆柱的学习"中,学生在直观演示与融洽的讨论氛围中学习热情很高。接下来圆锥的学习,学生有了丰富的经验,从圆锥的侧面到圆锥的高,学生都顺利地掌握了概念。

这时,我追问学生:"那圆锥有多少条高呀?"学生有的回答"一条",也有不少学生回答"无数条"。我料到学生会有这样的反应,便顺势对回答"一条"的学生说:"为什么圆锥有一条高?谁来说说自己的想法?"

"因为圆锥的高是从圆锥的顶点到底面圆心的距离,圆锥只有一个顶点,一个底面圆心,所以只有一条高。"

我满意地微笑着,询问学生:"对吗?"满以为那些回答无数条高的学生已经明白了其中的道理,于是,再次肯定地又问了一遍:"圆锥有多少条高?"没想到,此时一个不和谐的声音进入耳朵——"无数条"。我被这位学生清晰而响亮的回答惊了一下,有些意外,但同时马上又被他敢于质疑的精神所打动,心想:"这正是一个再次引导学生辨别对错的契机,不妨听他说些什么。"于是,我微笑着对他说:"你为什么认为圆锥的高有无数条?这无数条高都在哪儿呢?"我举着手中的圆锥实物,等待他的回答。

图 3-22　学生在课堂上大胆质疑

只见他从容地走上讲台,用双手平行地在圆锥顶点与底面之间比画了一下,然后镇定地说:"像这样的高有无数条。"我立刻明白了他的意思,"哦,你是说在圆锥的四周可以有无数条与圆锥的高相等的线段,是这个意思吗?"他同意地点了点头。我开心地笑了,但没有就此打住,接着问道:"那圆锥体本身是不是只有一条高呢?""是。"看着他走回原位,我相信,这个"敢于质疑"的小插曲足以让全班同学对圆锥只有一条高的印象深入内心。我在全班同学面前表扬了这位同学敢于质疑、勇于发表自己想法的精神,号召同学们都向他学习。

此时,不禁想起叶澜教授说过,在教学过程中,教师不仅要把学生看成"对象"、"主体",还要看做教学"资源"的重要构成和生成者。课堂中不论学生出现何种偏差和冲突,教师都要及时地分辨出其中原因,有针对性地引导学生将其转化为有利的课程资源,使数学课堂凸显出鲜活的生机。

（青岛人民路第二小学　张　双）

（6）培养阅读习惯。古代著名的教育家朱熹曾经指出:"书读百遍,其义自见。"近代鲁迅先生也曾号召青少年要读各家名著,博采众长。阅读是读者与作者之间的对话。阅读是学生的个性化行为,教师应引导学生在主动积极的思维和情感活动中,加深理解和体验,有所感悟和思考,受到情感熏陶,获得启迪,享受审美乐趣。

策略一:读中知晓与感悟。阅读是学生的个性化行为,不应以教师的分析来代替学生的阅读实践。应让学生在主动积极的思维和情感活动中,加深理解和体验。要珍视学生独特的感受、体验和理解。让"读"贯穿阅读教学,粗读知晓大意,精读品味文字,熟读体验情感。

策略二:广泛阅读与积累。"阅读积累"是教师与家长与学生一起,选择文质兼美的文章,一起品味鉴赏,从中体味作者遣词造句的精妙,学习作者立意、选材、组材等表达方法。这对培养学生的语感、提高学生的鉴赏评价能力大有裨益。

【案例3.32】

## 书的色彩

初中生活为我打开了新的视野,绿色大阅读让我领略到读书的无穷魅力,读书给我感受,读书伴我成长,读书给我七彩人生。

书,是什么颜色的?

诗人说,书是绿色的,因为它写满了生机与幻想;军人说,书是红色的,因为它是如此的勇敢、激昂;企业家说,书是金色的,因为书给他们带来了财富……而在我眼中,书,我的朋友,你就像一个蓝色的精灵,跳动在我眼前,成为我生活中最鲜亮的色彩。

回忆起往事,你总是陪在我的身边,在我失败时,你鼓励我;在我空虚时,你充实我;在我成功时,你警示我……是你,为我铺垫了成功之路。

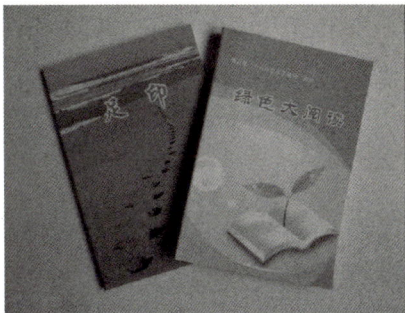

图3-23　学生阅读文集

你有着蓝色般的激昂与奋进。每当我沉浸于失败的痛苦中时,你就会像海浪一样激荡着我的胸怀,振奋着我的心灵,令我从失落中走出。记得有一次考试失利,引来老师与父母的轮番批评,那个阶段我的心情特别压抑,常常放学一回家,书包随手一丢,便躺在床上发呆。偶然间,翻开了《名人传》:"我要扼住命运的咽喉,它决不能令我完全屈服。"贝多芬在备受病魔折磨的情况下,依然向命运发起挑战,他的坚毅令我震撼。相比之下,我遇到的这点小挫折又算得了什么!再平静的海面,也会有风浪,踏浪而行,生活才会充满精彩。我重新振作了起来,加倍努力,取得了很大的进步。

你有着蓝色般的深邃与凝重。你就像是那神秘的夜空,每当我抬头仰望,总会引起无限的遐想。你那璀璨的星空引导着我不断地探索。从《宇宙索奇》的遥远星球,到《行者无疆》的大洋彼岸;从《哈里波特》的魔法世界,到《萤窗小语》的枕边故事;从两亿年前的海底世界,到三毛笔下的撒哈拉……你带领我在知识的海洋中遨游,让我感到自己就像知识瀚海里的一叶扁舟,永远无法看到知识的彼岸,却一刻不曾停泊。

你有着天空般的宽广与清澈。每当我心浮气躁时,和你聊上一会儿,心情就会平静下来。读林清玄的散文,让人心境旷达;读席慕容的诗,让人如沐春风;读韩寒的小说,让人心情愉悦……宽广的天空任鸟飞翔,无际的书海任我遨游。仰望湛蓝的天空,让我挣脱了一切束缚,像刚丰羽的鸟儿一样自由飞翔;遨游无际的书海,让我忘记了一切烦恼,像刚发芽的小树一样贪婪地吮吸着大地的养分。

缤纷的色彩中,我最爱蓝色,因为它激昂、深邃、宽广;繁杂的生活中,我最爱读书,因为它令人振作、奋进、平静。用多样的蓝色装点生活,让书籍的魅力充实心灵,生命景色,尽善尽美!

(青岛第二十一中学　江环世)

**评语：**

绿色大阅读铸就了小作者七彩的书，七彩的少年梦。小作者用独特的视角将书赋予了不同的色彩，绿色、红色、金色，令人耳目一新、眼前一亮；并结合自身的经历抒写出对书籍的深切情感，激人奋进，助人成长。同时，文章采用第二人称，与书进行亲切交流，就像与自己的好朋友促膝长谈，读来感觉真实自然。

正如小作者所说，让书籍装点生活，充实生命，尽善尽美。他之所以能有这样的文笔和见地，正因为他热爱读书、热爱生活。读名人名著，使他年轻的生命如此多彩。

文章的不足之处就是有些空泛，缺乏丰富的生活内涵。若小作者能够用心体味生活中的细节，用书中的眼光去思考生活，文章就会更有厚度，更令人回味。

（青岛第二十一中学　吴乐琴）

# 第四节　心理培养策略

人的发展，包括身体和心理两个方面，其发展是统一的。特别是神经系统的发展影响着心理的发展；同时身体发展也要受到认识、情感、意志和性格等心理过程和特征的影响。人首先要有健康的肌体和正常的心理，然后才谈得上进一步学习知识、掌握技能、发展能力，形成良好的道德品质和高尚的情操，实现人的德、智、体、美、劳全面发展。

在学生素质的全面发展中，心理素质是重要方面。《中国教育改革和发展纲要》指出，要全面提高学生的思想道德素质、科学文化素质、劳动技能素质、身体素质和心理素质。中共中央在《关于进一步加强和改革学校德育工作的若干意见》中进一步明确要求："通过多种方式对不同年龄层次的学生进行心理健康教育和指导，帮助学生提高心理素质，健全人格，增强承受挫折、适应环境的能力。"提高学生心理素质，促进学生心理健康发展，既是学生全面发展的重要基础，也是素质教育的主要内容。

班华教授[①]在其《心育论》一书中指出："心理教育，是有目的地培养受教育者良好的心理素质，提高其心理机能，充分发挥其心理潜能，进而促进整体素质提高和个性发展的教育。"

综上所述，为了全面提高学生的综合素质，尤其是心理素质，保证学生健康发展，提高学生对社会的适应能力，满足学生身心发展需求，在中小幼衔接学段，学生在老师的帮助下做好思想准备、心理准备，消除升入小学和初中后的不适应已成为必然。

## 一、策略特点

### 1. 坚持科学性

根据学生心理发展特点和身心发展规律，有针对性地实施心理培养策略；面向全体学

---

① 班华. 心育论[M]. 安徽教育出版社，1999：192.

生,通过普遍开展心理教育活动,使衔接阶段学生对新阶段的学习与生活有积极的认识,使心理素质逐步得到提高。

2.注重人文性

树立"以学生的发展为本"的理念,尊重学生,以学生为主体,关注个别差异,根据不同学生的不同需要开展多种形式的衔接教育和辅导,提高他们的心理健康水平,调动学生的积极性;做好衔接阶段学生的心理准备,为新一阶段的学习和生活打好基础。

3.突出针对性

根据幼儿园、小学、初中的学生进入新环境的不适应,需要衔接年级班主任、任课教师、学校心理教师、家长等共同关心,帮助并引导幼儿或学生提前做好心理准备,实现顺利过渡。

## 二、注意事项

1.立足学生,重在指导

遵循学生身心发展规律,做好衔接阶段学生的心理指导,充分发挥教师的主导作用和学生的主体地位。

2.面向全体,尊重差异

坚持尊重理解与真诚同感相结合,教会幼儿或学生学会正确面对新环境、新问题,激发学生学习兴趣,增强自信心。

3.家校携手,共同关注

家长和教师应共同关心衔接阶段学生的心理健康,与他们做好沟通与交流,尊重其自主意识,开展平等对话,提出切合实际的适当期望,引导幼儿或学生提前进入新的角色。

## 三、实践操作

### (一)幼小衔接,爱心引导

从幼儿园到小学,是人生中的重大跨越。很多大班幼儿对即将跨入新的校园充满了期待,但也有的幼儿对这个陌生的环境感到紧张。因此,需要衔接阶段的幼儿园、学校、教师、家长等共同关注,通过参观小学校园、教室、小学生与幼儿一起活动等形式,开展潜移默化教育,让大班幼儿们满怀自豪、信心百倍地跨入新的校园,走进一个全新的环境。

1.熟悉新环境

著名教育学家让·皮亚杰认为:"只有儿童自己具体参与的活动,才能获得真知,才能形成自己的假设并给予证实或否定。"[①]要培养幼儿渴望学习、愿意上学的情感,首先要让幼儿对小学有一定的了解,才能让他们逐渐接受并产生好感。幼儿园和小学,对幼儿来说是两种完全不相同的环境。因此,幼儿园要通过组织大班幼儿到附近小学,近距离了解小学生的学习、生活环境,引导幼儿消除内心的紧张心理。

策略一:提前参观自然化。参观小学的校园,参加少先队活动,观看升旗仪式,看小学

---

① 翟广顺主编. 教学论基本问题概论[M]. 北京:中国言实出版社,2008:154.

生上课,看小学生做作业,和小学生交谈,与小学生联欢,搞"大手拉小手"活动等活动,开展潜移默化教育,让幼儿们满怀自豪、信心百倍地走进小学校园,走进一个全新的环境。

策略二:环境布置人文化。中小学和幼儿园都为学生布置了良好的学习环境,将教室贴上学生自己的写字作品或是绘画作品,给学生营造一个好的环境,以此提高学生的学习兴趣,让学生有一个更好的环境来充分表现自己。

图3-24　跟小学的哥哥姐姐一起升国旗

【案例 3.33】

## 小学生活

大班的孩子即将进入小学学习。为了激发孩子入小学的愿望,让孩子顺利适应一年级的学习生活,减小心理压力和精神负担,我们大班的老师组织孩子到附近小学,近距离了解小学生的学习、生活环境;参观小学的校园,参加少先队活动,观看升旗仪式,看小学生上课,看小学生做作业,和小学生交谈,与小学生联欢,搞"大手拉小手"活动等等。活动中始终让幼儿处在积极的、主动的一面,并让他们感觉到所接收的信息都是实实在在的。通过这样的活动,让幼儿较全面地了解了小学,了解了小学生学习等情况,使幼儿在思想上、情感上做好了入学准备,激发了他们对小学的向往之情。

模拟小学生活。为了让孩子对小学生活有进一步的认识和了解,激发他们当小学生的积极性,在组织参观的同时,我们还通过让孩子戴红领巾、背书包、坐小学生的课桌椅、请小学老师为我们上课等实践活动,帮助孩子真正理解了入学求知的目的,形成了正确的入学态度和情感。

在毕业前夕,我们组织幼儿进行相互赠言、互送文具、小博士合影,使幼儿快乐而充满信心,带着教师和伙伴们的祝福,愉快地离开幼儿园,开始崭新的小学生活。

(青岛市四方区教工第二幼儿园　刘倩玉)

### 2. 增强自信心

高尔基说过,只有满怀信心的人,才能在任何地方都把自己沉浸在生活中,并实现自己的理想。自信心是相信自己有能力实现目标的心理倾向,是推动衔接阶段学生完成对新阶段的学习与生活的一种强大动力和有力保证。它是一种健康的心理状态,也是一种内在的精神力量。它能鼓舞衔接阶段学生去克服困难,不断进步。针对衔接阶段即将跨入新的校园的学生,其学习和社会适应困难是客观存在的,作为学校和家长要增强其自信心,让学生在解决难题中感到乐趣而并非压力,培养学生的承受力,具有在群体中既能竞争又能共处的能力。

策略一：总结学生优点。根据"自信的蔓延效应"，家长或教师可帮助大班幼儿或一年级小学生在纸上列出十个优点，可涉及各个方面（细心、眼睛好看等），引导他们在从事各种活动时，想想这些优点，并告诉自己有什么优点。这样，有助于大班幼儿或一年级小学生提升参与这些活动的自信心。

策略二："我能行！""我很棒！"根据心理暗示效应，不断对大班幼儿或一年级小学生进行正面心理强化，避免进行负面强化。一旦看到大班幼儿或一年级小学生有所进步，引导他们对自己说"我能行！""我很棒！""我能做得更好！"

图 3-25　学生在老师的指导下做心理疏导游

等，这将不断提升大班幼儿或一年级小学生的自信心。

## 【案例 3. 34】

### 多渠道促进中小幼衔接心理过渡

为更好地完成中小衔接的目标，我们将心理健康教育全面渗透到学校各项工作中去，形成多渠道实施。我们知道，心理素质教育、心理咨询与心理治疗是学校心理健康教育专门的渠道。目前学校虽没有专业的心理医生，但有高素质的教师，经过培训，在上级专业人员的指导下可以开展心理健康服务。学校开设了心理咨询室，还定期为师生举办心理健康、心理保健等专题讲座；积极开展心理健康教育活动，对学生进行学习指导、生活辅导、入学和升学心理准备指导等。

构建心理辅导系统。定期开设讲座，请初中教师向小学生介绍初中学习、生活的特点，并就一些学习习惯与要求对学生进行渗透和辅导。这些都将形成教学研究的良好氛围，充分体现素质教育的优势，成为中小衔接中的桥梁。定期围绕一些热点问题，组织讲座，如怎样复习、怎样克服考试中的粗心大意、怎样克服考试焦虑等。在学生中开展交流、介绍、讨论活动，利用黑板报、手抄报等形式介绍科学学习方法，以及名人的读书方法。

充分利用主题班会。一年级入学适应期，开展"我上学了"主题班会，当"上学歌"活泼欢乐地响起，一年级的小朋友在音乐老师的带领下像小鸟般飞进教室，学生情绪十分高涨。"我是小学生，我爱上学了！"一位小朋友这样说道。和语文、数学老师一起学习知识；和美术老师一起动手做贺卡，送给自己的爸爸妈妈；和体育老师一起表演"动物模仿操"，孩子们将入学以来所学的知识和本领展示给自己的爸爸妈妈和全校的老师。一年级入队前教育主题队会；亲子主题班会"爸爸妈妈我爱您"；安全主题班会，教给学生保护自己的本领；文明礼仪主题班会，使学生认识到讲文明、讲礼仪的重要性，学会在公共场所使用文明用语的方法。这些活动，有利于培养学生从现在做起，从自我做起，从一点一滴做起，努力提高自己的文明修养，做新时期讲文明、懂礼仪的学生。

开展"毕业温馨课堂"。六年级毕业前夕,利用主题队会开展"毕业生心理温馨课堂"活动,班主任针对毕业生心情比较浮躁的情况进行心理疏导,向学生提出"珍惜每节课,每一天,珍惜在小学的最后时光,去做自己应该做的事"的要求。邀请对口中学的老师来给毕业生进行讲座,从中小学生四大区别、中、小学教育四大差异,良好学习习惯的培养与不良学习习惯的表现及危害这四个方面进行深入浅出的分析,并希望初一新生能尽快认识中学的学习特点,结合自己的情况,摸索适合自己的一套学习方法。此次活动的开展,增强了学生调控自我、承受挫折的能力,也培养了学生健全的人格和良好的个性心理品质。

(青岛四方小学　姜　巧)

### 3.激发学习兴趣

美国心理学家杰罗姆·布鲁纳说过,学习的最好动机,乃是对所学教材本身的兴趣。兴趣指的是人认识事物或从事某种活动的倾向性。浓厚的学习兴趣可激起强大的学习动力,使学生自强不息、奋发向上。为了让衔接阶段的学生顺利过渡,教师应尽量多地接触并了解幼儿,通过谈话、活动消除大班幼儿对小学的陌生感,消除紧张的心理状态,让学生对新的环境有亲切的感觉,为将来入学做好心理准备。

策略一:增强学习快乐感,培养直接兴趣。教师要善于发现每个幼儿或学生的优点,学习活动中使幼儿或学生一开始就有成功的体验。教师和家长要尽可能使幼儿或学生掌握好知识,这样既增强了他们的自信心,又使他们体验到了学习的快乐。

策略二:明确学习目的,培养间接兴趣。成功的幼小衔接教育经验证明,学习目的的教育应该联系幼儿或学生的思想和实际,坚持耐心细致的正面教育,通过生动形象、富有感染力的事例,采用多种多样的形式,把学习目的与生活目的联系起来,这样才可以收到良好的效果。

### 【案例 3.35】

## 我们一起做朋友

在一年级的音乐教学中,我把"好朋友"单元的主题教授提到了起始课上,创造了多样的"玩法"情境,让孩子感受"一起玩"的快乐。"我是×××,我想和你做朋友!"孩子们在快乐的找朋友游戏中,纷纷认识了身边的新伙伴。我发现,欢快的氛围下,一个害怕的女孩儿,大大的眼睛里充满了疑惑和不自信,因为她的不自信,周围的小伙伴没有办法接近她,和她共唱好朋友歌。我拿了一只串铃走到她的位置附近,和她身边的几个小朋友唱歌,并很自然地转向了她这里。"小小串铃找到你,想要和你做朋友!"我边唱边蹲下来,摇晃着手里的串铃,流露出自然的微笑。她还是不做声地看着我,脸上的表情似乎更紧张起来。"美丽的姑娘真可爱,我们很想认识你:小串铃想认识你,王老师想认识你,×××想认识你,×××想认识你,请你快快告诉我,请你快快告诉我,你叫啥名字?"我边把歌曲填上自编的词儿,边拿着串铃做了个可爱的动作,又温和地和她拉起了手。这时,她似乎被我的这种即兴发挥所感染,脸上露出了一丝笑容。就这样,在老师富有亲和力的即兴歌曲带动下,每个孩子融入了这个和谐的表演歌唱氛围。孩子们相互熟知、彼此了解,成为了好朋友;在边游戏、边情感表达、边学习歌曲的过程中,学会了表达自己的情感和愿望,可谓一举多得。

在幼小转折期,老师的亲和力和感染力就如同抚慰孩子认识新环境的一缕暖阳,面对孩子的陌生感和孤独感,我都会积极地赞美和鼓励孩子自信,因为只有这样,才会让孩子明白什么行为是对的,并不断加以巩固和延续,树立自信,在他们人生的起步阶段为他们播种下充满希望的种子。

(青岛长沙路小学　王海宁)

## (二)中小衔接,理性指导

### 1.增强学习动机

所谓动机就是激励人通过行动以达到一定的目的,满足某种需要的意向活动。小学六年级学生进入初中的学习和生活能否顺利地实现过渡,在很大程度上取决于他个人动机强度的大小。学习动机,就像火车的发动机,它是推动小学生升入初中学习的内驱力。学习需要越迫切,动机就越强烈,行动就越积极。中学生正处在长身体、长知识的最佳时期,是学习的黄金时代,因此,应注重增强小升初阶段学生的学习动机意识。

策略一:确认学习的价值。知识就是财富,人才就是财富的宝库。有关调查显示,我国有10%的小学生、11.2%的初中生、4.8%的高中生厌学,原因之一是对学生的价值认识不足,缺乏学习动力。总之,要通过学校的学习和训练,培养学生身体素质和心理素质获得和谐健康的发展,成为德、智、体、美、劳全面发展的"四有"新人。

策略二:树立远大理想。有理想,有抱负,生活才能充满生机,学习才能劲头十足。古今中外的成功者很多是在这个时期立志发展成才的。同时,还要增强成就动机。成就动机是指积极地追求成功,而不怕失败。所以,必须培养学生树立远大的理想,以激励他们不断进取。

策略三:坚定成才的信心。成才必须要有信心。人与人之间的知识、能力、成就的差别主要是在后天的学习中形成的。这就像长跑比赛,大家的起点一样,跑到后来差距越拉越大。要想学业有成,就要永不服输,坚信"别人行,我也行",因为"自信是成功的第一秘诀"。

**【案例 3.36】**

**建立良好沟通平台,促进孩子健康成长**

我的孩子上了初中,班主任让他担任班长。孩子很珍惜这个锻炼机会,干劲十足,各个方面都严格要求自己,希望能做得非常出色。我也曾对孩子担任这个职务感到担心,所以我把想法与班主任在《家庭沟通本》中交流了一下。老师留言:"每个人都会有第一次,做好班长,需要学习的实力和过人的智慧。让我们共同珍惜,让他成为一名实力超群和智慧过人的孩子。"于是,作为家长,了解了老师的想法,使我心里对孩子更有信心,对班主任老师的工作更加尊重和理解。

但是,最担心的事还是发生了。有一天,放学回家后,孩子告诉我,上午做完广播操后带队回教室,这期间要求队伍整齐不能讲话,可这时偏偏有人在讲话,而说话人正好是他的好朋友。作为班长,管不管呢?最终,孩子当着全班人,还是没给"哥们"留面子,结果两人就起了争执。事情发生后,班主任在《家庭沟通本》上收到那个学生的委屈的投诉,于是找到两个学生分别面对面交流。由于这件事,使孩子们懂得了彼此宽容和理解,所以他们的关系不仅没破裂,而且更加融洽了。

我发现孩子通过这件事,在思考问题方面更成熟、更细心了。因为通过磨炼,他学会如何在获得尊重的同时更合理地处理班级问题;遇到了委屈和"烦恼",如何与别人沟通,去取得别人理解。他也明白了,作为班长不是一个高高在上的职务,而要为同学们服务并尽力去帮助同学,积极协助老师处理好班级内务;只有一个任劳任怨、无私奉献、不计较个人得失的班长才会得到同学们的认可和喜欢。作为家长,我把自己上学时担任团干部时遇到的一些问题和经验讲给孩子听,如如何才能处理好同学之间的矛盾等,孩子听得津津有味,不住地点头。通过沟通交流,孩子心里的结终于打开了,这样既解决了孩子的烦恼,又增加了我们相互间的理解。

(青岛第二十三中学初二七班　李嘉豪家长)

### 2.强化学习兴趣

学习兴趣是人们积极从事学习活动的心理倾向。兴趣和动机一样,都是在需要的基础上产生的,是认知需要的情绪表现。儿童是否适宜当科学家,并不是看他的才思是否敏捷、记忆力是否超强、在校成绩是否稳定,而是看他对科学是否有兴趣。

策略一:培养学习兴趣。在平时的学习过程中,不仅要学好自己热爱的学科,更要学好那些"不感兴趣"的学科。要记住,兴趣是可以培养的。中学生要做兴趣的主人,千万不能"因噎废食",放弃一时不喜爱但必须学好的学科。好奇心是培养学习兴趣的前提。好奇是人的天性。好奇心是一种极其宝贵的心理品质,它被称为"人类的第一美德"。有了好奇心,就会激发自己不断学习的兴趣,发展自己的爱好。

策略二:广泛兴趣和中心兴趣。兴趣广泛可以开阔视野,使我们的生活更加丰富多彩,激发我们去获得多方面的知识;兴趣范围狭窄,会成为人们接受知识的障碍。因此,除学好课本知识外,还应该有一些健康向上的业余爱好,陶冶情操。

**图3-26　师生亲密交流**

策略三:发挥教师的魅力。古语说:"亲其师,则信其道。"在我们的教学中,经常可以听到学生议论,说他们喜欢某位老师,听课兴致高;不喜欢某位教师,听课时老是昏昏欲睡。事实上,能否赢得学生尊重和爱戴,不是单方面因素决定的,老师的学识、能力、性情、品德修养等综合素质融铸成其人格,这是一名老师吸引学生力量的主要源泉。初一学生正处在逆反期,教师应尊重学生,关心学生,做学生的良师益友,及时发现他们身上的闪光点和微小的进步,给予鼓励,增强他们的学习兴趣。

## 【案例 3.37】

### 柔和比风暴更有力量

今年,我接初一新生。我想必须要让初一的孩子害怕我,这样他们才更听我的话,所以我对学生很严厉。

有一天中午,学校领导找到我,说我们班卫生区地面没有擦。我马上找到了当天的值日生汪攀,让他去打扫。可是,第二天领导又找到了我,还是说地面不干净。我一听就火了,我想汪攀肯定是中午的时间贪玩没有去打扫卫生。我把他找来,狠狠地批评了他:"你中午不去值日,导致班级卫生不合格,你还有没有班级的荣誉感?"汪攀在我面前低着头一言不发,直到我发完火,他才怯生生地说了句"老师再见"很快退出了办公室。

整个下午他都安安静静地坐在位子上,只要我在教室他就没有抬头看过我,看着汪攀的样子我想他肯定是明白了自己的错误。第三天,我吃完午饭特意绕去卫生区,老远我就看见汪攀在擦地面,瘦小的他低着头,卖力地擦着楼梯,我满意地笑了。

可是,没想到下午领导又来找我,问题还是地面不干净。想到中午看到的情形,我觉得很奇怪。我到卫生区看了看,果然楼梯的边上有很多拖把留下的黑印子。我突然明白,卫生区不干净,不是汪攀不出力,而是他没有涮干净拖把。

我又把他叫到了办公室,汪攀从进门就一直不敢抬头看我,低着头,站在离我很远的地方。我问他,为什么前几天我冤枉他没有值日,他不解释。汪攀沉默了很久,说"我不敢说。我说了你还是会批评我。"我愣了,我没想到孩子的回答是这样。

那个下午我想了很多,我想到有一次我和 8 岁的侄儿聊天,问他最喜欢和最不喜欢哪个老师,侄儿认真地回答我,"最喜欢的是语文张老师,因为张老师很少对我们发火。而数学李老师,太厉害了,他一瞪眼我们都害怕,上课一动也不敢动,所以不喜欢数学课……"我突然明白,为什么班级的孩子不亲近我。我的严厉拉开了我和孩子之间的距离,他们怕我,但并不代表认可我。

古语说:"亲其师,则信其道。"学生害怕老师,有这样严重的心理障碍存在,又如何能信其道?从那以后我改变了自己的想法与做法,我开始带着微笑走进教室,在课上时不时地和孩子们开开玩笑,在活动课上带着他们跳绳跑步,试着和孩子说一些贴心话,留心观察这些刚刚升入初中的孩子的行为和喜好。面对犯了错误的孩子,我也会给他们更多的宽容和理解。慢慢地,我感觉我们班的孩子亲近我了,他们开始在课下围着我,开始跟我说心里话。每当看到他们对我露出天真灿烂的微笑时,我的心情愉快极了。

有一首寓言诗说得好:"不是锤的敲打,而是水的抚摩,才使鹅卵石这般光滑剔透。"优秀的教师,不会因为温柔而失去威信;平庸的教师也不会因为粗暴而增添尊严。柔和比风暴更有力量。

(青岛第五十六中学　王玉英)

### 3.沟通与交流

教育心理学指出,互动交流有利于学生的心理健康。六年级学生通过与本校升入中学的优秀毕业生进行座谈交流、小学生教幼儿一起诵读等活动,使学生懂得尊重、分享、合作与关心。

策略一:捕捉契机与学生沟通。教育心理学指出,互动交流有利于学生心理健康。通过互动交流感受他人的情绪、意图、动机和感觉,并运用语言、动作、手势、表情、眼神等方式与他人交流信息、沟通情感,能够提升学生的心理适应水平。

策略二:加强家校的沟通交流。针对衔接学段的学生因为学习环境改变、学习同伴转换等原因而产生的焦虑、不适应等问题,我们引导学校专、兼职心理教师在课程中设置相关的心理健康团体辅导活动,有计划、有目的地进行心理干预,为顺利衔接提供支持。例如,幼小衔接中就适应新的环境、新的学习生活、乐于同老师和同学交往的问题,设计"祝你成为小学生"(角色意识)、"和老师、同学手拉手"(适应群体)、"和好习惯交朋友"(行为习惯)、"校园'红灯'与'绿灯'"

图3-27 《衔接工作指导手册》

(纪律意识)等活动,进行团体辅导。还有,中小衔接中就适应环境、人际交往、学习压力、自我悦纳等问题,设计"我们都是一家人"、"走出考试焦虑"、"我爱我自己"、"头脑龙卷风"等团体训练活动。

六年级的学生结束了小学阶段的生活,对中学的生活充满了憧憬和矛盾,为了打消学生和家长的顾虑,学校可以根据家长的困惑,利用家长信、培训手册等形式给予科学指导。

**【案例3.38】**

《衔接工作指导手册》——关键期的导航员

初中阶段是人生的岔路口,这个时期被称为"问题儿童期"。和小学时的儿童期不同,小学阶段学生的自主性差,小学教师多是哄着、牵着,循循善诱地耐心地告诉学生该如何做、怎么做。而到了中学,随着年龄的增长,学生不再喜欢老师的唠叨,甚至会产生逆反心理,你说往东我偏要往西;加之青春期一些生理上的变化是他们从未遇到过的,环境上,新的学校、老师、同学,也会有不适应感,情绪上表现为从性格活泼到突然沉默寡言。

针对这一情况,青岛平安路第二小学组织六年级毕业生到中学参观。通过听教师讲座和初一学生的经验介绍,学生们初步了解了中学的生活、学习方面与小学的不同之处。为了帮助学生尽快适应小学生活,和谐衔接中学学习,学校编写了实用性强、有特色的《衔接工作指导手册》。

手册包括学生篇、教师篇、家长篇三个层面的内容,从学生入学准备、毕业班教师培训指导、一年级新生家长指导等各个方面,细致地、有针对性地进行指导。正如作家柳青所说,人生的道路是很漫长的,但紧要处常常只有几步,特别是当人年轻的时候。人生最关键的只有几步,每一步都比别人强一点点,那么几步下来,你的优势将十分明显。从幼儿园到小学再到初中,孩子们在一步步成长,喜悦之情难以言表。如何在这关键几步迈好步伐,显得尤为重要。

(青岛平安路第二小学　王　敏)

**4. 关注衔接共性问题**

心理健康教育是学校德育工作的重要组成部分,开展心理指导是增强德育工作针对性、实效性的重要举措。

策略一:心理指导。衔接阶段学生正处在身心发展的转折时期,随着学习生活的转变,面临环境的变化,他们在学校适应、自我意识、人际交往以及成长、学习和生活等方面难免产生各种各样的心理困惑问题,需要通过心理指导进行有效化解。因此,在衔接阶段开展心理指导是促进学生全面发展的需要,是实施素质教育、促进学生全面发展的必然要求。

策略二:克服困难。学习和生活并非一帆风顺,都会遇到一些困难。六年级和初一的学生正处在心里急剧变化的时期,教师和家长可采取目标激励、平等对话等方法,帮助学生解决困难,有意识地培养学生勇于克服困难的精神、积极向上的情感,克服消极情感的影响,促进他们学业进步、健康成长。

**【案例3.39】**

### 神奇的折子信

这些年带的六年级毕业班很多,对孩子们面临小升初时心理、生理的急剧变化而产生的心理健康问题看在眼里,急在心上。如何让他们尽量减少"中小衔接通病",尽快适应初中生活,将他们安全、科学地载入中小衔接的快车道呢?这个问题在一直困扰着我。

记得有一次带学生去海云庵广场参加活动时,就见班里的小翔、小伟等几个平时比较"特殊"的孩子,对青年志愿者发放到手中的一些关于青春期生理、心理等方面的宣传单看得津津有味。我故意凑到他们跟前问:"平时不是不爱看书吗?怎么对这些花花绿绿的纸片倒这么有兴趣啊?"小昊说:"老师,其实这些资料挺好的,平时家里也看不到这些的。""是啊,我有时想在网上看看这些东西,妈妈老说我不务正业!"……此时,我突然有了一个想法,那就是把对学生的教育内容印制成好看的小册子下发,通过阅读和交流,引导他们正确认识自我、战胜自我,从而为中小的平稳过渡奠定良好的基础。

于是,在我的努力下,几经修改完善,折子信——《花季心桥》应运而生了:她共1张、3折、8面,设8个栏目,内容多是我从班主任手中收集的学生日常行为案例分析,也有的是应学生要求想了解到的生理和心理知识等,可以说内容是鲜活生动的。折子信素净淡雅的背景、轻松活泼的画面、温馨质朴的语言、平等和谐的交流,一下子吸引了学生们的眼球。

自从六年级学生使用折子信以来,学生、家长和学校三方都成了受益者。例如,6月份的《花季心桥》中有这样一段话:"你渴望的初中生活是什么样子? 会面临哪些实际困难或困惑? 你有什么打算?"学生们的"真情表露"和"老师支招",达到了师生互动、心灵碰撞的目的;折子信中设计了《好书为伴我成长》栏目,通过推荐好书和阅读网站,让他们在书海中畅游,放宽眼界,驶向无限广阔的生活海洋。

调皮蛋小坤说:"'直面青春我接招'中的一些例子里都有我的影子,老师给我支招后,我用了,爸爸果然改变了对我的态度,我真高兴!"以往谈起小翔就哭的妈妈说:"这个折子信很管用,以前对孩子唠叨那么多也没见什么用,孩子很相信上面的话,会照着去做,这种形式很适合有叛逆性格的小翔……"而老师们也对折子信很认同:"它好像一张不大但是很神奇的网,收住了一些问题学生的心,切实解决了一些心理问题,对稳定学生情绪使其安心学习起到了一定的作用……"

对于那些即将离开学校的孩子们来说,不管他们以后走到哪所中学,相信折子信必将为他们所珍藏!

(青岛洛阳路第一小学　张丽丽)

### 5.培养自主性和独立性

小学生特别相信权威,听父母的话,听老师的话,这已经成了习惯。升入初一后其独立自主性加强,有摆脱家长和老师的倾向。由于在心理发展上处于这样一种状态,所以学生要多和老师、家长商量,使自己少走弯路,逐渐走向成熟。

策略一:培养学生的自主能力。中小衔接阶段的孩子,对于父母的劝说、老师的教育往往听不进去,甚至产生逆反心理。十二三岁,这个年龄段的学生正处于从童年期的幼稚向青年期的成熟发展的过渡阶段,自控能力、承受能力、正确处理问题的能力还不够强,看问题还不够全面,具有"半幼稚、半成熟、半独立、半依赖、自觉性和幼稚性错综交织"的特点。在小学,教师把学生当做小孩子,许多事情都是手把手教,"抱"着"扶"着"走"。在中学,教师偏重于让学生自己管理自己。面对这样一种变化,学生要培养自主、自理、自立的能力,要学会为集体承担义务和责任。

策略二:让学生学会自我管理。小学的班主任对学生管得严,指导得细,采用教师评价的方式指导学生;中学教师则偏重于"培养"、"引导"、"发展",比较注重学生的自我教育、自我评价、自我控制和自我完善。这就需要学生增强自觉性和自我约束能力,善于自己管理自己,以适应中学的教学。

# 第五节　外部支持策略

## 一、目的意义

一切事物的发展都需要内因和外因的共同作用。内因是基础,起着决定性作用;外因是条件,起到关键的促进作用。衔接教育课题的研究工作必须依靠和利用专家们的理论指导、社区专业人士的实践参与、家庭教育的通力配合等一系列可利用的外部支持力量。

外部支持策略就是要调动社会各界力量参与教育衔接工作,使家庭、学校、社区、教育机构等有机结合,形成全方位的教育网络环境,为推进研究提供强大的外部动力,促使研究工作走向科学化、系列化、纵深化。

## 二、策略特点

### 1. 支持力量多元化

高校和教科研机构、社区教育优势力量、家庭教育等多方有机结合,形成教育衔接支持力量的多元格局。

### 2. 支持行动持续化

要能够有持续性,能在一段较长的时期内不停地给予学校研究工作配合、指导。

### 3. 成效多方受益

要使课题研究的所有参与者在行动中都能得到发展,学生受益,家长和教师受益,教育机构实现社会效益,最终实现目标共赢。

## 三、注意事项

### 1. 对专家的要求

邀请的专家必须是有着一定的理论基础和较为丰厚的实践经验,讲授为大家所欢迎,内容为家长、学生所接受理解。避免只谈些高深的理论,脱离大家的工作实际。

### 2. 对家长的要求

调动家长们的参与学习的热情,逐步更新家长的认识,引导家长做一名研究者,不断地反思积累教育实践经验,通过自己的教育案例培训其他的家长,这样更具说服力和针对性。

### 3. 对教师的要求

教师要不断提升自身综合素质,对家教工作有独到见解,并积极与家长们搞好沟通。通过开办家教咨询活动,提高家长家教工作能力,能够针对不同层次的家长和学生情况提供个性化的指导与帮助。

### 4. 对社区的要求

动用社区教育资源和力量之前要对事件作较为全面的分析,充分考虑到所开展活动的可行性、合法性、安全性、公益性,在操作程序上要符合上级有关规定,不得为商家或部分社会团体提供谋取不当利益的机会。

### 四、实践操作

中小幼教育衔接既要加强小学、幼儿园、中学之间的纵向联系，又要加强同高校等教育机构、社区、家庭的横向沟通，各方形成合力，发挥整体优势。学校、家庭、社区有机结合形成全方位的教育衔接支持系统，可以有效扩大衔接工作的影响力。外部支持力量主要源自专家的理论支持、社区的教育力量、家长的积极配合三个方面。

### （一）专家的理论支持

教育专家对所研究工作有深厚的理论认知基础，在研究中掌握了大量的信息，拥有广博的研究视野，因此专家的引领、支撑对教育衔接工作是极为必要的。中小幼教育衔接课题的研究工作涉及面广，包括中学、小学、幼儿园三个范围段；研究的内容多，涉及学生的生活、学习、养成教育等多个方面；再加上先前的已有研究成果甚少，因此要做好此项研究必须借助专家的支持。研究工作中要经常性借助高校教育机构、青岛市教育科学研究所、青岛市家长学校委员会等多方面的专家支持，以此推进研究工作。

策略一：邀请专家指导开题。召开开题会是课题研究工作由准备阶段进入全面实施阶段的重要标志。专家的点评、指导，可以为日后课题研究指出整体思路和主要策略，引领研究工作步入科学化、规范化的轨道。2006 年 12 月，青岛市义务教育管理体制调整后，中小幼教育衔接的理论研究和实践探索课题开题会在青岛鞍山路第二小学隆重召开。青岛市教科所书记解本利在现场点评中说，这项课题研究工作有具体内容、有实际意义、研讨性强、实效性强，有强大的前期基础，背景认识深刻，目标切合实际。青岛市教科所所长翟

图 3-28　聘请专家对衔接阶段师生进行辅导

广顺在点评中将四方区两个课题的研究情况归结为"四个印象"和"三个想法"。"四个印象"是：前期调研充分、国内外现状分析深刻、课题方案撰写规范、研究成效显著。"三个想法"是：具有战略意义的课题、具有实际意义的课题、具有强烈责任感的课题。青岛市教育局副局长李振江在讲话中高度赞扬了区教体局领导对课题研究的重视和倾心支持，指出课题抓住了教育改革与发展中的热点、难点问题，具有敏锐的眼光和深邃的洞察力，真正发挥了教育科研是"第一生产力"的作用，鼓励四方区的全体教师做有思想、有文化、有责任感的老师。李局长号召大家积极参与课题研究，并在研究中不断深入，争取在研究中实现教师的自我成长。

策略二：专家辅导师生应对衔接。处在教育衔接阶段的学生，面对即将发生的全新环境变化，在思想、心理、学习等方面都面临一定的不适应。根据学生的实际有选择地邀请有关专家对学生进行针对性辅导，帮助学生提高应对不适应的自我调控能力，是学生能够实现顺利过渡、做好衔接工作的直接举措。青岛第二十三中学邀请南京大学智脉教育中心专家面向初一学生和家长，作了《决定孩子命运的良好习惯》的专题讲座；人民路第一小学邀请北京乐知素质教育中心徐晓东教授面向高年级学生、家长作了《如何培养孩子积极

向上的学习性格》的专题讲座。这些讲座既为家长提供了理论帮助,加强了家长对新升入中学孩子的教育指导能力,又具体指导了学生如何在中小衔接阶段养成良好习惯以适应新的学习生活。

**【案例3.40】**

### 我怎样走进中学

2010年5月28日　星期五　天气:晴　心情:高兴、激动

今天,是不同寻常的一天,我第一次和妈妈、班主任杨老师成为"同班同学",共同坐在课堂上听徐晓东教授的讲座《如何培养孩子积极向上的学习性格》。别看我的年龄小,整整一个半小时的课堂上,记笔记最认真的非我莫属。作为一名六年级的毕业生,对初中的生活既向往又好奇,徐老师的讲座为我一一解开了脑中的"小问号"。看来,初中生活节奏肯定会比小学快,我必须学会合理安排时间,提高自己的学习效率。如果还不改掉随手乱放东西、做事缺乏计划的坏毛病,想必会被"淘汰"的。掰掰手指细数一下,现在离初中学习还有不到三个月的时间了,我要在周末去看看中学的校园,感受一下中学学习的氛围,还要摸一摸教室里"长高"的桌椅,畅想一下几个月后的我将以怎样的面貌投入到初中的学习中……想到这儿,我不禁笑出了声。

(青岛人民路第一小学学生　毕文泽)

**【案例3.41】**

### 初一入学教育　从"心"开始

孩子上初中,既是长大了的象征,也是学习压力与日俱增的开始。对有些家长和学生来说,"好日子"即将失去,更焦心的日子到了。真的是这样吗? 在和班上38名学生共同聆听了徐晓东教授的讲座后,我发现孩子们都在悄悄改变着:"调皮大王"小王竟然给自己设计了一套初中作息时间表,以适应未来的快节奏生活;"小状元"静静向自己的哥哥借来了初一的语文书,还声情并茂地给全班同学诵读古文,同学们都听得入了迷,纷纷举手给古文作了解释。看到他们快乐的样子,我悬着的心终于放下了,真没想到孩子们这么快就进入了初中学习的状态。就连"错题大王"小雨也准备了一支红笔,随时改正练习本、试卷上的错误,以鲜艳的红色加深错题在脑海中的印象,然后用一个本子,将这些错题收集起来,用错题汇编、错别字举例的形式分类记载,以警示自己,避免出现同类错误。孩子们进步真大啊!

针对孩子们现在的情况,我也安排了一系列的培养计划:继续加强学生"温故而知新"的习惯培养,提高善于观察、独立思考并解决问题的能力,让学生学会学习,热爱阅读,提前感受初中的教学方法,系统训练实用高效的学习方法和技

巧。祝愿孩子们进入初中后能很快适应学习生活，从"心"开始，走好学海中的第一步。

（青岛人民路第一小学　杨红梅）

策略三：举行教育衔接专家论坛会。对于教育衔接工作的认识，不同层面有着不同的见解。一线教师、学校管理者、科研机构人员都有各自的认识视角和观点，甚至同是学校教育管理者，所处的区域不同、环境不同，他们对于教育衔接工作也有着各自独到工作经验。区教体局和各学校组织各个层面专家举行中小衔接教育论坛会，集思广益，取众之长。例如，青岛第二十一中学全国优秀教师、特级教师吴乐琴老师与四方区北片全体中小学校长举办了《中小牵手，互动双赢》主题论坛会，吴老师的发言使大家深刻认识到中小学教师加强教育衔接的学习和相互交流的重要性。青岛第二十三中学与来自上海、福建、内蒙古、江苏四地的五所学校结为兄弟学校，常年开展联谊活动。2009年9月，在该校举行了中小衔接教育校长论坛会，会上来自各地的中学校长们介绍了本校开展中小教育衔接研究的一些具体做法和成功经验。虽然不同的学校地域情况、办学理念、管理措施不尽相同，但是大家在一起交流碰撞却着实开拓了研究思路，激发了研究智慧。专家们的论坛交流，为课题研究不断寻找新的切入点；专家们还针对研究中出现的困难提出了有效的解决办法，并为课题的深入研究指明了方向。

### （二）社区力量助推

中小幼教育衔接的研究工作要深入开展，还需要积极调动一切社会力量，结合学校周边社区情况开发一切教育资源，调动所有教育力量，为研究工作的顺利开展提供硬件和软件方面的全力支持。

#### 1. 社区"给力"创环境

策略一：获取财力和硬件支持。相对学校来讲，社区中拥有某些开展教育活动的优势资源，如能取得支持并有效利用，将为教育衔接工作创造更好的环境。每年5月份，在兴隆路办事处和洛阳路办事处的大力支持下，区教体局在海云庵广场、海琴广场分别举行家教咨询大集，广泛宣传教育政策和教育理念。在家教大集上，教育科、托幼办等科室及各中小学的有关负责人向社区居民和家长宣传、解释教育

图3-29　社区赞助举行雁山杯中小学书画大赛

政策，有效解决了一大批家长关于幼儿园、小学、初中报名上学（入园）、转学，外来务工子女借读等一系列政策方面的疑惑。各学校（幼儿园）派出专业能力较强、有教育经验的骨干教师参与咨询大集，现场解答家长有关幼儿入园以及幼儿园学生入小学、小学生新入初中时期需要注意的一系列问题。学校每年6月份在各社区广告栏张贴新生入学公告，公布新生入学政策信息，宣传新生报名工作。借助社区居委会的鼎力协助，学校教师每年对摸底学生进行入户发放入学欢迎卡，使得每位新生家长及时了解入学事宜。中小幼教育衔接的相关工作得到了社区的大力支持。通过社区搭建的这个信息大平台，不仅宣传了

教育工作的有关政策知识,更提升了家长的教育观念和家教能力。

社区是学生实践的大舞台,社区中有一些致力于为教育贡献力量的群体和个人,学校合理利用好这些资源,会使教育衔接工作开展得更加丰富多彩。区内的青岛第四十一中学、青岛宜阳路小学等单位非常重视与周边企业、社会团体的联系,积极为其提供尊师重教、回报社会的机会。例如,在雁山集团公司的大力支持下,青岛第四十一中学组织了多次"雁山杯"四方区少儿绘画大赛、文化衫绘画比赛,活动吸引了全区中小学和幼儿园 30 多个单位的数百名学生的积极参与。数百名学生一同挥毫泼墨,虽然幼儿园小朋友、小学生、中学生他们的绘画水平各不相同,但是通过这样的比赛交流不仅使得大家有机会在一起交流技法、欣赏作品、畅谈绘画过程中的收获,还使得学生们有机会走进崭新的校园环境,感受新学校文化的力量。青岛第四十一中学在活动中发现了一批优秀的美术特长学生,为其将来巩固特长、继续发展提出指导建议,使得参与单位和个人在活动中纷纷受益。

**【案例 3.42】**

### 开发社区资源,推进教育衔接

我校注重挖掘广泛的社区教育资源,将学校教育延伸到社区,把封闭式教育转为开放式教育,为学生的全面发展提供了良好社会大环境。学校开展了"以社区为核心,以街道为龙头,以学校为主体,以家庭为基础,以基地为依托,社会各界参与"共育人才的"五点一线"、横向联合、纵向沟通社区教育新格局的探索与实践,推动了社区教育向纵深发展。

学校处在水清沟街道办事处所辖范围内,在办事处及各社区的大力协助下,开展了"同走文明路,邻里情更浓"、"扬帆英语广角"、"我是护绿小使者"、"社区小助理我能行"、"小小交警进社区"等丰富多彩的社会实践活动。活动寓教于乐,参与面广,受到了周边居民的赞誉,构筑起了我校社区教育的亮丽风景线。每当节假日,街道办事处以及各社区都为学生敞开大门,组织并邀请学生们参与活动。暑假中开展"纳凉晚会",为孩子们提供展示才艺的舞台;"小小巡逻队"则由社区领导带领孩子们查找社区中的安全隐患,一起寻找解决问题的方法,设计安全倡议书。寒假中组织高年级学生开展猜灯谜、慰问老人等活动。

为扩大学校教育领域,我校在海军 91183 部队成立了校外德育基地,有计划地组织高年级学生参加基地活动,学习国防知识,参观军队内务,参加军训和劳动实践,开展护理"希望树"等活动,将爱国主义、国防教育、传统教育、劳动教育等丰富的教育内容融为一体,使学生通过亲身实践、亲自体验磨炼了意志,培养了优秀的道德品质,大受学生欢迎。

学校坚持开展社区教育活动,把社区教育作为一项系统工程,把学校教育、家庭教育、社会教育有机地结合起来,为推进教育衔接作出了积极的贡献。

(青岛宜阳路小学　潘红日)

策略二:获取智力和精神支持。社区中藏龙卧虎,有着拥有不同专长的人才,他们也是教育的宝贵资源,利用好这部分资源将补充学校教育的不足、拓展教育内容,为教育衔接工作提供强有力的智力和精神支持。诸多学校逐步建立了自己的、成员素质高、队伍稳定的社区教育师资队伍。依托这批教育力量的智力和精神支持,为学校培养类特长人才,成就学校特色发展作出了积极贡献。

**【案例 3.43】**

### 引入社区人才,成就足球特色

"阿迪达斯杯 2009 年青岛赛区冠军——青岛第四十一中学!"雷鸣般的掌声潮水般涌来,我校足球运动员紧紧拥抱在一起,我校领队江龙世老师、戴龙老师的眼睛渐渐潮湿了。

几年前,四方区还没有初中足球特色学校,周边小学培养的足球人才升到初中后不能继续得到培养,孩子的特长得不到发展令人惋惜,而我校操场有 300 米的塑胶跑道等较好条件。学校抓住有利时机,成立足球特色学校,与周边小学更加深入地进行中小学足球教学衔接,全面营造足球运动氛围。

回顾这一特色的打造,首先得益在于从所处社区聘请了一位高水平的足球教练,并引进了崇鼎俱乐部运作。而这一特色活动不仅提升了学校的品牌形象,更对体育特长生培养衔接和体育教师中小衔接研究起到了极大的推动作用。

强强联手,加强衔接。我区的人民路第一小学、人民路第二小学、长沙路小学、宜阳路小学作为足球试点小学,培养了大量的足球人才。这几所学校有共同的特长教育基础,而且又是近邻,为中小衔接工作提供了诸多的便利条件。我们定期与其进行体育联谊活动,派出体育老师走进小学与孩子们进行交流。我校足球特长生与小学特长生进行了结对帮扶,互相切磋球技,交流学习,让小学生及早了解初中生活,做好心理准备,更有利于中小衔接工作的开展。

聘请名师,以赛代练。为了提高我校足球的专业水平,2008 年聘请了刘国江为我校的足球顾问。在刘教练的指导下,我校经常与周边小学开展"带课交流"式的中小衔接教研活动,为试点小学的足球人才提供了学习和训练的机会,同时又为我校下一步足球工作的开展储备了人才。学校还经常邀请小学足球运动员进行友谊赛,通过比赛,增进了友谊,强化了学校足球氛围。

图 3-30　聘请社区内足球教练训练学生

依托俱乐部,完善联赛机制。足球联赛,可以增加学校的足球氛围,同时也扩大了体育教师的足球选材面,为学校足球特色的形成打下了一个良好的人才基础。我校于 2009 年与刘国江教练所在的崇鼎俱乐部合作,由其每天下午派出教练组到校训练学生。时至今日,我校已经扎扎实实地举行了三年的校园足球联赛,特别是 2009 年夺得冠军的那批队员,大部分都是从学校级别的联赛中选出,经老师培养,成为夺取冠军的主力。

　　回顾往昔,外聘教练,依托崇鼎足球俱乐部,借特色项目促进中小学足球交流,是特色能够凸显的原因。由于学校能够充分挖掘利用各种教育资源,有效与周边小学衔接沟通,保障了后备人才的不断输入,因此学校的足球竞赛成绩不断提高,学校已成为享誉全市的足球特色学校。

(青岛四十一中学　刘　丽　戴　龙)

### (三)高校借力推进程

　　高校中有着雄厚的师资和强大的专业研究队伍,如果能与高校联手,从中借力,引其力量参与教育衔接的研究工作,必将大大推动课题研究的进展。学校应寻求高校帮助,利用高校力量,借助高校的师资培训力量提高本校教师的研究水平和能力。区内青岛四方第二实验小学与青岛大学师范学院联手成立教师发展学校;青岛第四十一中学与青岛高级职业技术学院联手成立教师发展学校;青岛第二十三中学和青岛鞍山二路小学又与青岛理工大学联姻,分别挂牌理工大学附中和附属小学。对口高校根据协议定期组织相关专家、教授到中小学进行授课指导。例如,周嘉惠教授、郑洪利教授到我区部分北片中小学分别进行了《谈陶行知的教育思想》和《谈学校与心理教育》培训指导。青岛大学师范学院钱国旗院长多次到青岛四方第二实验小学对"关于国学经典教育对儿童成长的作用的研究"课题给予具体指导。青岛第二十一中学与华东师范大学联姻,挂牌华东师范大学双语教学实验基地,高校教师定期到学校组织开展针对性听课、评课、案例研究、讲座分析等培训活动。青岛四十四中学与山东师范大学联手开展研究工作,确立为山东师范大学教学实验基地。各学校也抓住有利时机向

图 3-31　青岛四方第二实验小学率先成立教师发展学校

教授、专家请教中小教育衔接研究中的种种困惑。专家们的理论指导与实践研究结合分析,为学校解决了一些实际困惑,指明了改进的方向。

**【案例 3.44】**

### 借力高校,提升教师专业发展

　　我校 2002 年由企业学校转轨为公办小学,转轨后适应现代教育、新课程改革的理念和管理制度缺乏,特别是缺乏具有影响力的教学名师和综合素质强的骨干教师。如何借力高校,对全体教师实施培训,提升师资水平,是一直萦绕在校领导头脑中的难题。基于此,2007 年 4 月,我校与青岛大学师范学院联手在我校成立了"教师专业发展学校",这也是我区第一所教师发展学校。此活动得到了领导们的高度重视,青岛大学师范学院钱国旗院长、青岛市教育科学研究所翟广顺所长以及区教育体育局领导都出席了揭牌仪式。

　　教师发展学校成立以来,学校多次邀请钱国旗院长到校对《关于国学经典教

育对儿童成长的作用的研究》、《中小幼教育衔接研究》课题研究进行具体指导。青大师院小学教育系孙玉洁主任、中文系张轶西教授等多次来校指导校本研修活动。学校将教师在平日的教育教学中遇到的困惑、问题归纳并提炼出共性个案，向师院的专家发出邀请，请他们参与个案的研究、讨论，为教师教学活动提供理论上的支撑和指导，解决了教师教育教学中的实际问题；同时我们也为高校教师的研究提供实践的基地，为他们介绍教育教学中的生动案例。

我校的教师专业发展学校成立以来，高校雄厚的教师资源为教师的专业发展提供了强大的动力支持，为教师的专业持续性发展提供了有力的保障。近五年，我校先后有2人被评为青岛市教学能手、3人被评为青岛市优秀专业人才，有9人被评为四方区教学能手，10多人次先后执教省、市级以上公开课、研究课、优质课。

（青岛四方第二实验小学　王　华）

### （四）家校携手发展

对小学生来说，其生活空间由三部分组成，那就是学校、家庭和社会。在不同的空间里，他们分别由不同的管理员负责。因此，要调动社会、家庭的积极性，优势互补，增强合力，尤其是要重视家长的力量。因为家庭是儿童生活的第一环境，是他们成长的起点和摇篮，而从教育这个角度看，家庭则是孩子的第一所学校，而父母就是他们的第一任老师。家庭是影响儿童成长的重要生态环境，孩子的心理品质、言语、态度、价值取向、行为模式首先是在家庭中形成的。家庭教育是伴随着孩子一生的终身教育，其所特有的天然性、亲子沟通的情感性、潜移默化的渗透性都将深刻地影响孩子的身心成长，家庭教育是学校教育所不能替代的。

1. 提高家长对衔接工作的认识

要更好地发挥家长的教育功能，首先需要通过各种渠道提高家长对教育衔接工作的认识。

策略一：专题培训。专题培训是教师通过集中讲座等形式对家长实施的有目的、有计划、有确定主题的培训，这是提高家长对教育衔接认识的重要途径之一。每年夏秋之际是衔接工作关键期，各小学均采用举办家长沙龙、专题讲座等形式开展家长培训工作。在实际工作中，学校邀请青岛市家长学校研究会秘书长孙长永、杨福林等对家长做《如何帮助孩子尽快适应小学生活》、《上好新生入学的第一课》等专题培训。一年级教师与家长们针对新生如何培养孩子的自理能力，如何对孩子进行安全教育、增强自我保护意识，如何增强孩子的信心和学习的兴趣，如何调整好孩子生活规律，如何培养孩子的自理能力等方面进行了深入探讨。

初一教师针对学生生理和心理的变化、学习课程的变化、学习方式方法的变化等方面对学生家长进行了培训。通过培训使家长们认识到了中小教育衔接的重要性，同时把握了中小教育的区别：小学教育重在夯实基础，在此基础上培养学生灵活的思维方式、良好的行为习惯、浓厚的学习兴趣；初中教育与小学教育不仅有学习上的衔接，还有习惯、心理、兴趣等方面的衔接，这些方面学生都会或多或少地存在问题。在培训交流中家长同教师在教育观念上逐步形成共识,在教育行为上能形成合力,共同对学生实施良好的中小衔接教育,为学生能够愉快、顺利地进入中学,和谐健康地成长奠定了家庭基础。

全区所有中学每年6月份在学生填报入学志愿之前,还都组织校园开放周活动,欢迎学生和家长到中学参观,了解中学的环境等各种情况。开学第一周再次组织开放周活动,邀请学生的爸爸妈妈进校园、进课堂,通过组织家长进校听课、看课间活动、看孩子做游戏、看学校环境,使家长近距离接触到孩子的校园生活,从而更有效配合教师做好教育工作,使教育的合力能较好地凝聚。

**【案例3.45】**

### 与孩子一起分享

作为父亲,总会自我感觉有一些教育孩子的心得或者说是一些经验。但随着孩子的成长,似乎仅凭以往知识和经验已很难适应孩子的思维,尤其是在孩子学习过程中关键时期的正确指导。

在学校家长培训活动中,我有幸聆听了知名心理咨询师、青岛理工大学刘启辉教授的讲座。在刘教授平和内敛的话语中,我一边认真听,一边思考自己日常教育孩子的缺失,体会到只有掌握正确的方法才能事半功倍;否则,会将孩子引入误区,甚至产生孩子越是把自己当成榜样、结果越糟糕的局面。因此选择正确的教育方法,比督促孩子努力学习更重要!

学习情感,这对我来讲还只知模糊运用而非深刻理解的新名词,这是本次培训中刘教授重要阐述的内容。一位学生如果不对学习产生情感,就谈不上学习兴趣,没有兴趣,任何一种学习方法都不会培养出良好的学习习惯,而长期形成的习惯自然形成独立的个性,个性直接导致结果成败。

针对孩子学习中持久的意志力的产生,刘教授与在座的各位家长进行了交流,并指出家长的示范作用对子女的影响,建议家长多掌握一些基本的心理学知识,对孩子的学习意志力与其他意志力方面包括行为关系等,有一个初步的认识,根据自己孩子的具体特征针对性地制定教育引导方式,持之以恒地监督实施。家长教育背景、成长环境、职业素养等客观条件如何,都不能成为忽略教育的理由;家长本身自强不息、勤奋好学、严谨自律的意志力永远是孩子模仿的对象,这方面在孩子的成长过程中无人替代。

有关家长的智力活动影响孩子方面,家长的智力活动水平对孩子的智力发展有很大的影响,如果完全依靠学校老师,那么孩子所受影响肯定是片面的,至少是不完整的。老师与家长之间通力合作和相互默契,才能达到理想教育状态。孩子智力要更多依靠家长智力来培养,做一个爱动脑筋的成长型家长。在和孩子接触过程中要善于与孩子一起分析解决问题,用实际的智力活动影响孩子。

通过本次家长课程与现在孩子接受的心理辅导,我深有感触。我与孩子一起分享着刘教授的智慧与成果,我们决心同步学习,努力拼搏!

(青岛第二十三中学 徐慧孜家长)

策略二：互助培训。在推进家校携手的进程中，学校不仅要站在教师的角度进行对家长的培训，还应发挥家长的力量，请在幼小或中小衔接方面有成功经验的家长做经验交流，组织互助式的培训。培训之前首先进行家长困惑的摸底调查，了解家长们在面对孩子升入新学段遇到的主要困难和问题，然后有选择性地邀请高年级学生家长代表介绍衔接阶段的教子经验，借助他们的智慧和力量帮助家长们提高教育能力，为孩子入学、升学的顺利衔接，为教育衔接提供有力的家庭支持。

图 3-32　家长育子经验互助培训

【案例 3. 46】

### 参与"幼小衔接大家谈"活动有感

眼看着孩子马上就要步入小学，我的心里既高兴又激动，但更多的还是担忧和困惑。孩子能适应得了小学生活吗？我们做家长的该怎样做，又从何做起呢？正在我困惑之际，幼儿园为我们大班幼儿家长搭建了"幼小衔接大家谈"这个平台，使我们有幸与幼儿园往届毕业生的家长坐到一起，共同探讨困扰我们的幼小衔接方面的问题，小学生的家长们更是通过"一看、二谈、三支招"，由浅入深地为我们分析和解答疑惑。

"一看"：活动播放了一段录像，记录了孩子刚上一年级时，在家中学习的情境：写作业时坐不住，没过几分钟就开始这边动动、那边摸摸，喝水，去厕所；家中一有什么异响，注意力就会被吸引过去。这些正是我们家长所担心和不愿意看到的。

"二谈"：看到家长们着急的神情，毕业生的家长为我们详细分析了其中的原因，从自己的亲身经历讲起，现身说法讲述了孩子刚入学时的常见问题，主要分学习习惯不好（不会整理书包、丢三落四、不按时完成作业、拖拉、粗心）和心理调整不好（不适应学校的作息、生活方式、学习方式、管理方式）两方面。

"三支招"：针对这些问题，我们做家长的该怎样做呢？怎样帮助孩子过渡呢？

家长们为我们提供了不少自己实践的小窍门：读写姿势早纠正，每天读书半小时，作业让孩子自己做，给孩子适当的奖励，敢于向老师提问题等。

活动中家长们积极地交流、讨论，特别是为我们提供的几个小窍门非常实用，马上就可以解决孩子出现的问题，使我们提前掌握了有效的应对措施，给我们这些忧心忡忡的大班家长们开出了对症的良药。这次"幼小衔接大家谈"的活动，使我消除了担忧和困惑，找到了辅导孩子的"抓手"：要正视孩子身上所存在的问题，使用多种方法去解决问题。面对即将到来的幼小衔接，我和孩子信心百倍。

（青岛市四方区教工第三幼儿园　裴开梅家长）

2.减缓学生对衔接的不适

策略一：学生对学生"传经"。请中学生回母校为毕业年级的学生介绍现在的学习内容、学习方法、上课形式，用他们自己的眼光去发现并介绍小学和初中的诸多不同之处，使六年级学生初步感知未来学习的变化，让学生们明白了"上初中前我要准备什么"，从心理上做好转变的准备。这种学生对学生的"传经"也是一种重要的、成效显著的培训形式。

图3-33　举行毕业生温馨课堂活动

**【案例3.47】**

### 做一名中学生我准备好了

今天，我校请来了上届优秀毕业生梁震学长，为我们讲解怎样做一名合格的初中生。听后，我的内心久久不能平静，他的话语在我脑海中回荡……

升入初中后，有许多事情和小学不一样，比如题目变难了；分科分得特别多特别细；老师对每位学生的关心可能不像小学老师那么多了；知识也在小学基础上变得难、多；初中学习更加需要自习，不像小学，只要上课听听讲，下课复习一下；认识的人也比小学多了……

通过学长的讲解，使我认识到一个出色的中学生应该具有良好的习惯和学习态度，因为那些具有良好习惯和学习态度的人，往往能够在事业上取得更好的成就，他们的成就和荣誉令人敬佩，羡慕。人们也常渴望着能取得他们那样的成就，然而，怎样才能达到预想的目标呢？数学家陈景润说过："认准方向朝着理想，从小处做起，一步一步地积累着，走下去。"成功者之所以能够成功，并非他们的先天条件多么优越，而是他们在细节上比其他人下了更多功夫，所以略胜其他人一筹。我们也想要像他们一样，多注意细节，比如上课不与同学说话，认真听讲；下课注意复习，复习今天上课内容；作业也要认认真真完成，不偷工减料；每一次做题，都开动脑筋，绝不抄袭别人的答案。只有这样做了，才会成功；只有将这一点一滴做好，才能做大事。学习就好比砌墙，只有注意每一块砖砌得对不对，才能筑成一个坚不可摧的"学习之墙"，任何"大风"都吹不倒它。

现在，我们已经快进入初中了，因此我们要从现在开始就树立这样的思想：假如学习是一座坚固的墙，那我就是一块小小的砖；假如学习之路是一条长长的河，那我就是一条小小的鱼。无论墙多么坚固，无论河有多么长，我都不会放过一线希望。

（青岛双山学校　薛　同）

策略二：家长对学生疏通。无论是新升入小学的幼儿还是刚刚迈出中学大门的小学生，他们面临崭新校园和相对陌生的环境，出现一些不适应现象也在所难免。这些方面除了学校教师通过种种途径帮助学生最大限度地消除过渡阶段的不适之外,家长在此阶段也要格外关注孩子,积极地做好引导和疏通工作。例如,幼儿园可以组织大班家长经常到小学参观学校,让幼儿及家长了解小学的情况,提前介绍小学的一些要求等。新入小学的家长要注意观察孩子的反应,有效引导孩子。

**【案例 3.48】**

## 家有宝贝去上学

时间飞逝,转眼间襁褓中的孩子就要走进小学。如何让孩子尽快适应这个新环境游刃有余地学习,我的心里一直在敲鼓。开学前一周,学校组织了《如何帮助孩子尽快适应小学生活》的讲座,让我受益匪浅。按照专家的指导,我一步步地实践着。

爱因斯坦曾经说过,"兴趣是最好的老师"。我曾经问过我的孩子:"涵涵,你马上要成为小学生了,高兴吗?"他的反应很冷淡,为此我的心里很忐忑:"这种状态能上好学吗?"听了专家讲座,我想试一试。专家指出:"为让孩子愿意上小学,产生做一名小学生的美好愿望,家长应注重激发孩子的兴趣。如带孩子去邻居的小学生家做客,了解小学的生活,知道哥哥姐姐上小学后学到了许多本领,这些都是幼儿园所学不到的;早上送孩子入园,路上看见小学生背着书包去上学,可以对孩子说'瞧,哥哥姐姐多神气',使孩子产生羡慕之情。作为家长,应用积极的语言来教育幼儿,切不可用恐吓的语气说:'你再这样调皮,就让小学老师来打你,教训你!'这样说会造成孩子对小学产生恐惧感,不利于孩子对小学的适应。"

听了有关讲座后,我把孩子带到正在念四年级的邻居红红家做客,请她说说校园的趣事。小家伙听后,回家后不停地说:"我也要上学了。"眼里充满了期待。就这样,在期待中,我和涵涵一起准备着。我们一起到商场挑选了书包、铅笔盒、橡皮等。回家后,和他一起把这些东西整整齐齐地摆放到书包里,一边整理一边说:"你太了不起了,马上也要背着书包上学了,成为一个懂得很多知识的小伙子啦。"这时的他笑得很灿烂。空余时间,我俩还一起看图书,给他讲故事,他听得那么专心,让我感觉他长大了许多。

涵涵上幼儿园时一般九点睡觉,早晨七点半起床,一般九点左右到幼儿园,有时遇到好看的动画片就会缠着你让他再看会儿,早晨起床也就晚了。上学了,时间提早了一个小时,需要调整他的作息时间了。我就要求他每天晚上八点上床,早晨六点半也就自然醒来了。慢慢地,养成了八点睡觉的习惯。

开学第一天,送他到学校,看他背着书包高高兴兴地走进教室,期盼他能开开心心地回家。晚上,他兴奋地给我们讲他又交上了几个朋友。一个周过去了,每天涵涵都按时到校上课,总是那么开心,嚷着要第一个到校。愿他在校园永远这么快乐!

(青岛洛阳路第二小学　韩　娟)

# 第六节　评价激励策略

## 一、目的意义

评价是通过评价活动与结果作用于评价对象并能引起变化,其功能的内容取决于评价活动的结构及运行机制,评价具有鉴定、激励、导向、诊断等功能。

在中小幼教育的衔接课题研究过程中,科学、完善的评价体系是实施有效管理的必要组成部分,在课题研究的进程中起着重要的作用。通过评价,可激发学校和教师参与研究的热情,激励并引导学生在衔接阶段迅速适应学习生活,促进他们健康成长。各层面实施的评价其激励功能尤为重要,它是研究工作有力推进的基础和保证,同时也是重要策略之一。

## 二、策略特点

### 1. 多元的评价主体

在课题研究整个过程中评价主体是多元的,教体局、学校、教师均承担评价任务。

### 2. 全面的评价内涵

研究工作方方面面,既有对学校课题管理方面的评价,又有激励教师参与课题研究的评价;既有教师对不同年段学生学习方法的评价,又有习惯养成等方面的评价。

### 3. 健全的评价体系

各层面的评价主体依据科学的评价体系,主要采取发展性评价,关注评价对象的发展变化,体现因校、因人而异的差异评价性。

## 三、注意事项

### 1. 不同教育主体实施评价的目的有所不同

教体局对学校的评价以引导、督促为主,兼具激励功能;学校对教师的评价以激励、引导为主;教师对学生的评价主要以激励为主。

### 2. 评价要做到以人为本,看清差异,关注发展

要明晰学校研究条件与基础差异,要针对教师素质的不同、学生年龄和认识水平的差异。

## 四、实践操作

评价激励策略在具体实施操作中,主要包含三个层面:

宏观层面——教体局对学校的评价激励;

中观层面——学校对教师的评价激励;

微观层面——教师对学生的评价激励。

### (一)教体局对学校的评价激励

教体局是实施中小幼教育衔接课题研究工作的主要引领者和推进者,起着重要的导

向和推进的作用。各中学、小学、幼儿园是参与课题研究的主体，是研究工作得以推进的关键性因素。作为教育主管部门要发挥好评价功能，健全评价体系，强化引导，树立榜样，力求通过评价促进全局各学校、幼儿园研究的深入开展。

1. 健全评价体系

对课题研究的评价工作的顺利进行有赖于规范的评价体系和多样的评价方式。

策略一：建立相关制度。制度建设是管理和评价的重要基础，科学的管理制度的建立将为衔接工作的顺利实施提供有力支持和保障，将有效推进课题研究工作。区教体局有关科室逐步建立完善了《关于中小幼教育衔接课题过程性管理实施意见》、《子课题申报与立项管理办法》、《课题结题与成果鉴定细则》、《教科研先进单位和先进个人评选办法》、《四方区教研室各学科低幼衔接宏观管理工作办法》等管理制度和评价办法。教体局将学校参与衔接课题研究情况直接列入学校教科研工作年度考核体系，对研究过程中产生的活动信息、研究成果等均实施动态量化管理，并定期征集刊发各类成果集，推广研究经验和成果，激励各实验单位不断深入研究。各实验单位每学年对照相关制度、标准进行全面自我评价，查找工作中的成绩与不足。

策略二：实行垂直评价。加强对研究工作纵向的三级管理，推进垂直评价是重要的评价方法。自我局的《青岛市义务教育管理体制调整后，中小幼教育衔接的理论研究和实践探索》被成功立项为省重点课题后，全局上下高度重视，全面参与，实行了三级管理。第一级是由局长为中心，各分管副局长组成的课题领导小组，组织动员全局各部门全面参与课题研究。第二级是由教科室、教研室、教育科、托幼办等科室为主组成的课题工作小组，从教育、教学等不同层面引领学校进行课题研究。第三级由全区 8 所中学、30 所小学、103 处幼儿园所组成的课题研究小组，结合各

图3-34　教研员和名师就中小学英语教学衔接进行探讨

单位特色、优势，选取不同角度进行子课题研究。实行三级管理，由第一级、第二级分别对下一级进行纵向垂直评价，形成了教体局机关和学校上下齐动、全面参与课题的研究局面。

区教体局课题领导小组定期对各科室开展中小幼教育衔接情况进行检查评价，了解进展情况和主要工作，听取相关负责人的下一步工作思路。各科室结合本部门负责的研究范围每学期对各课题学校的开展研究情况以简讯、报告、座谈会、专题沙龙等多种形式的检查评价，以督促研究的进展落实情况。

区内各小学均成立了由一把手任组长的中小衔接领导小组，每学期将这项工作列入学校的常规管理和重要的议事日程。各校普遍建立了互访交流、成长跟踪记录、参观、听课、教师培训等各项工作制度，定期召开工作会议，研究交流中小幼衔接工作的新认识、新理念、新方法，落实各项衔接工作的措施，保障了衔接工作的顺利实施。

策略三：实行多主体评价。在评价过程中评价主体的差异往往对评价结果产生较大的影响。在对学校研究工作的评价过程中，作为评价主体的教科室、教研室等部门，往往受自身职责、业务范围等因素的影响，在评价中会侧重某些方面，因此采用多主体共同参

与的评价方式是全面评价、综合评价的科学方法。

教科室协调组建课题研究协作体，引导学校全面开展课题研究。本着因地制宜、就近结合的原则，建立了中小衔接和幼小衔接课题研究协作体，确定了 42 所实验单位，制定了课题管理制度，确定了研究队伍。负责牵头组织各科室对各单位中小幼教育衔接课题工作的协调和评价。

教研室组织学科教学衔接工作研究。结合语文、数学、英语、美术等多个学科，研究衔接学段的教学内容、教学要求和教学方法要求的异同，研究如何让学生在学科教学中自然实现平稳过渡。负责对学校、幼儿园研究工作的评价和指导。

教育科重点研究衔接阶段学生的德育工作。把培养学生良好的习惯作为幼小衔接工作的重要内容，把关注学生的心理健康、道德品质培养作为中小衔接的重要内容。负责对各实验单位的参与衔接工作的评价与指导。

托幼办具体负责幼儿园的幼小衔接课题研究的指导和评价工作。采取措施从时间、活动、教学方法上做好幼小衔接工作，要求幼儿园大班下半学期重点从时间上、集体活动安排上、教学方法上与小学相互靠拢。

2. 突出引领功能

课题研究中的过程性管理，教体局对实验学校实行宏观总体指导是推进研究的必要前提。通过定期组织召开衔接教育课题研究会等方式，交流衔接课题研究进展。"十一五"期间，每年一次，每次一个专题，会上总结一年来衔接课题研究取得的成效，部署下一年度衔接课题研究的任务，请衔接课题研究做得有特色、有成绩的学校交流经验并进行成果展示，很好地实现了对课题的引领、指导功能。

图 3-35　衔接课题研究会上于立平所长做具体指导

策略一：开展衔接培训。要高度重视对教师衔接教育研究的培训与指导，积极为教师们搭建学习与交流的平台，通过开展小组研讨、经验分享、教学交流等多元化、全方位的互动培训模式，转变教师的教育观念，增强教师学习和研究幼小衔接的意识和能力，达到问题解决、资源共享、共同发展的目的，为幼小衔接研究的进一步开展打下了坚实的基础。主要通过以下四种参与式培训，提高教师的课题研究能力。

与名师对话，更新理念。在培训中邀请专家通过专题讲座，针对中小幼衔接研究中存在的问题，让专家与教师进行对话，通过与专家的直接交流，为教师答疑解惑，拓宽教师的视野，增强教师研究信念，明晰努力方向，逐步更新教育观念。

案例剖析，内化行为。从反面的案例中，剖析中小幼衔接中的疑难困惑，寻找突破点；从正面的案例中剖析教育教学的成功经验，寻找生长点。通过诊断、导向，与教师们一起研究、分析、反思、讨论、评价，使其学习如何从操作层面上来提炼概括成功的经验，最终内化为自己的教学行为。

活动研究，掌握策略。围绕《纲要》精神和课程内容，实验教师设计中小幼衔接主题活动，通过设立"上课、说课、评课、议课"内容，采用操作实践、自主探究、大胆猜测、合作交流、积极思考等活动方式，组织教师观摩、学习、质疑问难，就教学活动中折射出来的问题，结合新课程理念,分成若干小组,围绕主题展开讨论,研究掌握幼小衔接的教学策略。

焦点透视,思维碰撞。关注教师在课题研究中出现的问题,设计"说感悟"活动,让教师把收获、困惑,遇到的难点问题,通过口头、书面等形式进行反馈;教科室将这些问题进行归纳,邀请实验教师现身说法,结合教师关注的问题,营造一种互动交流、思维碰撞、共同研讨的氛围。

策略二:组织衔接研讨。

(1)教体局层面的深度研讨。"十一五"期间,区教体局先后举行了教学衔接专场、心理衔接专场、衔接管理者沙龙、德育衔接专场、衔接成果展评等五个专场研究推进会。

区教体局先后多次举办"幼小衔接大家谈"、"中小衔接大家谈"活动。活动中邀请了市教育局基教处、市家长学校研究会、市幼教委员会、市教研室等多部门领导和专家,还邀请了青岛第十七中学、青岛第四十四中学、青岛第五十中学、青岛第二十一中学等中小学的校长、教师及部分家长代表参加针对幼小衔接和中小衔接工作存在问题和研究对策展开讨论。加强了校与校、园与校之间的互联互通,做到思想上"合心"、工作上"合力"、行动上"合拍",逐步建立了一套共同参与、学校、家庭、社区互相协作的中小衔接的工作体制,四措并举,推进中小幼衔接工作。

2006年12月,四方区以"中小衔接"为主题,召开第五届课改研讨会,分别组织语文、数学、英语三个学科专场会。本次研讨会通过现场观摩课堂教学、互动研讨,由小学、初中教研员带领小学、初中教师互通有无,查找教学盲点。大会还总结了课改以来全区语文数学、英语教学取得的可喜成绩,指出了今后学科的研究重点,即"聚焦有效课堂,促进中小衔接"。本次研讨会是小学、初中教师的首次"会师",这标志着四方区的学科教学衔接研究继续向纵深发展。

(2)学校层面的自发研讨。

第一,成立研究协作体。本着协商自愿、双向服务、资源共享、优势互补的原则,区内各中小学、幼儿园在参与课题研究过程中依据研究方向、地域特点、校园资源特征等因素自发组织成立了多个"研究协作体"。四方区北片的青岛第四十一中学、青岛洛阳路第一小学、青岛洛阳路第二小学、青岛长沙路小学、青岛市四方区教工第三幼儿园等6个单位成立课题研究的协作体,从教学、德育管理等方面重点开展研究,为学校教育衔接工作全面铺开畅通了道路。青岛第二

图3-36　区教体局组织中小衔接大家谈活动

十三中学与四方实验小学、青岛重庆路第二小学、青岛重庆路第三小学、青岛鞍山二路小学也在研究之初自发组成研究协作体,重点围绕学科教学的衔接工作开展研究。四方教工一幼与青岛平安路第二小学、四方教工二幼与青岛宜阳路小学分别建立了协作关系,在研究课题寻找中寻找研究的结合点,分别确立了"幼儿社会性适应能力的培养"、"构建同心桥,促进幼小数学衔接研究"研究子课题。

第二,开展多样研究活动。研究自启动以来,各校纷纷响应,将衔接研究纳入学校重

要议程,贯穿于学期的始终,自发组织了大量的协作研究活动,大大推进了课题研究进程,激发了教师的研究热情。

青岛四方第二实验小学与青岛铁路幼儿园仅一墙之隔,为学校开展小幼衔接工作提供了便利条件。每学期,学校都会带领学生走进幼儿园,开展"我当一日小老师"活动,让学生初步体验不同的教育阶段所确定的不同的教育目标,从而培养他们的责任意识。幼儿园也经常深入该校,有时是带领孩子们参观学校的升旗仪式和学习环境,有时是组织教师听课,有时和班主任就学生管理等多方面进行交流。

青岛重庆路第三小学建立了"校际联席制",加强与周边中小幼各校(园)的双向交流,确立"校际互访日",开展"教学研究"联谊活动,以多层面、开放式的方式展开校际之间的课改研讨、课题探讨、焦点访谈,相互送、评课,相互提供科研、课改信息等,架起校际之间探索教学研究的立交桥。

青岛河西小学进行教育幼小内容和方式双向衔接的策略研究,建立了教育教学交流结对活动制度;重点进行实验教师之间的交流,组织了 8 个互助对子,帮助他们建立行为、教学、心理等方面的实验研究记录册。每年的"六一节"庆祝大会,邀请幼儿园全体师生和学生一起度过,幼儿园的重大集体活动学校也要派出师生参加,加强幼儿园与学校之间的交流、沟通与合作。

青岛四方教工第一幼儿园确立了"家园合力顺利过渡"的研究主题,建立家园之窗"教育流动板块"、发放有关资料、建立"家庭星星榜",围绕培养幼儿良好习惯等内容组织了家、园、校"快乐小学生"大家谈活动,使家长明确了新的教育观念,减缓了精神压力。

### (二)学校对教师的评价激励

衔接课题的研究工作最终要落实在教师身上,教师是衔接工作的具体实施者。因此,各学校高度关注教师参与课题研究工作积极性问题,通过加大学习培训、建立激励制度、提供展示舞台、汇编优秀成果等举措,从外因和内因两个方面加大支持和激励的力度。

图 3-37　名师工作室教师参加衔接课题研究会

1. 营造研究氛围

氛围是一种环境,更是一种力量。良好的氛围能调动教师参与研究的主观能动性。各学校通过组织培训,开展研讨交流等活动,营造浓厚的氛围。

策略一:培训营造氛围。学校为了帮助教师尽快转变、更新自己的教育观念并落实到教育实践活动之中,将衔接教学的理论学习纳入校本培训内容,采取集中学习与自学结合形式,开展了"一请、二讲、三学"培训活动,号召大家积极参衔接课题研究工作。"一请":请教育理论专家到学校系统辅导《衔接教育的理论》。"二讲":学校业务领导结合衔接工作反馈信息,讲解衔接工作理论重点、要点;教师结合理论专家的辅导,以校内集体研讨与校内外结合交流的形式,举证工作实践讲解各自领悟到的衔接教育理论。"三学":规定教师学幼教理论,学儿童和青少年心理教育理论,学所接学校教师的课堂教学艺术,围绕衔接教育写学习笔记,以此强化学习效果。各校(幼儿园)组织教师认真学习培训,注意把学习、研讨、总结、实践的收获体会落实到衔接教育的每一个环节上,并在工作中尊重、保护、激发教师在衔接工作实践中的主动性、创造性,把问题解决的过程转化为促进教师专业发展的过程,使教师从更高的层次来审视自己的教学,促进其自我的不断完善。

策略二:互动营造氛围。各小学与相关幼儿园、中学积极开展了教师交流研讨工作,通过座谈、互相听课评课、共同举行教学研讨会,彼此了解各自的教育教学改革的情况,了解学生的基础知识、兴趣爱好,研究学生在学习新内容时可能遇到的主要问题,确保中小幼教育

图 3-38　中学校长交流衔接
课题研究经验

衔接工作的针对性和实效性。青岛北山二路小学定期与对口幼儿园教师进行交流,为幼儿园教师讲解课程标准,使幼儿园教师明确小学阶段学生发展的总目标和低年级段的阶段目标。青岛嘉定路小学在中小衔接中注重发挥班主任的主导作用,注重提高班主任心理健康教育的能力、转变班主任工作方式方法,帮助学生顺利转变角色,提高学生的适应能力和自我管理的能力。青岛重庆路第三小学分别与四方红宇幼儿园、青岛第二十三中学等单位举行了"学法创新研讨会"、"信息技术与学科整合"研讨会,发挥各自优势,加深了对彼此教育教学情况的了解。通过各种培训、交流、研讨活动营造研究氛围,提高了教师进行中小幼教育衔接研究的自觉性、主动性,为衔接工作提供了有力的智力和环境支持。

2.激励研究热情

各学校加大教师参与衔接课题的评价激励力度,积极引导和鼓励衔接学段的教师,结合自己的研究专长,选取合适的切入点参与研究。凡是参与课题研究的教师在职称晋升以及评选各级优秀教师、区级骨干教师、教科研先进个人等方面都会优先考虑,同时有外派学习培训的机会也是优先推荐;并且实验教师在研究中所承担的任务也会依据学校的学校绩效工资实施方案记入工作量。各学校教育教学成果奖励政策中,对于实验教师论文或研究经验在区级以上会议

图 3-39　局领导观摩衔接研究课

中进行交流、在教育杂志刊物中发表的,学校将依据奖励标准予以重奖。

在承担教学任务和工作量方面核算方面,由于执教小学衔接年级的特殊情况,如区内多数学校实行一年级语文、数学包班教学的办法,教师的班级管理和教学任务相对较重;六年级教师的学生管理和教学质量压力偏大,很多学校对相关教师工作量核算酌情予以补助,做到政策上鼓励、倾斜。各学校的种种措施,不仅大大激发了教师参与研究的热情,也稳定了这支研究队伍的师资力量。

3.编撰研究成果

在实施研究的进程中,各学校及其教师在丰富的实践中不断发现衔接中的问题,积极寻求解决问题的举措,认真进行总结与反思,逐渐积累了大量的研究成果。区教科室、学校每年对研究过程资料进行整理,选取最富有成效的研究信息、研究论文、典型案例等成

果进行汇编成册,使学校、教师能看到成果,进一步激励了研究的热情和信心。

策略一:编撰课题研究信息集。教科室作为课题的直接管理部门,在日常工作中非常重视研究动态和信息的收集工作。在区教体局网站中开设专栏,在第一时间内刊发全局、学校(幼儿园)开展的各项衔接研究活动信息,并择优向媒体刊物推荐。教科室每学期汇总研究信息,编撰成册,将研究的足迹很好地记录下来。

策略二:编撰教学衔接案例集。在广大教师参与的学科衔接研究实践中,教师们依据课程标准、不同年段学生的心理特征、课堂教学实际,发现并研究了一系列学科教学中的衔接案例,特别是在英语、语文、数学、美术等学科教学中更多地涉及知识衔接的问题。各子课题学校,对这些案例进行了及时的归类、编撰,形成了丰富的教学衔接案例集。

策略三:编撰衔接论文集。近年来全区有60多篇教师撰写的有关教育衔接研究的论文在刊物发表,或参加各级经验交流,或在科研成果评选中获奖。区教科室汇总编写了《中小幼教育衔接研究论文集》,及时汇总研究成果,并通过各种渠道进行推广。有区教工一幼王朝晖、仲坤老师的《幼儿大班社会活动》,青岛四方实验小学沙莉老师的《实施与孩子们发展相适宜的教育》,青岛第二十三中学徐玉玲老师的《搭建过渡桥梁,实现中小衔接》、王彩云老师的《关注中小衔接,走好初中英语教学第一步》等一批有视角鲜明、操作性强的研究成果在全国、省级刊物相继发表。青岛四方小学《拓宽心理健康教育渠道,架设中小衔接的彩桥》、四方教工一幼《以活动为切入点的有效衔接研究初探》、青岛长沙路小学《中小幼联动,开放促衔接》等多篇研究经验在青岛市学前与小学教学衔接研究会上交流。

**(三)教师对学生的评价激励**

衔接教育的主体是学生,外部的一切工作、评价都是为学生顺利衔接服务,为促进学生和谐发展服务,因此关注对学生衔接阶段的评价激励最重要。衔接学段的学生身心正处于发育的关键时期,科学的评价激励对学生兴趣的建立、习惯的培养、自我的定位的形成等至关重要。根据不同年龄和知识水平的学生,教师的评价引导在全面性的基础上还要有所侧重。

1.幼小衔接阶段的评价

策略一:以评价激励良好习惯养成。把培养学生良好的习惯作为幼小衔接工作的重要内容,从促进学生的持续发展出发,以学生身心发展特点和教育规律为依据,以学生良好的学习习惯和行为习惯的培养为重点,找准"教与学"的结合点,以丰富多彩、生动活泼的形式,循序渐进地培养学生的各种能力,培养他们良好的行为习惯。

(1)行为习惯。对幼儿园大班和小学一年级孩子,教师要通过评价逐步激励孩子养成良好的行为习惯,如整理书包、管理自己的物品、按时入睡、在自由活动时会结伴玩耍、听指令完成任务或听老师口头通知带指定物品等,为孩子在自理能力、时间概念、任务意识、责任感、解决问题的能力、独立交往能力以及建立良好的人际关系能力等方面打下了良好的基础,减少上学时丢三落四,东拉西扯的现象,并逐渐学会管理自己,使孩子进入小学后能忙而不乱、有条不紊地生活。

(2)学习习惯。在幼小衔接阶段,教师尤其要注意以评价激励学生养成良好的学习习惯。对于刚入校的一年级学生来说,养成良好的学习习惯是非常重要的,如养成正确读写姿势的习惯,做作业认真、字迹工整的习惯,回答老师提问大胆、声音洪亮的习惯,认真听讲、仔细倾听的习惯等。因此,教师要特别注重学生在日常学习中的良好学习习惯的培养。例如,对上课爱发言的学生,这样评价:"老师很欣赏你的自信,你的发言很精彩!"对于不爱发言的学生,这样进行鼓励:"老师最希望看到的是你能经常把小手举起来!"针对个别学生上课不注意听讲,这样评价:"你看那位同学的眼睛多有精神,一直看着老师讲课,你能和他一样吗?"教师每天这样针对学生的学习习惯做适当的评价,必然会促使学生良好学习习惯的养成。

**【案例 3.49】**

## 一年级键盘的教学设计

一年级学生刚入学,面对图形化的视窗系统、直观易学的鼠标操作、键盘学习,感到那么的枯燥无味。我充分利用"斯金纳程序教学法"中的小步子原则,把枯燥无味的键盘教学为成三小步,消融键盘与学生之间的心理距离。在分步教学的过程中,我十分注重采用多元化的评价方法,让每个孩子都能获得成功的体验,让键盘学习也能使人陶醉。

第一步:游戏导入有兴趣。根据小学生好奇、好动、好玩的特点,我把键盘教学的起始新课寓于游戏中,利用《键盘方舟》软件中游戏指导学生初识键盘,每出示一个键都提示用哪个手指,敲击对了计算机会自己发出表扬的话语,敲击错了有鼓励的话语,让学生不知不觉地熟练掌握了击键要领,并初步认识了字母在键盘上分布,学生学习自然感觉轻松多了。

第二步:口诀记忆也简单。在教学时我利用儿歌先让学生找对键盘上的位置:"左手中指放在 D,右手中指放在 K,其余手指逐个放,大拇手指管空格,食指老兄本领大,一人能管两个键,左手食指管 FG,右手食指管 HJ,记住口诀很重要,键盘其实也简单。"同时,为了鼓励学生积极主动学习,我采用奖章激励的方式,为学生设计"金鹰奖""银鹰奖""雏鹰奖"等不同层次的奖励,充分激发学生的学习兴趣,提高了学习效果。

第三步:手指比拼我最棒。在进行指法练习时我采取的是竞赛的形式,利用《金山打字通》软件,组织学生每节课进行五分钟测试,比一比谁最快,最后我还给他们颁奖。在手指激烈的比拼中,学生们个个兴趣盎然,人人都想得第一。这样,极大地调动了学生学习的积极性,提高了学生的操作能力。

(青岛郑州路小学　李　君)

**【案例 3.50】**

## 老师的苦恼

记得我在准备上《100 以内数的加减法——赶海》时,根据教材精心设计了教案,用多媒体课件创设"赶海"的情境,首先展示学生赶海的图片,唤起对大海的向往;然后出示情境图,交流发现数学信息,提出数学问题。在解决第一个问题"一共捉了多少只虾"时,引导学生用估算、口算、摆学具、竖式等多种方法计算两位数加两位数。由于是第一次接触竖式,本节课重点是竖式计算,这是我准备详细讲解的知识点。在解决第一个问题后让学生用竖式计算的方法解决第二个问题,最后通过闯关练习进一步巩固这节课学习的内容。我正为自己的设计感到非常满意时,学校安排我们一年级的教师和红宇幼儿园进行小幼衔接教学研讨会,我到幼儿园通过听课发现,孩子在幼儿园已经接触到竖式计算的知识,这时我就想应该根据学生的实际情况设计教案,而不是忽略学情,自己闭门造车。回校后,我询问我班的孩子,发现我班有将近一半的孩子已经会竖式计算了。针对这种情况,我把重点讲解竖式计算改为让学生来介绍这种方法,我适时点拨。上课时,我采用新的教学设计,充分发挥学生的主动性。课堂上学生像小老师一样讲解,增强学生的自信心,收到了良好的教学效果。

这只是我教学中的点滴体会。陶行知说过,培养、教育人和种花木一样,首先要认识花木的特点,区别不同情况给以施肥、浇水和培养教育。因此,我感到小幼教育衔接非常必要,让老师们互相了解孩子的具体情况,及时调整教学方法和内容,小学教师了解孩子在幼儿园已经掌握的知识和常用的学习方法,适时调控教学内容和教学方法;幼儿园的老师及时了解小学一年级让孩子学习的知识,有的放矢地提前渗透,以免盲目拔高,加重孩子的学习负担。幼小衔接可以增强双向互动,联手促进孩子的健康发展。

(青岛重庆路第三小学　王　琳)

策略二:以评价激发学生的兴趣。工作中我们注意做好评价衔接工作,给学生营造一个民主和谐的环境。以科学发展观看待每个学生,尊重赏识每个学生是我们追求的理念。教师要给学生搭建展示才能的大舞台,采用赏识性评价和鼓励性评价,发现每个新入学学生的闪光点,用发展的眼光看待每个学生,赏识每个学生的点滴成绩,对不同学生提出不同要求,进行不同评价。对优等生要鼓励他们多探索、多创新,对后进生则要"低要求、多成功",尽量帮助每个儿童获得不同程度的成功。例如,在青岛四方小学、青岛四方实验小学等学校,低年级教师采用幼儿园常用的"代币制"方式,发放"金钥匙""小金星""小太阳"等鼓励孩子,为学生创造"自我表现""自我肯定"的机会,让学生感到"我能行""我真棒",帮助孩子树立信心,激发学习的兴趣,促进学生的全面发展。再如,幼儿园教学在玩以使用筷子为目的的"螃蟹夹豆"游戏时,为了使能力差的幼儿也能获得成功,教师在准备了硬皮球的同时,也准备了一些软皮球。结果这些幼儿夹起软球时非常高兴,因为他们也获得了成功,体验了成功的喜悦,他们的兴趣提高了、信心增强了。相反,如果教师提供的教学内容不适合幼儿的个体差异,过难或过易,就无法调动幼儿的积极性,也就难以保证幼儿在活动中的参与兴趣和主体地位。

注意评价的适当性问题,它是影响教师主导作用与儿童主体地位两者之间关系的重要因素之一。教师适当的评价能给予儿童心理上的满足,并能激发他们的内在动力,促使他们以后继续求知和探索。由于儿童之间存在着个体差异,孩子们在活动过程中操作探索的速度有快有慢,对结果认识的深度也有所不同,所以,教师在儿童的活动中要做到主动参与、积极指导,给予适当的表扬鼓励,避免他们产生不良情绪而拒绝接受新的刺激,从而失去进一步探索新知识的欲望和动机。

**【案例 3.51】**

### 实施与孩子们发展相适宜的教育

  记得在教学《0 的认识》这节课时,我创造性地运用了教材中的情境图,在黑板上画了一棵大大的树,贴满了"数字苹果"。学生们稚嫩的眼神中透漏出一丝兴奋。我会意地一笑,对他们说:"小朋友,谁想摘下你认识的'数字苹果'?"学生争先恐后地摘下"数字苹果"后,我接着引导:"树上的苹果都被你们摘下来了,你们发现树上怎么了?"一个孩子说:"树上一个苹果也没有了。"我生怕其他孩子没听见,又追问:"还有谁想说一说?"又有一个孩子认真地说:"树上一个苹果都没了。""一个苹果都没有了,我们怎么表示呢?"我故意皱着眉头装出很为难的样子看着他们,没想到话音刚落,有个孩子就举手说:"我们可以用 0 表示。""对,一个也没有,我们就可以用数字 0 表示。"孩子的回答让我感受到了"儿童不是学会数学的而是重新发现数学的"。我很高兴地表扬他会动脑、会思考,竖起大拇指说:"真棒!"奖励了他一枚小五星。作为一年级的小朋友很多方面还是和幼儿园大班孩子很像的,而且有些地方不一定要马上改变,年龄特征决定了在这个时期就是具备这样的特质——需要鼓励、需要赏识。我一边指着大树,一边小结了本节课很重要的知识点,并在黑板上很工整地写下了"0"。就像我了解的一样,部分孩子们已经认识了数字"0",同样对于其他孩子来说,"0"的出现也并不突然。在幼儿园和日常生活中耳濡目染的基础上,他们正式地认识了一个数字,理解了这个数字所表示的意思,进一步从生活中的"没有了"过渡到了数学中的"没有了"。也正如亚里士多德说的,幼小衔接是"实现感觉和直观到抽象思维的顺利转折",在经过了短短的一个月的学校学习生活后,这种对数学知识产生渴望的意识已经悄悄在孩子们的心底萌芽了。

  这只是教学案例中的一个片段,像这样的案例还有很多很多。作为经常教学一年级的老师,有许多问题值得我们思考与探讨、实践与总结。一年级——这是个幼儿园和小学的邻近教育阶段,既是幼小衔接的关键期,也有着承前启后的重要作用。正如教育家苏霍姆林斯基说的,教育——这首先是关心备至地、深思熟虑地、小心翼翼地触及年轻的心灵。也正如陈独秀的文章《新教育是什么》给我的启示:"教育是新教育,更是'心教育'。"让我们用心努力,实施与孩子们发展相适宜的教育。

(青岛四方实验小学 沙 莉)

2. 中小衔接阶段学生的评价

幼小阶段的教师在教学中注重鼓励性评价,以保护学生的学习积极性,促使学生主动乐意地参与学习。中小阶段的教师同样要注意随着学生年龄、认知水平和生活经验增加，不仅要坚持正面诱导，多找学生的闪光点，让学生品尝到成功的喜悦，还要在此基础上提出更高的学习要求，促使学生重视思维的逻辑性和周密性，答案的多样性和准确性，更多地转向学习方法的评价与指导。

策略一：引导掌握学习方法。小学和初中学习方法应有所区别。根据学生的年龄特点和教材内容的差异，小学生通常是老师课一讲完就可以动手做作业，即使有些课外作业遇到难题，大部分家长可以帮助解决。因此，学生往往产生一个错觉，认为学习就是背书、做习题，从而养成重记忆、轻理解，重做题、轻看书的不良习惯，这对学好初中课程是很不利的。作为初中一年级的老师一定要指导学生掌握科学的学习方法；应当告诉学生，必须改变小学的学习方法，而要养成课前（内）自觉预习（教师应给出提纲、指明预

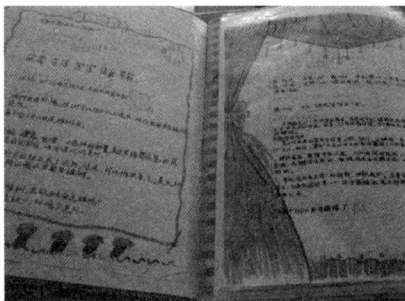

图3-40　我的预习卡

习的范围和任务要求）、作业独立思考、学会小结归纳等科学的学习方法。这些习惯和方法一定要在初一新生入学时就开始抓。

特别是在课堂的随机评价中，教师也要关注对学生学习方法的评价。课程标准指出："要在教学过程中注重对学生学习方法的指导。"因此，教师在教学实践中对学生学习方法的评价渗透着学习方法的指导。例如，"你真聪明，能想到这么多的解题方法，能找最简捷的方法吗？""你能从另一个角度寻求解决这个问题的办法，真不错！""你们小组分工合作效率大增，如果分工再合理些效率会更高！"这样的评价，既肯定了学生的优点，又指出了不足，使其明确了改进方向，可调动学生积极性，变得想学、乐学、会学，从而促进学生的主动发展。

教育家叶圣陶说："什么是教育，简单一句话就是要养成良好的习惯。"小学阶段，如果教师能使学生养成自主学习、自主思考、经常性的反思的学习习惯，会使我们的小学毕业生尽快适应中学生活并能健康成长，为其终身学习打好基础。

策略二：以评价引导学生价值观。中小衔接阶段的学生是人生观、世界观正初步形成期，也是价值观教育的关键时期。课堂教学是培养学校价值观的主渠道，每一学科都可以渗透价值观教育，所以教师应该首先注重在课堂教学中引导学生的价值观。结合教学内容，如牛顿、林则徐、詹天佑、岳飞等伟人事例，发挥榜样的力量，引导和激励学生从小树立立志成才、目标高远的理想信念，不畏困难、勤奋刻苦的意志品质，科学严谨、一丝不苟的治学态度，忠于祖国、孝敬师长的道德品质。

除了在课堂教学中，教师在学习生活中也要做时时处处做学生的楷模，言传身教，引导学生逐步形成正直、善良、诚信的道德品质，科学、高尚的审美情趣，遵纪守法、维护公德、关心集体的法制观念和集体观念，包容大度、关心他人、面对挫折不败不馁的健康心理。

# 第四章
## 教育衔接实践的途径

## 由一场官司说起

　　1968 年，美国内华达州有过一场著名的官司。一位 3 岁小女孩伊迪丝告诉妈妈她认识礼品盒上的字母"O"，是老师教的，妈妈表扬女儿之后一纸诉状把女儿所在的劳拉三世幼儿园告上法庭。因为她认为女儿以前能把"O"说成苹果、太阳、足球、鸟蛋之类的圆形东西，然而自从劳拉三世幼儿园教她识读了 26 个字母，伊迪丝便失去了这种想象的能力。她要求该幼儿园对这种后果负责，赔偿伊迪丝精神伤残费 1000 万美元。三个月后，此案在内华达州立法院开庭，这位美国孩子的母亲认为，幼儿园的老师剪掉了她女儿幻想的翅膀，造成了孩子的精神伤残，作为一位母亲，她关心的是孩子终身、未来的发展，结果劳拉三世幼儿园败诉。后来内华达州修改了《公民教育保护法》，现在美国《公民权法》也规定，幼儿在学校拥有玩的权利。

　　从这个故事可以看出，丰富的想象力，是小孩展翅高飞的羽翼，扼杀了孩子的想象力就是扼杀了孩子的创造生命，这根本不是千万美金所能赔偿得了的。正如国际著名数学家、中国科学院院士田刚所说："中国学生当前最缺乏的就是创新能力。"

　　在中国，从家庭教育到学校教育，从学前教育到中小教育，孩子应该怎样才算健康发展？我们应该如何正确进行教育？由此可见，在师生、家长和社会普遍关注的中小幼衔接时期，顺利完成三大学段的有所侧重的培养任务至关重要。研究中，我们发现把握好教育衔接实践的途径灵活多样：做好管理衔接，关注德育衔接，重视教学衔接，会为每一个孩子的健康发展和终身成长奠定良好的基础。教育衔接，我们在行动，以便让孩子的成长变得更加精彩！

# 第一节　管理衔接

我们曾对入学一个月的一年级家长和初一新生的学习适应性分别进行了问卷调查，调查结果显示100％的学生都不同程度地反映出对初中的学习方式、教师的讲课方式、教学要求、作息时间、师生关系与同学关系、学业成绩评价等的不适应；有些学生甚至出现对初中学习生活的厌烦和恐惧，表现出对自己的学习能力和学习水平不自信，以及对自己的身心健康产生怀疑等不良心理反应。因此这个学段若能够统一办学思想，实行系统管理，整体构建课程体系，综合评价学生素质，从学生终身发展的角度实施办学，学生各学段衔接就可以达到顺畅。实践中，我们从管理制度衔接、德育衔接、教学衔接三个方面探索了衔接的有效途径。

青岛市义务教育管理体制调整后，中学的管理划归到区级教育部门，为我们课题研究的有效开展提供了政策保障，促使教育部门立足衔接角度，深入探索义务教育管理体制调整后的教育资源配置问题（包括教学硬件设施的优化配置和教师人力资源的合理配置问题）、教师队伍建设问题、教育管理机构管理体系的完善等实际问题，实现最大限度地优化教育资源，不断发挥管理部门的新职能，构建较为完善的教育衔接管理体系。

田霍卿等人合著的《内耗论》提到了企业内部协调的重要性，指出对企业运作系统内部各个子系统之间的有效衔接及运作系统与企业其他功能系统之间的衔接管理研究，是一种谋求系统性的合作、协调、同步和互补的努力，良好的子系统间的衔接将极大地提高系统的整体功能和对外界的适应能力。从管理理论和管理思想的角度来看，衔接主体之间的衔接在管理复杂性研究中可以对应为各个主体之间的交互作用，系统整体的衔接效果不能仅从系统论的还原方法出发，即根据各主体行为规则来预测整体的衔接，整体行为模式不能还原为其各个主体行为，甚至各个衔接环节的处理在分离状态下都获得较好的评价，因此，必须将系统的衔接问题作为一个整体进行考察。

**图 4-1　重回母校、感念师恩的团队衔接**

## 一、校长层面——衔接的关键

基于管理理论衔接的启示，要对教育实行系统管理，整体构建课程体系，综合评价学生素质，从学生终身发展的角度考虑，首先应从管理的角度衔接各个教育主体（教育管理者、实施者、指导者以及教育受众等），使教育教学行为更为顺畅和谐。

1. 实施校际联动，实现资源共享

本着“协商自愿、双向服务、资源共享、优势互补”的原则我们成立了7个中小衔接联合体和5个幼小衔接联合体，实施一把手工程，促进了联合体学校的衔接工作。例如，青岛第二十一中学与周边青岛淮阳路小学、青岛宜阳路小学、青岛洛阳路第一小学、青岛洛阳路第二小学、青岛四流南路第一小学成立了中小衔接联合体,青岛第二十一中学周来明校长任组长,青岛洛阳路第一小学高先喜校长和青岛洛阳路第二小学袁云校长任秘书,经常组织校长层面的衔接工作研究,实施"中小学联动行动",采取联合体学校资源共享的方式,改原先为招生联合为现在的关注学生的发展的联合,为学校教育衔接工作的全面开展铺平了道路。

"校际联动"旨在发挥区素质教育实验校的作用,促进学校的内涵建设和自主发展,进而促进我区基础教育的整体发展与提高。校际联动工作作为教体局重点工作之一,在队伍建设、教学管理等立项上不断推进,区域内广大初中小学、幼儿园通过联动平台,互通信息,进一步完善校际联动的机制。目前,我区校际联动正显现出"双赢"的效果,校际联动的形式也应逐步"下沉",人员由校长、中层干部的层面逐渐扩展到教研组、备课组和具体学科的教师,联动形式也由传统的听课、评课、展示延伸到案例分析、合作行动、课题研究等。

图 4-2　中小衔接联合体学校走进社区开展文明礼仪宣讲活动

## 【案例 4.1】

### 搭建过渡桥梁　实现中小衔接

本着"沟通合作,发展共赢"的原则,我校与周边小学签订了协议书,共同启动了加强中小衔接研究的"中小学联动行动"。每年四月底,领导小组先后走进片内小学,加强与小学之间的联系,宣传汇报学校的各项工作,互相了解沟通教育教学情况,突出中小衔接的研究重点,切实提高中小衔接的实效性。

为了营造中小衔接研究氛围,我们经常组织联合体校际活动。例如,组织联合体小学六年级的学生走进中学,体验中学生活,加强学生之间的同伴教育和中小学间的教育交流。2007 年,学校组织了"中小学衔接课题研究联合体学校冬令营";2008 年 11 月,组织中小衔接联合体学校来到海伦广场开展"走进社区'微笑2008'文明礼仪宣讲活动";2007～2008 年两次在李沧区素质教育实践基地组织"联合体实验学校素质教育社会实践"活动。通过这些活动,让小学生与中学的教师、师哥师姐共同参与、共同体验,通过营造氛围制造亲切感,消除小学生对中学生活的陌生、疑虑的情绪,形成他们对中学学习生活的期待和向往,实现学生学习环境的有效衔接。

为进一步增进四方区南片中小学之间的相互了解,加强中小衔接工作的合作和交流,探讨中小学团队衔接及其他相关工作的开展,2010 年 11 月,四方区南片学校团队衔接工作座谈会在我们学校举行。7 所小学的大队辅导员从教师交流、学生交流、师生交流、家长交流等方面提出了合作建议。胡晓妍书记对此次活动予以了高度的评价,认为此次座谈务实有效,建议计划切实可行,对我区团队衔接工作起到了示范引领的作用。

为了使衔接工作常态化,各联合体学校通过长期合作,逐渐形成了以教学研究为主题的"四个一"交流制度,即:举行一次研究课,并开展评课交流活动,中学以初中一年级教学为主,小学以六年级学科教学为主;组织一次教育教学研究观摩活动;中学教师参与一次小学学科教研活动;组织一次学习方法专题讲座。

搭建交流平台,共享衔接成果。学校成功举行了青岛市初中英语学科"中小衔接"专题研讨会,集中邀请小学教师和家长走进学校,走进中学课堂,走进学生活动看初中。2007年9月,学校成功承办了第三届"四地五校"教育教学研讨会暨"中小学衔接"校长论坛,来自上海市育才初级中学、嘉兴市洪合中学、杭州市十三中教育集团、嘉兴市宿州市现代实验中学、青岛第二十三中学等五所学校的校长作了大会交流。青岛市教育局领导及四方区教体局分管领导应邀参加了本次校长论坛,对本次活动给予了充分肯定。

总之,对中小学衔接问题的研究,是我们教育教学领域内的一个重要课题,是培养合格人才的奠基工程,也是中小学共同发展、共同提高、互利双赢的有益实践。因此,我们应该以高度的工作责任感和强烈的事业心,与各小学携起手来互相合作,互相学习,共同为未成年人的教育以及健康成长创造一片蔚蓝的天空。

(青岛第二十三中学　滕伟亮)

通过联动行动,整个四方区南北区域教育已基本均衡,校际联动取得成效的原因是基于各校对衔接工作的关注和关心。我们的宗旨是寻找均衡政策的平衡点,核心指标是学生的发展,即更加以人为本,关注全体学生,关注德智体全面发展。

2. 开放教育资源,实现多维互动

开放教育资源,缘于2002年联合国教科文组织举办的"OCW应用对发展中国家高等教育的影响"论坛。大家所熟悉的MIT OCW(麻省理工学院Open Course Ware)就属于一种开放教育资源。经联合国教科文组织的强劲推动,开放教育资源现今已成为世界各国构建全民终身教育(或学习)体系、促进学习型社会建设的一项国策。

图4-3　小朋友参观学校科技活动室

自教育衔接课题研究实施以来,中学、小学、幼儿园打破各自封闭的围墙,变各自为营为开放的体系,开放校园成为常态。在青岛平安路第二小学经常可以看到幼儿园大班的孩子来参加学校的升旗仪式,参观学校的阅览室、美术室、舞蹈室等活动处室,有时一年级的综合实践课上也能看见幼儿大班孩子参与的身影。青岛第四十中学的趣味运动会上,有湖岛小学六年级的学生与初中一年级学生合作进行的游戏,各种器材更是大力地支持小学生的活动。

【案例4.2】

## 提前介入　适应环境

　　从每个学年的第二个学期开始,我校组织学校低年级教师们参观幼儿园,了解幼儿园中孩子的生活习惯、行为习惯,从而有的放矢的,采取行之有效的教学方法进行教学工作。在我校环境的布置中,我们根据一年级学生的年龄特点、生活习惯,努力给孩子们创设舒适、温馨的学习环境。教室里,走廊里,教师们通过一些富有童趣的小摆设,给孩子以"家"的感觉。每年的6月份,幼儿园的领导和教师就会带领大班的孩子到学校参加升旗仪式,参观小学校园,感知校园文化氛围,走进课堂,观看哥哥姐姐们的课堂学习,参加了课间活动,近距离地感受小学生的学习生活。幼儿园的小朋友们还参观了我校的书法、美术、微机、科技等各种专用教室。通过亲身体验,孩子们对小学生活有了真实的了解,减少了对小学的陌生感、神秘感,对小学生活充满了向往。

　　六年级的学生结束了小学阶段的生活,对中学的生活充满了憧憬和矛盾,为了打消学生和家长的顾虑,我校通过家长会和学生会,讲清政策并通过咨询等形式及时解答家长的疑问,消除家长和学生的顾虑。每年的5月份,我们都组织我校六年级毕业生到中学参观。通过听教师讲座和初中一年级学生的经验介绍,学生们初步了解了中学的生活、学习方面与小学的不同之处,为他们尽快适应中学生活、和谐衔接打下了基础。许多中学都会组织家长开放日,我们积极组织家长参与中学的活动,了解学校的情况,为下一步学生的报名做好准备。

(青岛平安路第二小学　纪玉元)

　　开放的校园,理性的教育。教育,一切为了促进孩子的健康成长,一切为了激活孩子心中那份积极的希望,一切为了创造属于教育本身的那份感动。几年来区内各学校站在"为成人做准备,为成才做准备,为祖国需要做准备"的高度,以特有的自信开放了课堂,开放了校园的每一个角落,对家长开放,对关心教育发展的所有人开放。通过开放,实现了学生、教师、家长的多维互动,多方受益。

　　3.试点"学园"计划,顺畅衔接通道

　　现代生理学、心理学、脑科学等前沿学科的研究成果为5～8岁儿童接受学校正规教育提供了新的依据。大量科学研究表明,人脑的发展是非线性的,发展进程呈波浪式,而幼儿阶段是大脑发展的关键期。特别值得注意的是,幼儿脑的内抑制自5岁起迅速发展,内抑制的发展加强了儿童心理的稳定性。另据研究,儿童在5～6岁出现第一次脑电发展加速期,脑机能呈现一次飞跃。5岁儿童的思维开始摆脱动作的束缚,能够超越时空的限制,有了一定的目的性和预

图4-4　漫步中学校园,走近中学师生

见性。5~8岁儿童脑力发展的这些显著特征,为其接受系统、连贯、有明显阶段性特点的文化知识创造了条件。

5~8岁儿童的智能发展水平也有着不同于一般年龄阶段儿童的特征。首先,5岁儿童的智能水平明显高于4岁儿童。一般来说,儿童接受教育的年龄取决于教育商数(EQ),其中重要的是儿童词汇量的增长。研究发现,5岁儿童的词汇量为2200~3000,词义逐渐明确,能基本掌握语法结构,可以自由地与人交谈。有人对幼儿园大班(5岁)和中班(4岁)儿童的游戏表演进行过对比分析,发现大班儿童有较强的任务意识,嬉戏性角色行为、无所事事行为明显少于中班儿童,能灵活运用多种表现手段,能根据自己的理解塑造角色,且具备了一定的表现技巧。而中班儿童大都缺乏游戏的目的性,需要成人一定的提示才能坚持游戏主题,在运用语言、动作、综合手段这三种方式中,中班儿童受言语表达能力的限制,其兴趣更集中于动作。5~8岁儿童的角色意识处于人生重要的发展阶段,这对儿童正确地评价自我、处理人际关系、顺利地融入社会至关重要。

瑞士和英国考虑到幼小衔接的需要,其教育机构设置的主要趋势是将学前两个年级与小学一、二年级设置在同一个环境之中,将幼儿教育与小学低年级教育结合或合并为一个教育阶段来考虑,不论从环境布置、课程设计、教师培训都以创设一个整体的、连续的、发展而协调的学习环境为中心。瑞士有26个州,各州都有自己的教育制度,日内瓦所实行的就是将学前两个年级与小学一、二年级设在一个机构中。日内瓦的"MaisonDes Detits"学前教育中心就是由学前两个年级和小学的一、二年级构成,设在一幢楼房里成为独立的教育机构。日内瓦的"Ecole DuLirron"学校分为两个部分:一部分由学前两个年级与小学一、二年级组成,另一部分是三年级至六年级,虽然都属于学校统一行政管理,但却是以小学二年级为界划分两部分管理。

5~8岁儿童为一个特定的生态系统,是因为此阶段的儿童有着特殊的生态特点,他们的精神和身体、认知和情感、想象和理智、思维和动作、内部世界和外部世界都是不可分割的一体。他们都会面临着这样一个难题——他们所遭遇的人际关系的断层、学习方式的断层、行为规范的断层,以及社会结构、生态环境的断层等,加剧了低幼衔接的困难。小学起始阶段的教学要求,漠视了处于幼儿后期儿童的生理特征。作为低幼儿童有权享有与其年龄特点相适应的教育,我们有必要将初等教育阶段幼儿园与小学教育合理的层递性和良好的过渡性问题提上议事日程,为5~8岁的低幼儿童建立一种兼具幼儿园和小学特点的新型教育机构——三年制学园。

受青岛市"十一五"教育规划中建立"学园"的启示,我区青岛实验第二小学、青岛平安路第二小学等有条件的学校将一、二年级单独安排在一栋教学楼,为他们创造一个相对独立的学习环境,同时关注幼儿后期的生理、心理特征,在学习环境布置、评价方式、教学组织模式上均有所关照,为孩子们提供真正理想的、适宜的、具有人本关怀的儿童初始教育场所。而青岛河西小学、青岛杭州路小学、青岛郑州路第二小学等,也在学校内专辟场所开办幼儿园,定期安排小学低年级教师深入幼儿大班课堂引领孩子游戏,孩子们的活动场所在学校内,受小学生学习环境的熏陶,耳濡目染,为幼小衔接建立顺畅通道。

【案例 4.3】

## 创设环境，营造氛围

尊重孩子的年龄特点和发展规律，考虑到孩子的心理需求和发展需要是我们研究的前提。幼儿园与小学要统一思想，在教育观念、心理教育、学习态度、教育方法、环境设置等方面进行有效的衔接，将研究的重点由"如何让孩子尽快适应学校的生活"转变为"幼儿园、学校采取什么措施、方法尽快适应孩子的需求"。这其中包括两层意思：首先，幼儿园需要做哪些工作来满足幼儿升入小学后的需要；另一方面，小学一年级如何改变教育教学方式，使之更符合幼儿园大班儿童的接受能力，最终完成孩子能平稳过渡到小学的目标。

创设有利于儿童自主学习的物质环境和心理环境，营造合作交流的氛围，丰富学生活动的经历和体验，有效地促进认知、情感、能力发展的三维目标的有机达成。我校组织骨干教师到幼儿园兼任英语、微机等兴趣课，让一年级教师定期到幼儿园与幼儿座谈，解答孩子们关心的问题，帮助孩子们初步了解小学生的学习生活情况和基本要求。同时，每年的"六一节"庆祝大会，邀请幼儿园全体师生和同学们一起度过，幼儿园的重大集体活动学校也要派出师生参加，加强幼儿园与学校之间的交流、沟通与合作。

建立低年级环境创设和入学培训制度。将一年级的教室布置成一个充满童趣又能体现小学学习环境的小天地，减少幼儿离开幼儿园的心理反差。注意建立融洽的师生关系和宽松、愉快的学习气氛，让幼儿感到在一个文明、安全、和谐、充满爱与尊重的良好精神环境中生活。例如，小学教师要研究幼儿的身心发展规律，注意关爱每位学生，尊重理解他们学习、生活上的个性化要求，尽可能地与每位学生交流和沟通，增强亲和力。在对孩子的学习习惯和行为规范的要求上切忌简单急躁，要循序渐进，自然养成，对孩子多些理解与宽容。加强培养幼儿的团体归属感，恰到好处地引导儿童，使他们尽快确定自己的身份；创造更多的机会让老师和新生互相认识，鼓励幼儿与其他人接触交流，培养团体归属感；利用集体活动，用活泼的形式告诉儿童自己是几年几班的学生，以后的身份就是班上的一分子，在外代表着班集体。

（青岛河西小学 李昌科）

【案例 4.4】

## 解决幼小过渡中环境条件和生活方式的衔接断层

幼儿园大班升入小学、小学六年级升入初中是教育过渡的关键时期，衔接过渡的成功与否对义务教育质量影响很大。因此，应从理论和实践两方面对三个学段的衔接教育进行探索，提高认识，摸清情况，掌握规律，使学生进入新的学习阶段后尽快适应不同级段教育、高标准实施九年制义务教育、大面积提高教育质量的现实要求。2006 年，学校牵头，家、园、校三方互动，重点解决从幼儿园到小学过渡过程中环境条件和生活方式的衔接断层，教学理念和教学方法的衔接断层，纪律和行为规范的衔接断层，人际关系的衔接断层，教学内容和期望水平的衔接断层等问题。在充分尊重幼儿心智发育水平的基础上，按照幼儿本身的自理能力、自控能力、学习能力和心理特点，通过心理暗示、提前适应、针对性训练等方式，把适应期向幼儿园端拉长，减小了衔接坡度，使得原本有些突兀的变化变成了循序渐进的过程，孩子们在不知不觉中适应了小学的环境和教学模式，从而大大缩短了入学后的适应时间，教学秩序能够很快步入正轨了。入学后孩子的发展状况普遍良好，行为习惯、学习方法、知识的掌握都轻松自如多了，孩子们的自信心普遍增强，入学即厌学或恐学的情况有了明显的改观。家长也在讲座和交流中更新了观念，改进了方法，与学校和老师的配合更自然、更默契，达到了家、园、校三方共育，帮助孩子完成幼小和谐过渡的目标，取得了孩子满意、家长满意、社会满意的效果。

学校还请来区心理健康教研员为一年级的新生上了一节特别的心理健康课。课上，老师通过游戏、谈话等多种形式对学生们进行了心理辅导，使学生能正确地对待生活中出现的问题，科学地解决心理问题，为顺利进入下一学段打好了基础。

（青岛郑州路第二小学　张淑世）

总之，5～8 岁儿童的教育问题业已成为经济发达城市义务教育"普九"和学前教育"普三"后的重要问题，"学园范式"可以因教育传统、文化差异和办学者的兴趣不同而呈现出种种不同的形态。走过了百年历程的幼儿教育和实施了更长时期的小学教育将证明，真正适宜于儿童发展的教育，一定诞生在那些被传统观念、思维惯性严重束缚的教育机构之外。

## 二、教研员层面——衔接的助推器

从某种意义上说，一个区域的教研员应该是教研文化的建设者，但如果这类人员由于在客观上占有角色位置的优势，滋生了自身的优越感，就难以回到实践的地平线上与教师对话，有时不自觉地将自己对教育教学理论的阐释与经验"毫无保留"地灌输给教师。这种自以为负责的态度客观上成为一种"学术的强加"，不同程度地影响了教师的自主发展。

图 4-5　教研员进行英语中小衔接
调查结果交流

### 1. 联手合作，有力推进

中学、小学和幼教教研员分学科联手合作，有力推进了教育衔接的深化研究。例如，中学数学教研员受邀为宜阳路小学老师进行统计与概率问题梳理分析，让小学老师进一步掌握教材编排体系，明确小学阶段知识的走向，帮助老师把握好小学生该达到的程度，为知识的衔接打好基础。其他中学英语、小学数学等教研员均组织了不同形式的衔接研究会。在衔接课题研究会上,幼教教研员为小学老师讲解幼儿教育注重综合性、趣味性、活动性,寓教育与生活、游戏之中的幼教工作目标,为小学老师了解低学段幼儿的学习历程提供了客观全面的帮助。

**【案例 4.5】**

### 一枝独秀不是春,百花齐放春满园

2008 年 10 月,省级研究课题"科学衔接高校课堂的策略研究"立项,青岛第二十三中学是最早的试点学校。后来四方区每个学校也都逐渐开始有了自己的衔接模式,与邻近小学进行挂钩,成为对口学校,如青岛第二十三中学与青岛重庆路第二小学、重庆路第三小学、四方实验小学,青岛第四十中学与青岛湖岛小学和青岛北山第二小学,青岛第二十一中学与青岛淮阳路小学,青岛第五十六中学、青岛第四十一中学与青岛宜阳路小学等。以部分中学和周边的小学为共同研究单位,立足于校本教学研究,结合本地区的学生学习实际情况,摸索出适合本地区中小学英语教学的衔接模式,实现《课程标准》要求的以学生为中心、全面发展学生语言学习的综合技能的目标,为学生的终身持续性发展打下良好的基础。

本课题研究的突破点在于真正使素质教育在义务教育阶段的英语学科实现基本和谐发展。其中,张峰老师撰写了省级课题论文《新课程·新目标——走进中小衔接》,青岛第二十三中学的王彩云和杨天子老师分别撰写了市级获奖论文《关注中小衔接,走好初中英语教学的第一步》和《体验新课程,走近新课堂》,青岛第四十中学的臧妍老师撰写了市级获奖论文《关于初中英语和小学英语衔接问题的几点反思》。四方区初中英语教研员张峰老师也深入教学一线,在四方区初中教育教学会上执教了一堂初小衔接的观摩

图 4-6 中小衔接语文专场

课;青岛第四十中学的鲁红岩老师、青岛第二十三中学的戴宗红老师、青岛第五十中学的谭永红老师分别在青岛市初中英语初小衔接现场会中进行了初小衔接课堂展示,这些课都受到了与会领导和老师们的好评。

四方区初中英语中小衔接系列活动,已经坚持了三年,在这里要感谢四方区各中小学领导的支持和肯定,感谢一直参与并辛勤工作的老师们。近期又完成了《中小衔接调查表(学生卷)和(教师卷)》的采样填写工作,数据统计工作正在进行,可以总结更多的经验指导我们的教学工作,真正把区教体局倡导的"激情课堂"落实到我们的课堂实践中来。

附:部分课题研究成果

2008 年 12 月　青岛市初中英语初小衔接现场会在青岛第二十三中学举行

2011 年 1 月　　青岛市初中英语现场会——关注差异,初小衔接在青岛第五十中学举行

2008 年 12 月　　鲁红岩　青岛第四十中学　初小衔接读写课模式研究展示课(市级公开课)

2008 年 12 月　　戴宗红　青岛第二十三中学　初小衔接复习课模式研究展示课(市级研究课)

2009 年 11 月　　张　峰　四方区初中英语教研员　教材整合、高效衔接、激情课堂示范课

2010 年 12 月　　兰月丽　青岛第五十六中学　初小衔接听说课模式研究展示课(四方区初中教育教学会)

2011 年 1 月　　谭永红　提效、增趣初小衔接展示课(市级公开课)

2008 年以来,青岛第二十一中学俞秋华、青岛第二十三中学吕岩、青岛第四十中学刘雯、青岛第四十四中学赵瑜、青岛第五十中学张艺凡、青岛第五十六中学崔树丽等 20 余位老师进行了初小衔接同课异构、送课交流及四方区初小衔接课堂展示。

　　四方区初中英语先后组织问卷调查及分析 6 次,问卷涉及师生两千余人次,英语衔接研讨会十余次。

(青岛市四方区初中英语教研员　张　峰)

2.创新模式,强力推进

"同课异构"的教研方式,可以引发参与者智慧的碰撞,可以取长补短,明显提高教育教学效果。同课异构,意思是同一节的内容,由不同教师根据自己的实际、自己的理解,自己备课并上课。由于教师的不同,所备所上的课的结构、风格,所采取的教学方法和策略各有不同,这就构成了不同内容的课。听课的教师就通过对这几节课的对比,结合其所取得的效果,找出它们的优点和不足,然后反思自己上过这节课所经历的过程,没上过的为自己准备上这堂课进行第二次备课。"同课异构"教学研讨为教师们提供了一个面对面交流互动的平台。在这个平台中,教师们共同探讨教学中的热点、难点问题,探讨教学的艺术,交流彼此的经验,共享成功的喜悦;或者,为某个未解问题冥思苦想,食不甘味,夜不能寐。多维的角度,迥异的风格,不同策略在交流中碰撞、升华,这种多层面、全方位的合作、探讨,整体提升了我区教师的教学教研水平,提高了教学质量。

课题立项以来,每年召开衔接研讨会,采用同课

图 4-7　名师同课异构活动

图 4-8　青岛重庆路第一小学的数学衔接课堂展示

异构的方式探讨衔接问题,如幼儿园老师为一年级孩子上课,他们侧重激发学生兴趣,设计学生喜闻乐见的活动场景,在游戏中学习,小学老师深受启发;中学老师为小学生上课,内容多、信息量大,更加注重传授知识的严密性和对学生思维方法、思维能力的培养。

**【案例 4.6】**

### 兴趣与沟通,衔接的开始

2010 年 11 月,我在四方区初中教育教学会上进行了衔接课堂展示——兴趣与知识有机结合的衔接,即"Unit 12　My favorite subject is science.（Section B, 1a-2c）"。

本单元的话题是谈论学生在学校学习的科目,学生喜欢的科目,喜欢科目的原因和时间,在时间的表达环节中引导星期的学习。在谈论科目的同时,学生还可以谈论自己喜欢的颜色、蔬菜、水果、向往的城市、喜欢的电影、电影明星、歌星、服装等与他们的日常生活息息相关的方方面面。这使学生有话可说,有事可说。

上课开始,通过游戏,复习学生在前面学习过的关于科目的单词,训练学生的快速反应能力。授课时,采取男女同学进行游戏比赛的形式,可以很好地激发学生主动参与的意识,能够提高学生的兴趣和积极性。同时,顺理成章地过渡到本节课要学习的新单词,生物。

作为一名英语教师,激发学生学习英语的兴趣和积极性是一个永恒的话题。在本课的设计中,我总共运用了三个游戏,学生可以通过抢答的方式参与,并且让男女同学进行竞赛。题目设置难易结合,这样,就很好地调动了学生的积极性。在课堂上,所有的学生都有发言的机会,这就给那些学习有困难的学生很大的鼓励。三个游戏是单独的,又是一个整体。每个游戏结束后,教师都会进行总结和鼓励,这样,在上一个游戏中输掉的学生就会更加积极主动地参与到下个游戏中,可以很好地提高课堂的听讲效率。

另外,我还巧用形成性评价,激发学生的学习热情。课堂上学生有勇气举手发言本身就值得肯定,因此我们要善于发现学生的闪光点,及时将我们的肯定和赞美送到学生那忐忑的心里,使学生获得成就感,增强自信心,为后面的学习做好铺垫。总之,注重培养学生英语学习的兴趣,做好教学衔接才有可能。

（青岛第五十六中学　蓝月丽）

更新教育理念,创新管理模式,强力推进课程改革,全面提升教育教学质量是新时期对教师的要求。"你有一个苹果,我有一个苹果,交换后每人还是一个苹果;你有一种思想,我有一种思想,交换后每人有两种思想"。

图 4-9　青岛第二十三中学吕岩老师为六年级学生上英语

### 三、教师层面——衔接的主力军

**1.发挥名师效应**

师因其学识而名,名因其品德而师。作为名师,不仅要有高尚的师德、渊博的学识、扎实的教学功底、精湛的教学艺术、出众的教学业绩,还要有一份激情,有一份信念与坚持,志存高远,不懈追求。名师不一定面面精彩,但必有一个或几个方面出彩。用最初的心情做永远的事业,以名师成长为例,结合自身教学实际谈老师成长、课改经验、班级管理等,和大家一起分享他们的成长历程,有艰辛也有收获,

**图4-10 全国模范教师吴乐琴为小学老师作报告**

有付出也有喜悦,最为重要的是,他们不断进行自身学习,不断进行自我反思,不断增强职业认同感和使命感,不断提升人生目标,并在追求目标的过程中享受职业幸福感,他们的成长经验对我们每一位教师的专业发展都具有启发和借鉴意义。

为充分发挥名师的辐射带动作用,让更多教师共享区域内的优质资源,中学教师吴乐琴经常深入小学,为老师们作讲座。四方名师韩英成立了工作室,打破学段界限,为中学和小学的名师培养人选。中学名师刘德明深入小学,为小学生上美术课,指导小学英语教师将绘画用在英语课堂上,使中学的名师效应得以充分发挥,辐射到小学。

**【案例4.7】**

### 品味与感悟吴老师的幸福人生

作为一名小学语文教师,平日很少有机会面对初中的孩子,也自然不了解他们的学习现状与初中语文教师的教学情况。自从参加了衔接课题研究,加上听青岛第二十一中学吴乐琴老师的报告,使我对以上两个问题有了深刻的认识与理解。

吴老师在报告中说:"三十多年来,我一直工作在教育教学第一线,为了提高语文教学质量,我阅读了大量的理论书籍,写了30多万字的读书笔记。在长期的语文教学实践中,我总结出了'三板块,五环节'教学法。三板块即'导,学,练'。五环节即'精心导入'、'整体感知'、'研读赏析'、'体验反思'、'拓展延伸'。我创设了绿色大阅读等系列辅助性教学活动,提高了学生的综合素质。我利用第二课堂开设的'古典文学之最'、'现代文学精粹'、'中西文学比较'、'世界文学之窗'等专题讲座场场爆满。学生初中三年平均阅读名著100多部,每人写出读书笔记20多万字。这一切的一切使我懂得,教师自有他的价值丰碑,这丰碑不是建立在大地上,而是建立在学生心中。人们常说,教师是蜡烛,照亮的是别人;而我认为,教师更像火炬,熊熊燃烧中有学生的光焰。这些年来,学生们已经融

进了我的生命,成为我生命中不可缺的部分。用生命碰撞生命,用激情碰撞激情,我深深地爱着他们,真诚地感谢他们。正是因为有了他们,我的生命才会像今天这样多彩,这样灿烂!"

　　通过吴老师的报告,我真切地感受到一个教师的幸福。很多幸福的感觉在听报告时油然而生:爱是双方面的,你爱学生,学生也爱你。其实,每个孩子,不论年龄大小,都懂得分辨你对他的爱是不是发自内心的,当他感受到你的爱时,他会从心底里佩服你、喜欢你、听你的话。吴老师有一个理论,想来很有道理:当你发现学生撒谎时,犯错时,你直接批评他,你们俩其实就扯平了,所以他不会觉得自己错;有些错误要靠孩子自己感受到,自己产生改错的需求,才能真正地改。习惯的养成总会有一个反复的过程,不要指望你有本事能在训练一两次之后,学生就会马上改变,要有耐心,要循序渐进,要在不同的阶段采用不同的方式帮助他们。从吴老师的言谈中,我深深地感受到了她对教育事业的无限热爱,对学生们的无限关怀。几十年来,日复一日,年复一年,吴老师克服了种种困难和压力,一直坚守着做教师的信念走到今天,实在让人感到敬佩。吴老师的经历对我们青年教师有着很深刻的教育意义。童心永存方为师。把孩子当成朋友,用心对待,就会换来他们的认可。我会永远记得吴老师的一句话:只要有心,一切皆有可能!

　　良好的开端,成功的一半,吴老师的报告也为我指明了前进的方向。随着衔接教研活动的深入开展,语文组的老师们在重视实现中小幼衔接良好过渡的同时,还将更扎实、有效地将"面向全体,把握底线"这一教学宗旨落到实处。

(青岛鞍山二路小学　徐晓梅)

　　一个个鲜活的案例使教师们对教育有了更深的感悟,同时深深地领悟到教师成长的秘诀即是:丰厚的知识储备＋丰富的实践经验＋丰足的总结反思＝成功。通过名师的引领,必将促进每一位教师更好地理解、实践我区倡导的"激情课堂"的内涵,引发对自己课堂教学的反思,打造教师独特的激情课堂,尽享师生的幸福人生,提升区域教育教学的整体水平。

　　2. 重视校本教研

　　本课题研究为实现"上下联动、城乡联动、校校联动、人人联动",主要目的在于以教师发展的和谐共进促进四方教育的均衡发展。通过课题研究实现教研工作课题化、课题研究工作化、教师研修主题化,真正实现教师研修机构与学校、教师、学生形成有效的互动,教研员、教师、校长在行动中研修,在研修中行动,在行动中发展。为使中学、小学、幼儿园三段一体有效衔接,青岛鞍山二路小学与青岛市四方区东港幼儿园、青岛第二十三中学开展了校际联动行动,六年级、初中一年级老师交流、一年级老师与幼儿园老师互动,共同研究新课程教学方式以及教学方法的衔接,了解各学段学生学习方式的异同,就不同课堂的教学模式、教学方法、课堂容量等问题进行深入探讨。

【案例 4.8】

## 关注中小衔接,走好初中英语教学的第一步

2006 年在市教育局、区教体局领导的指导下,我校与周边 9 所小学一起初步启动了中小学衔接"联动行动"。在长期的教学实践中我们体会到,中小学生不同的认知差异、思维方式决定了他们在学习方式和学习习惯、学习能力等方面都存在着差异,也决定了中小学教师在教育教学方式方法以及知识认知规律方面也存在一定的差异,而要使这种差异变小,使中小学平稳过渡和顺利衔接,中小学教师担负着共同的责任。我们英语学科的研究分为两个阶段:一是追根溯源达共识;二是切磋交流求实效。

通过查找问题、分析原因、预设效果的方式达成对中小衔接活动的共识。为了了解初一新生在语言技能、语言知识、情感态度、学习策略及文化意识这五方面是否能得到全面发展,我们在学生入校一个多月后通过和学生交流、与初一的教师和学生家长进行沟通、进行学段质量调研等方式对初中一年级学生进行了调查。其结果是小学生升入初中以后,在情感态度、学习策略和文化意识上衔接得较好,但是在语言知识和技能方面存在着一些问题。在调查访谈中发现,从课标出发,小学英语教学强调以听导读、听说并进,小学教师根据学生的年龄特点采用直观的教学方法,如运用一些实物、幻灯片、课件、直观教具等,学生通过这些直观的感受,得到感性认识。到了中学,教学方式虽然也是以学生为主体,但是由于升学的压力,再加上教材本身容量突增,因此,在课堂上教师讲授的比例还是较小学有很大增加。面对这一改变,学生变得无所适从。学生升入初中后,感性认识向理性认识过渡,逻辑思维形成,记忆力也有所加强,"听说读写"四技并重的基础上,以读写为主。于是,教师选用的教学方法让学生感到没有那么生动活泼,中小学的教学方法之间是缺少衔接和过渡的。

**图 4-11    青岛四方区实验小学吴青老师和青岛第二十三中学王彩云老师同上一节课**

通过座谈、交换上课等多种形式积极主动与周边的小学进行教学衔接,实施课程教学的有效策略。通过半个多学期的观察与切身体会,学生在小学养成的某些习惯还是可以得到认可的,但是也发现有些应该具备的英语学习习惯没有养成,例如,学生课前预习,课内认真听课和做笔记,积极思考,积极提问的习惯;

课后整理笔记,完成家庭作业,书写规范的习惯;及时复习,巩固提高的习惯;早上朗读,晚上默读的习惯;课前找出问题,课内提出问题、讨论问题、分析问题,课后思考问题和独立解决问题的习惯;培养学生发现语法规则,独立归纳语法规则,自觉运用语法规则进行真实情景下的言语交流的习惯。

座谈时,片内几所小学的老师对我们提出的问题给予了合理的解答,同时也向我们表明了他们在教学中的一些困惑。在我们多次交流、交换意见之后,达成共识:在差异的基础上找到平衡点;培养学生有效的学习方式;中小学校之间应建立起协调、合作的伙伴关系,"走进对方",加强交流与联系。

学校为我们和小学教师建立了一个交流的平台。我们不再埋头自己的工作,只按照课标或考试要求完成自己的教学任务了。小学到底要教到什么程度,我们中学教师有了初步了解;小学课标要求掌握哪些内容,中学教师也清楚了。中学需要哪些知识做铺垫,小学教师当然也明白了。刚进入初中的孩子我们应该从哪些方面多加关注也找到了规律。这些活动的开展也让学生感到初中老师离他们很近、很亲切,学生适应中学生活的时间缩短了,畏惧心理解除了,增强了师生间的教和学的默契和信任。我们相信,只要我们重视了衔接和过渡工作,并辅之以有效途径和方法,将之落到实处,就可避免无效劳动,使学生很快适应初中的教学并从中获益。

(青岛第二十三中学　王彩云)

### 3. 加强教师合作

课题研究密切了中学、小学、幼儿园教师的合作关系,不同学段教师的互相学习、交流在我区已经成为习惯,定期的例会制度、不定期的联合活动,使大家产生了合作共事的愉悦感;在合作中进行了面对面的交流沟通,彼此增加了信任感,形成了中小幼教育合力。例如,一年级教师主动请教幼儿园教师,深入幼儿园参与大班幼儿日常活动,学习有关幼教知识,教学设计注重符合幼儿年龄特点,采取多种手段激发学生兴趣。

图 4-12　青岛人民路第二小学教师与青岛市四方区人民路幼儿园教师交流小幼衔接工作资料和心得

【案例 4.9】

落实三维　幼小衔接

做好幼小衔接,不但在教育方法、形式上要逐步靠拢,在学习内容上也要搞好衔接,使之过渡衔接得合理、科学。对此,我们在实践中做了一些小小的尝试。

巧用态势语言,关注儿童情感。低年级的学生刚跨出幼儿园来到小学进行有规律的学习,上课时注意力持续时间短,注意力易分散,情感的发展也还处在易受外界感染的阶段。为了提高学生学习的注意力,有效组织课堂教学,在数学教学中应充分发挥态势语言作用,以饱满的热情来感染学生,以简明的手势、抑扬顿挫的讲解来吸引学生,调整学生学习情感,激发学生学习的兴趣;可通过约定的态势提高数学的趣味和教学的节奏,如在讨论、操作等分组活动中,教师用有节奏的拍手来暗示学生停止手中的活动,学生也立即回应有节奏的拍手来回归座位正常状态,自然地进入下一轮的学习。

整合学习内容,关注知识目标。幼儿园教学内容包括分类、排序、量的比较;1~20数的认识;相邻数、序数、单双数;10以内数的组成;加减运算,20以内数的不进位加法、不退位减法;口头应用题教学;认识几何形体,时钟,等分;认识人民币,等等。小学一年级数学教学内容中包括:1~20以内的基数、序数、相邻数、单双数、数的组成;20以内数的进位加法,退位减法;100以内数的认识、加法、减法;分类;初步统计,等等。从教材内容来看,幼小教材存在着数学知识重复现象,低年级段数学老师教课时往往出现这样两种情况:一是教师人为拔高要求,这在很大程度上造成了部分儿童对学习数学失去了信心;二是教师过多地"炒冷饭",这样又使儿童对知识失去了新鲜感,以至于上课注意力不集中,为教学带来了一定的困难。

幼儿园所学的内容是与幼儿生活紧密相关的浅显知识,借助这些浅显知识达到发展幼儿的心理能力的目的。小学的数学内容是成体系的学科知识,确切地说,是以符号为媒介的学科知识,它的抽象水平相对较高,与学生的生活有一段距离,这种学习内容只有当学习者具有一定的抽象、概括能力时才能理解和接受。因此,在教学方面必须做好直观的图示运算向抽象的数学运算的过渡。例如,在分类与计算教学中,先教师引导,后儿童独立操作,先易后难;通过分类训练,帮助儿童构建一个整体与部分之间的分与合的思维结构。在掌握分类关系的同时,初步渗透连续再分的思想、分合可逆的思想、逻辑排除的思想,有意识地培养儿童进行归纳推理和演绎推理的初步思维能力。在教学中逐步做到实物分类操作、图示分类操作、数的分解组成操作。对数的计算之间的内在逻辑联系,建立数的分解组成与相应的计算之间的双向联系。

从儿童身心发展上看,从学前班进入小学是儿童身心发展的过渡期。这个时期的儿童保留了幼儿的某些特征,又拥有学龄期刚刚出现的某些特征。小学低年级的学生更多地关注"有趣、好玩、新奇"的事物。因此,学习素材的选取与呈现以及学习活动的安排都应当充分考虑到学生的实际生活背景和趣味性(玩具、故事等),使他们感觉到学习数学是一件有意思的事情,从而愿意接近数学。平时上课时,可设计多种游戏活动,如起立报数以复习基数、序数,小棒猜数以复习数的组成,送小动物回家以复习口算,套圈游戏学习小小统计等,将课间活动与数学活动整合起来,体现"做数学"的理念;让学生收集信息、组织信息、处理信息,并有意识地渗透统计思想、比多少的问题意识,拓展了学生"玩"的学习资源,使学生有玩中学、玩中思、玩中悟、玩中乐的情感体验。

小学一年级是了解生活、学习知识的最初阶段,是整个小学教育的基础。搞好幼小衔接,有利于提高学生学习数学的兴趣,培养学习数学的主动性,发展学生的思维,这对孩子今后的学习、发展将会产生深远的影响。

(青岛重庆路第一小学　李　蔚)

皮亚杰说过,"有关教育和教学问题中,没有一个问题不是和师资培养有联系的,如果没有合格的教师,任何伟大的改革也势必在实践中失败"。因此我们认为,中小学教师必须自觉地熟悉彼此的教材和课程标准,做到心中有数,以便使新旧知识自然地融会贯通,通过互换上课、同课异构、座谈沙龙等形式加强教师间的合作与交流,建立起协调的伙伴关系。

# 第二节　德育衔接

少年儿童在不同年龄阶段上的认知能力、生理心理状况和社会适应能力各有特点。这就决定了包括德育在内的教育是分阶段进行的,不同教育阶段应有各自的教育内容,所以中小幼德育既要各有不同特点,又要能相互衔接。所谓中小幼德育衔接,主要是指三个学段的德育工作开展,从目标、内容、方法、测评等指标上能够形成一个有机结合的整体,使之既要体现中小幼德育的整体性、系统性、层次性,又要体现连续性和发展性,以增强德育的实效。我们按照"纵向衔接,横向贯通,分层递进,螺旋上升"的思路,整体构建中小幼德育衔接体系。纵向衔接指中小幼学段特点之间的衔接;横向贯通指德育目标、内容、途径、方法、评价的贯通;分层递进指分层次、有步骤地引导学生脚踏实地从基本的道德要求向较高的道德水准迈进;螺旋上升指尊重学生的主体地位和成长规律,引领学生在活动体验中形成良好的品德。

## 一、衔接的起点:德育目标纵向衔接,德育内容横向贯通

我们将三个学段的德育目标和内容有机衔接,体现衔接的一致性和连续性,培养学生的良好行为习惯,形成健全的人格,树立正确的人生观。我们根据不同教育阶段学生的身心特点、思想实际和理解接受能力,参照各级教育部门要求,准确设定德育目标和内容,有针对性地进行教育和引导,使德育衔接更具科学性,更好地促进各学段学生的全面健康成长。

表 4-1　中小幼德育目标及德育内容

| 学段 | 德育目标 | 德育内容 |
|---|---|---|
| 幼儿园 | 体验、爱护自然界中一切美好的东西;尊重他人,富于同情心;爱家乡、爱集体;有责任意识;爱护自己,热爱生活;体察他人和调控自我的情感 | 培养意志力及认真、细致的工作态度;初步养成基本文明习惯和行为规范的教育;初步的核心价值观教育;初步的集体主义和爱国主义教育 |

（续表）

| 学段 | 德育目标 | 德育内容 |
|---|---|---|
| 小　学 | 树立爱祖国、爱人民、爱劳动、爱科学、爱社会主义的良好品德和文明行为习惯；养成良好的意志、品格和性格；具备自理自立、帮助别人、为集体服务和辨别是非的能力 | 进行热爱祖国、热爱集体、热爱劳动的教育；倡导热爱科学、文明守纪的教育；具有良好的意志、品格教育；民主与法制观念的启蒙教育；辩证唯物主义观点的启蒙教育 |
| 中　学 | 初步树立公民国家观念、道德观念、法制观念；遵纪守法，具有自尊自爱、诚实正直、积极进取、不怕困难等心理品质和一定分辨是非、抵制不良影响能力 | 具有良好道德品质、劳动习惯和文明行为；进行爱国主义、集体主义、社会主义教育；重视人生观、世界观和价值观教育；有良好个性心理品质教育 |

目前，中小幼各学段的德育内容较为丰富复杂，三大学段之间既有彼此的延续，又有各自的不同。

从生活节奏上看，幼儿园每天接送较随意，节奏相对宽松灵活自由，环境温馨，充满童趣，集体教学时间 1 小时左右，游戏活动时间 2 小时左右，定时午睡时间 2 小时左右；小学和中学在校时间长了，到校则需按规定不迟到，不能随意请假，集体教学时间是幼儿园的三四倍，不再有午睡的安排，学习节奏更加紧凑了，学习氛围和教室环境易给学生紧张感，需要学生能自觉主动地完成学习任务。

从教学形式上看，幼儿园每次集体教学时间最长不超过 30 分钟，以游戏为主，强调幼儿的动手操作，在玩中积累经验，增长知识，非正规学习；小学和中学每次集体教学时间为 40 分钟，以学习为主，要严格按照课程标准进行教学，教师要按照教育计划严格实施班级授课制，课堂教学关注学生的学习过程和结果，学生学习正规，每一个具体的时间都有具体的事情，每一个环节学生都要去参与。

从教学内容上看，幼儿园以生动、形象的形式向幼儿传授粗浅的知识；小学和中学教学抽象、严谨，具体传授系统的知识。随着年级的增高，课程内容增多，学习难度加大，学习时间延长，学生在书中根本找不到现成的答案，依据不同的认知水平，学生层面极易造成两极分化。

从师生关系上看，幼儿园每班是两教一保配备，每时每刻都有一位教师、一位保育员伴随左右，随时解决幼儿的困难，孩子的依赖性较强，因为没有硬性的要求和考核，家长和教师比较宽容，孩子即使表现得弱一点、落后点也没关系；小学和中学则是一个班五六位任课教师，一节课一轮换，课间往往自由活动，教师不会每时每刻都跟随左右，学生需要自理和自立，有时家长和教师对学生的综合表现会不满意、不认可甚至批评责罚。

从教育目的上看，幼儿教育属于非义务教育，没有考查测试的要求；小学和初中则属于国家义务教育范畴，具有一定的强制性，学校通过各种考查，检测学生是否达到相应技能水平，并根据学生的学业状况考虑未来的发展目标。

从评价标准上看，幼儿园时，家长和教师只要求其吃好、睡好，简单了解或初步掌握一定的知识或能力即可；小学和中学则要求每天按要求完成一定数量的作业，家长和教师对孩子的期望值较高。

综上所述,从学前进入小学、从小学进入中学学习,每一个孩子都将面临着阶段性的变化。从儿童身心发展规律来看,学前向学龄、小学向中学发展的过渡时期,既存在连续性,又具有阶段性。在此期间,每一个孩子面临的不仅仅是学习环境的转变,也包括教师、朋友、行为规范、学习方式与角色期望等因素的变化,掌握不了这一阶段教育的规律性,就会出现种种"衔接"的问题。

## 二、衔接的关键:德育途径多样化——优化拓展,分层递进

实施中小幼德育衔接的主要途径灵活多样,主要通过各科课堂教学、校级班级工作、团队教育活动、各类特色平台、家校畅通工作和校外实践体验等渠道,发挥各自的独特作用,互相配合形成合力,创设良好的教育环境,共同完成德育任务。在实施德育衔接的过程中,通过不同学段的学生共同参加,共同活动,共同学习,共同体验,建立同伴互助的环境,从而达到顺畅衔接的目的。

1. 开展德育工作途径之一:建立有效管理机制,重视课堂教育渗透

(1)完善科研管理网络点。实践中,各校校(园)长全面负责推进"中小幼教育衔接"工作,成立"中小幼教育衔接领导小组",坚持以校(园)长为组长整体部署,定期学习新理念和新思想,以德育主任、大队辅导员、一年级和六年级班主任组成的"中小幼工作咨询小组",充分实现"中小幼衔接"教育的全员管理、全面管理、全程管理。在此基础上,区级领导重视发挥"校际联合体"的作用,鼓励各校本着"协商自愿,双向服务,资源共享,优势互补"的原则,积极与邻近的幼儿园、小学和中学结对,通过签订协议书,加强"中小幼联动"工作,共同探讨分析开展此课题研究的重点及难点,结合各校的实际情况,反复修改和论证研究方案。每年四月底,各校领导小组都会走进片内幼儿园、小学和中学,加强校际之间的联系,宣传汇报学校的各项工作,互相了解沟通教育教学情况,切实提高中小幼衔接的实效性。

(2)认识各学段衔接特点。研究中,理论学习至关重要。研究者只有掌握了现代教育理论,转变陈旧的教育观念,才能开拓出全新的研究领域。据此,各校积极开展校本培训,让每一位教师充分认识中小幼德育衔接的不同特色。具体做法有:第一,提前熟悉介入,组织培训。每个学年的第二个学期开始,各校都会组织学校低年级教师参观幼儿园,了解幼儿园中孩子们的生活习惯、行为习惯,从而有的放矢的,采取行之有效的教学方法开展工作。第二,了解衔接手册,有效指导。为了帮助教师们第一时间全方位了解中小幼的学习生活,各校课题组将汲取学生、教师、家长三个层面的衔接经验,编写成实用性强、有针对性、各有特色的《学校衔接工作指导手册》,主要就新生入学准备、新生教师培训、新生家长指导等方面给予有效帮助。第三,三段相互学习,了解现状。为了使中小幼科任教师更直观、更深入地了解不同学段教育的现状,我区积极开展行之有效的教育衔接活动:中学和小学相互邀请对方教师来校参加课题培训、研讨;开展原六年级班主任和现任初一班主任的双向交流;开展校际之间的学生联谊活动,等等。一直以来,借助这些形式多样的"校际交流",及时解答了教师们在教学中的困惑,具体阐述了三段间学科衔接的具体方法,从而为每一个少年儿童顺利适应小学、中学的学习生活搭建起一座桥梁。

(3)创设学习方式过渡点。教育中,教师能够正确认识中小幼过渡期中"玩与学"的关系,力求把单调的课堂授课方式转变为组织课外活动和游戏引入课堂。例如,小学语文学

科方面,教师努力营造快乐识字的氛围,促使学生爱识字,建立识字盒、识字卡,给学生展示、交流的空间,采用儿童喜闻乐见的编故事记字、编儿歌记字,利用生活经验记字,收到了良好的效果。小学品德与生活课上,教师遵循学生的认知规律,注重对学生已有经验的积累和运用。在执教《校园里转一转》一课时,教师一边带领学生参观校园环境,一边让学生思考学校和幼儿园有哪些不同,从而使学生从感官上了解二者的区别,进而认识自己新的角色,培养良好的行为习惯。再如,英语学科进行"我来做英语小老师"活动,让学过英语的学生做老师,体验成功;艺术学科则把音符卡片贴到显眼的地方,让学生在不知不觉中进行美的教育;数学学科紧密结合幼儿园的活动形式,进行"数字在我身边"、"数字知多少"等活动。通过丰富多彩的学习活动,提高学习兴趣,降低学习难度,加强了中小幼"断层期"的平稳过渡,克服了"陡坎效应"所带来的适应障碍问题。

2. 开展德育工作途径之二:细化常规管理工作,加强主题教育活动

(1)入学平台衔接——适应新的教育环境。我区注重营造校园和班级的温馨氛围,利用各种有效途径,为每一个孩子的入学提供有效保障。幼小衔接学段,低年级教室的环境布置注重与幼儿园衔接,力求让教室的每一面墙壁"说话",借助开设科学角、自然角、养殖角、美工角等,增加活动区角的趣味性,减缓学生入小学的紧张心情,营造宽松、愉快的学习气氛,使幼儿尽快适应小学的班级生活;中小衔接学段,积极组织六年级毕业生观摩初中学生的日常学习生活,通过与师哥、师姐的互动沟通和参与体验,消除小学生对中学生活的陌生、疑虑和恐惧,帮助孩子尽快适应新环境的学习生活,有效落实"迈好中学第一步"的教育与管理,实现学生学习环境的有效衔接。与此同时,各校还会在新学期伊始,下发《入学欢迎卡》,邀请学生家长来校和新生一起听课和参加活动,激发孩子们对学习新环境的喜爱之情。

【案例 4.10】

### 登门"拜访",提前"沟通"

又到了一年一度新生报名的时间,7月10日、11日我校变"坐在学校等学生入学报名"为"主动上门为学生和家长服务"。一大早,我和几位青年教师铆足干劲儿,为学校服务区范围内的每一名小学适龄儿童送上了《入学欢迎卡》。可别小看这张卡片,上面既有对小朋友热情洋溢的话语,又有需要告知家长们的报名事项。

在登门"拜访"的过程中,一对6岁的双胞胎男孩给我留下了深刻的印象。拿到《入学欢迎卡》的弟弟,歪着好奇的小脑袋问我:"阿姨好,这张卡片以后天天上学都要带?"一旁的妈妈笑着说:"宝贝,应该叫老师好,这张卡片是

图 4-13 我拿到入学欢迎卡了
摘自 2010 年 6 月 30 日《都市便民报》

学校给的。"话还没有说完，"我知道，我知道，这叫《? 学?? 卡》，这几个字是：小朋友，你?? 6 岁了，?? 成为一名学生来了，学校?? 你来? 名……"哥哥的回答把我们在场的大人们都逗乐了，我不禁蹲下身子摸摸小家伙的脑袋，笑着说："你可真棒，还没有上学就认识这么多字啦！这是学校送给你和弟弟的《入学欢迎卡》，老师欢迎你来报名！喜欢上学吗？""当然了！"两个小家伙异口同声喊道，"妈妈，我们明天就要上学！快领我们买书包去吧。"

　　提前"沟通"的入学平台，让孩子们第一时间感受到教师的可爱可亲，深受入学儿童的喜爱。小小的《入学欢迎卡》，既激发了孩子们对学校生活的美好向往，又让家长们对入学应知事项一目了然，用处可真不小啊！

（青岛杭州路小学　关　珍）

　　(2)兴趣爱好衔接——适应新的人际关系。"初"比"小"，"小"比"幼"，最大的区别是学科增多了，内容加深了，每门学科分别由不同的教师教学，这就要求学生有较为广阔的学习兴趣，有较强的学习能力，能适应每个教师的特点。为此，首先应扩大学生与他人之间的接触面，促进生生之间、师生之间的相互了解和班集体的形成；其次应帮助学生增强对班集体的责任感和荣誉感，以适应班集体对他们提出的更高要求。为此，全区各校积极进行调查与研究，将了解到的学生的兴趣发展情况与学校的办学特色及校本课程的开发相结合，把培养学生的兴趣爱好作为切入点，通过开展丰富多彩的活动与幼儿园、中学密切联系，使学生的兴趣特长得到了更好地发挥，发展了学生的心智，激发了学生的潜能。

【案例 4.11】

### 幸福的一年级娃

　　在青岛平安路第二小学的课堂上，200 多名新生开始了他们的"第一堂课"。瞧，课前的几分钟里，教室里非常乱，新生们由于刚刚进入一个新的环境，显得异常兴奋，彼此热烈地讨论着，有的学生甚至相互打闹起来。班主任姜老师发现这种情形后，耐心教导大家说："谁要是老老实实坐好，不再大声讲话就给谁发一枚小奖章作为奖励。"新生们听到此番话后，立刻按姜老师教的坐姿规规矩矩地坐好了。"既然小朋友们刚刚相互交流得这么热情，我们就每个人来一个自我介绍，让大家认识一下，记住你的名字，好吗？"姜老

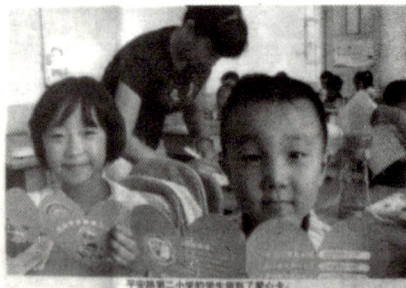

图 4-14　我的第一堂课
摘自 2009 年 9 月 1 日《半岛都市报》

师因势利导，每一个孩子都激动地"自报家门"，热情地和师生们打着招呼。瞧，学生刘某在自我介绍之后，声情并茂地朗诵起了苏轼的《念奴娇·赤壁怀古》，在得到新同学的掌声后又主动"附赠"了一首《满江红》；学生张某报上"大名"后，竟然连同好伙伴杨某耍了一套跆拳道，两个小家伙不光动作流畅，而且配合默契。

"第一堂课"的 40 分钟里,孩子们熟悉着小伙伴,认识了新老师,一直到下课也没再出现乱闹的现象。

在课堂上,姜老师还给新生每人发了一张学校准备的《爱心卡》。这些爱心卡上面记着班主任的联系方式和一些温馨提示,有效拉近了师生间的距离。

(见 2009 年 9 月 1 日《半岛都市报》A6 版)

(3)自主管理衔接——适应新的学习模式。在中小幼德育衔接中,各校一方面注意从一年级学生的身心特点出发,在教学中结合教学内容,设计组织多样性、趣味性的活动,如竞赛游戏、角色游戏、表演、操作、情境教学等,以调动学生学习的积极性、主动性和创造性,促进学生情感、态度、价值观的形成,从而使学生对学校生活产生浓厚的兴趣,促进学生的发展;另一方面注重让中高年级的教师及时地了解并掌握了初中的课程标准和教育目标,在传授知识的同时,注意学生能力的培养,充分发挥学生的主体精神,给学生充分的自由度和鼓励,调动学生学习的积极性。例如,对幼儿园大班孩子生活能力的培养包括整理书包,管理自己的物品,准时上幼儿园,按时入睡,在自由活动时会结伴玩耍,听指令完成任务或听老师口头通知带指定物品等,使孩子在自理自立、时间概念、任务意识、解决问题、独立交往以及建立良好的人际关系等能力方面打下良好的基础,减少初上小学时丢三落四,东拉西扯的现象,并逐渐学会管理自己,使孩子进入小学后能忙而不乱、有条不紊地生活。

**【案例 4.12】**

### 家有小女初长成

"妈妈,书包我自己来整理吧!"女儿的话,让我停了手,原来要我叫好几遍也不愿自己动手整理东西的孩子,今天这是怎么了?"老师让我们自己学习整理书包,明天还要进行比赛呢,以后能天天坚持的小朋友,老师说奖励五星!"老师的话成了孩子最大的动力。升入大班后,孩子的竞赛意识强了,经常愿意在家里和爸爸妈妈进行比赛,平时总赖着让我给她收拾东西,这会儿自己全身都是劲儿。呈现在孩子面前的各类学习用品显得有些"乱",分类、整理,忙而不乱,一眨眼

图 4-15　整理书包比赛精彩纷呈

儿功夫,桌上的各类学习用品都被孩子整整齐齐地收拾在心爱的书包里,嘴巴还振振有词地说:"我就要当小学生了,以后这样的小事,都自己做。妈妈,你还有什么事需要我帮忙吗?"看着她神气十足的样子,俨然像个小学生的模样。

第二天接孩子时,见到我的第一件事就是兴高采烈地汇报了整理书包取得"第一名"的事情,高高举起了贴在手背上的五星给我看。映着夕阳,伴着孩子的笑脸,感觉眼前仿佛绽开了两朵花。

整理书包看起来是个小事,但也充分体现了即将跨入小学校门孩子的能力

发展情况和实际需要。入学前,老师和家长不但要为孩子做好参与学习活动有关的能力准备,还要培养孩子对小学的适应能力及对小学生生活的期望。"整理书包比赛"作为幼儿园、小学衔接的一个精彩内容,不仅让女儿了解到整理书包的重要性,懂得了自己的事情自己做,而且提高了她的动手能力、自我服务能力,让孩子明白"整理书包"是小学生每天必做的事情和应该具备的能力。通过这次比赛,女儿变得更加懂事,并且成熟了许多,独立意识日渐增强,相信她一定会成为一名合格的小学生。

(青岛市四方区实验幼儿园家长 王 媛)

(4)习惯养成衔接——适应新的角色定位。一是时间上的相互靠拢。我区要求幼儿园在集体活动时间的安排上适当延长,大班下学期集体活动时间安排在 30 分钟左右,让小朋友在心理上、时间概念上有所准备。这种时间上的靠拢非常有效。二是集体活动上的相互靠拢。在大班下学期增加课时,让幼儿在集体活动中学会专心听讲、积极发言,教师加强对孩子注意力和思维敏捷性的训练。三是教学方法上的相互靠拢。加大幼儿园与小学教师教学活动相互观摩与交流的次数,与教师一起研讨最适宜的教学方法,为教师搭建相互学习的平台,帮助教师重新找到角色定位,掌握先进的教学方法。

**【案例 4.13】**

小小四色袋,学生受益终生

幼儿园的孩子开始小学生活后,首先碰到的难题是行为习惯、生活自理能力比较差。有许多家长反映孩子的书包像"纸篓",总也不能快速找到需要的书本,翻来找去浪费了不少宝贵的时间;经常还会有学生前脚到,家长跟在后面为学生送学习用品的现象。长此以往,许多本该由学生自己完成的事情都是家长代替孩子去做了,孩子自我管理的能力不但没有提高,反而养成了依赖的心理。这种情况在借读生占 80% 的我校更是司空见惯。

图 4-16 课桌上摆放整齐的"四色袋"
深受学生喜爱

针对平日学生学习生活和班级管理遇到的问题,2007 年秋季,我校巧妙地将循环用书的理念引入了一、二年级的班级管理中,将各学科书籍分别装入四种不同颜色的袋子,用以解决学生上课总也带不齐书本、各种书本杂乱不堪的问题。教师引导学生准备四种不同颜色的塑料袋子,"红色"装所有的语文系列用书;"黄色"装所有的数学系列用书;"绿色"装所有的英语系列用书;"蓝色"装其他学科的书。这样,既方便了学生的课前准备,保证桌面整洁、干净,又方便学生快速做好课前准备。为了减轻低年级学生书包的重量,我校还作了统一要求,让学生把装有其他学科的"蓝色"袋子放在书桌里,无

须天天背在书包里。

以颜色区分代替以文字辨认各学科的用书,既适应了一年级学生认字少的特点,又能培养孩子讲究用书卫生、爱护书籍、珍惜时间、做事有条理的好习惯。这种管理方式在低年级试点后取得了良好的效果。

家长们说:"自从把书放进四色袋,我家孩子有条理多了,我再也不用为孩子丢三落四犯愁了!"

学生们说:"我再也不用东找西找,到处找我需要的书,因为我每天都要检查我的四色袋!一个学期下来,我像保护眼睛一样保护我的书,它们像新书一样,它们能循环使用吗?"

几个小小的彩色袋子给我校学生的养成教育和班级管理带来了天翻地覆的变化。如今,"四色袋"管理已经在全校学生中全面铺开进行,它的使用成为我校幼儿园、小学衔接课题研究的突破口,也成为学校管理的一道亮丽风景线。

(青岛开平路小学　杜东洁)

一直以来,我区把培养学生良好的习惯作为中小幼德育衔接工作的重要内容,从促进学生的持续发展出发,以学生身心发展特点和教育规律为依据,以学生良好的学习习惯和行为习惯的培养为重点,找准"教与学"的结合点,以丰富多彩、生动活泼的形式,循序渐进地培养学生的各种能力,激发了学生的学习兴趣,培养了他们的学习能力和良好的行为习惯。

## 【案例4.14】

### "实战演练",入学第一课

面对活泼可爱的一年级新生们,我们小学教师能够为孩子们做些什么呢?

多年来着手于幼小衔接的教育研究,我发现:幼儿园主要是以玩为主,上课也没学校这么严格,只要想上厕所什么时候都能去,因此很多一年级学生没有按点上厕所的习惯,往往是下了课光顾着玩,忘了上厕所,上课又想去。所以在正式开学前,我们教师不仅有责任教育新生意识到下课要及时上厕所,而且亲自带领学生分清楚男、女厕所同样重要。为此,"上课时不能随便上厕所,要先举手向老师报告,下课上厕所时如果人多要排队",班主任专门带领孩子们"学上厕所"便成了一年级新生"第一堂课"的主要内容。

看到孩子们阳光灿烂般的笑容,听到孩子们稚嫩温馨的话语,每年我校的一年级班主任们都会从"实战演练——如何学上厕所"开始新一轮的挑战。短短一节课的"勤学苦练",孩子们人人乐于听口令,守秩序,排排队,站整齐。在师生的相互交流中,逐步学会交往与合作的技能,提高自主解决问题的能力。"实战演练"入学第一课,有助于孩子们的行为能力和心理水平的发展,有助于缓解和消除他们入学后出现的焦虑和不安情绪,为幼小衔接奠定了良好的基础。

(青岛北山二路小学　曲仕虹)

3.开展德育工作途径之三：发挥团队教育合力

(1)凸显学校特色。多年来,我区注重将学校特色建设和德育衔接有机结合。例如,享有"少年交警特色校"的青岛人民路第一小学,每学年开展的"我们一同上岗去"体验活动,既使小朋友学习了简单的交通法规,也使家长在一同上岗体验中学习了交通法规,增强了安全意识。远近闻名的美术特色学校青岛第四十一中学,坚持每学期邀请青岛洛阳路第二小学小学生到校开展"手拉手共绘一幅画"、"我和哥哥姐姐画友会"等活动,更好地拉近了中学、小学教育之间的距离。再如,青岛四方实验小学的英语特色,更是秉承"走进幼儿园,走进中学"同步走的原则,教师们经常到幼儿园给孩子们讲解英语,根据幼儿好动的特点,采用边说边做、边唱边演的形式,播放可爱有趣的卡通片,编排喜闻乐见的英文歌,孩子们学习英语的兴趣高涨,更好地激发幼儿入学的愿望。

【案例 4.15】

### 快乐的"娃娃交警班"

作为全国优秀少年军(警)校,我们的"小交警"特色深受大家的认可和好评。多年来,我校和手拉手幼儿园成立了"娃娃交警班",每月定时教小朋友交通安全法规,认识交通标志,学做小交警韵律操。课余时间,我校还自发成立了"小小交警讲师团",认真备课、搜集图片,定期到幼儿园授课,举行"小手拉大手"共进步活动。瞧,我校与青岛市四方区教工第一幼儿园举行的"交通指挥手势表演、交通安全知识竞赛、交通安全大比拼和模拟上岗表演"系列活动,赢得了幼儿园小朋友的喜爱。

镜头一:放学的路上,见到妈妈的幼儿园大班小朋友马斌兴高采烈地说道:"妈妈,我是不是马上就可以上学了呀？我要上青岛人民路第一小学,今天大哥哥和大姐姐们来我们幼儿园表演节目,都穿着小警察的衣服,可神气了。"一旁的妈妈眼睛笑得眯成了一条缝,乐呵呵地说:"是吗？我宝贝看来很喜欢上学呀?""我当然喜欢上学了,我一定要和哥哥姐姐们那样,也穿上小警察的衣服,到时我还要教妈妈认识交通标志呢!"

图 4-17　娃娃交警从小做起

镜头二:在青岛人民路第一小学的校园中,一些特殊的"小客人"博得了师生们的阵阵掌声,他们就是来自幼儿园"娃娃交警班"的小朋友们。这些"小客人"既可以参观学校操场,又可以熟悉各种教室,"娃娃交警班"一会儿摸摸哥哥姐姐们的书包和文具盒,一会儿和哥哥姐姐们说说话。"啊！小学真大,真漂亮,我也要和哥哥姐姐一块儿上学。"一声声赞叹,从孩子们的心底由衷地发出!

快乐"娃娃交警班"的成立,使幼儿们亲眼看到小学生的生活,了解了幼儿园与小学的差别,为他们进入小学做好一定的心理准备,有助于幼儿从学前教育向小学教育的顺利过渡。

（青岛人民路第一小学　初春燕）

（2）重视培训家访。第一方面，各校高度重视新生入学前培训。通过培训，提高学生对新学习生活的适应能力，从而做好中小幼教育衔接的首次过渡。第二方面，各校全面开展新生入学前家访，积极深化"千名教师访万家"活动，充分发挥教师"爱心助学团队"的作用。各校要求每年开学前担任一年级、初一的教师第一时间到新生家进行家访活动，了解每一个学生过去的思想状况、学习习惯和学习环境，制定有针对性的计划措施，为开学后顺利进行教育教学工作奠定了良好基础。

**【案例 4.16】**

<h3 align="center">开学之前先来"热身"</h3>

举手发言变成了现场"抢答"，小屁股坐了还没有 5 分钟就自顾自地站了起来，一堂课还没上一半便全体嚷着上厕所、找妈妈……为了避免这些问题的出现，学校专门为"新人们"安排了认班课，这个开学之前的"热身"还真让刚刚告别幼儿园生活的"小一"新生们有点"水土不服"。

在孩子们开心地进行自我介绍的同时，可累坏了我这个"孩子王"。我认真维持着秩序，一遍遍做着示范，一遍遍耐心讲解：课堂上先举手再发言；我教一二三，大家身子都要坐直了，眼睛看着老师，不要看别的地方；举手的时候，右手要与桌面垂直；上课时不能随便上厕所，要先举手向老师报告，上厕所时如果人多要排队……

就是这样，在这个阳光灿烂的 9 月，我与我的 38 个小精灵相逢了。看到他们那阳光灿烂般的笑容，听到他们那些稚嫩的话语，我开始了新一轮的挑战，学着用儿童化的语言和他

**图 4-18　开学"热身"**
摘自 2009 年 8 月 25 日《半岛都市报》

们交流。而对于这些"小一"新生们无意间的小疏漏，我也回应他们一个谅解的笑容，走到他们的跟前，俯身说起悄悄话。一天下来，嗓子有点哑了，两腿发软，有些筋疲力尽，我"瘫"在办公室椅子上，心想：一年级的老师果然是"体力王"。对于"小一"新生来说，要与他们友好相处并尊重他们，能认真倾听他们的意见，给予孩子们真切的关怀、深切的理解和极大的信任，并和学生建立深厚的友谊。孩子们，因为你们，我很快乐！

（青岛嘉定路小学　毕晓蕾）

除此之外，各校还可以有效推进毕业班家长培训，借助邀请优秀毕业生家长介绍教子

经验,促使父母更好地参与家庭教育,给少年儿童搭好过渡的桥梁,及时做好学生的身心健衔接,让各学段的教育衔接起到事半功倍的作用。

【案例 4.17】

### "爸爸课堂"助孩子漂亮起步

升入六年级以后,我们通过"亲子沟通"活动发现,几乎所有的孩子有话都愿意和妈妈说,父亲将教育孩子的责任更多地推向母亲。事实上,父亲在生活中能否以身作则对孩子的影响很大。父亲是孩子性别角色正常发展的重要条件。为了能更好地开展家庭教育,增强父亲的亲职功能,树立高大的父亲形象,为此学校特向毕业生的爸爸们发出邀请函,参与家长学校"爸爸课堂"的学习。这打破了以往妈妈来开会学习的局面,将六年级毕业生的爸爸们组织起来参与到孩子

图 4-19 "爸爸课堂"深受欢迎

的教育中,共同探讨如何做个好爸爸、如何做孩子的好榜样,以此来提高家庭教育质量,做好中学、小学衔接。

于是,我校每年都邀请优秀的毕业生父亲,分别就如何与孩子沟通、如何培养具有阳刚之气的男子汉向六年级学生的爸爸们畅谈自己的亲身体会,并组织爸爸们展开讨论,收到了非常好的效果。通过探讨,爸爸们端正了自己的教育态度,掌握了一些与孩子进行有效沟通的方法。

**学生严某爸爸的"家长感言":**

"怪不得,最近儿子总是逞强好胜,容易冲动,看来这小子进入生长发育的第二个高峰期了,当家长的还真不能放手不管了。此时的孩子最容易出现问题,更需要我们做父母的细心观察、耐心交流,同时和学校积极沟通,携手配合做好孩子的疏导工作。"

**学生严某的"访谈心声":**

"爸爸自从听了课后,对我的态度比以前好多了。以前我不听话,爸爸就训我,甚至揍我。最近这些日子,老爸还常和我聊天,周末还和我一起爬山、打篮球呢。真为老爸的改变高兴,希望他能一直这样。"

(青岛四方小学　王丽婵)

(3)关注身心健康。平日的教育教学中,教师和家长经常感叹:"现在的孩子不知怎么了,越来越难教育了!"尤其进入青春期的六年级学生,面临着小学升初中,处于心理、生理急剧变化的时期,心理健康问题凸显。各校积极引导学生正确认识自我、战胜自我,努力为学生、教师、家长的沟通搭建一座互动的心灵之桥,对促进学生健康成长、为小学升初中的平稳过渡奠定了良好的基础。

【案例 4.18】

## 搭建花季心桥,撑起成长绿伞

著名教育家陶行知先生说过:"真的教育是心心相印的活动,唯独从心里发出来的,才能打到心的深处。"在分析学生出现的诸多心理问题时,我们发现生硬的说教、严厉的训斥在学生面前是束手无策的,遇到问题时不是去堵,而是要善于去疏导。只有触及内心的教育,才能产生心灵共振,收到预想的效果。

折子信——《花季心桥》的建立,成了我们与学生心心相印、与家长畅通交流的重要桥梁。它共 1 张 3 折 8 面,栏目分别是:点点滴滴我世界、好书为伴我成长、青春朦胧我知道、直面青春我接招、搭建心桥我飞翔、花季赠语、倾情寄语等。下发给六年级学生时,素净淡雅的背景、轻松活泼的画面、温馨质朴的语言、平等和谐的交流,一下子就把学生们吸引住了。面对折子信,孩子们爱不释手,把里面的内容反复朗读,有的甚至将里面朗朗上口的小诗背诵了下来。学生小坤说:"直面青春我接招中的一些例子里都有我的影子,老师给我支招后,我用

图 4-20　"折子信"增进情感沟通

了,爸爸果然改变了对我的态度,我真高兴!"以往谈起小翔就哭的妈妈说:"这个折子信很管用,以前对孩子唠叨那么多也没见什么用,孩子很相信上面的话,会照着去做,这种形式很适合有叛逆性格的小翔……"而教师们也对折子信很认同:"她好像一张不大但是很神奇的网,收住了一些问题学生的心,切实解决了一些心理问题,对稳定学生情绪,安心学习、平稳过渡到初中起到了一定的作用。"

成功了! 我们已经借助这种形式叩响了学生的心灵之门。

(青岛洛阳路第一小学　孙　聆)

4.开展德育工作途径之四:亲历社会体验感悟

德育工作,既要符合学生的年龄特点,又要符合德育的发展规律,以情感教育和培养良好行为习惯为主,注意潜移默化的影响,并贯穿于幼儿生活以及中小学各项体验活动之中,让学生在体验中习得,在体验中成长。

(1)军训活动——走好中小第一步。军训无疑是学生正式踏入初中生活的第一步,在学生还未褪去稚气的脸上透露着对未来生活的向往。因为军训,新学校的师生来了第一次亲密接触,这种朝夕相处,被新的习惯、新的要求而左右,新生难免会有不适应甚至是惶恐。大多数的孩子因为性格外向,总能在新的集体中左右逢源,也有一部分的孩子因为学校环境的改变而产生排斥和紧张。

【案例 4.19】

## 苦乐做伴的军训，我们无法拒绝的长大

**摘自学生唐某的《日记》**

拖着疲惫的身躯回到家，脑海当中还是烈日下的军姿和口号。是的，今天是我们军训的第一天，没想到初中生活还未开始，军训就已经给了我们一个下马威。刚到的时候，我们每个人都很期待，毕竟是第一次受到正规严格的军训。然而当我们第一次训练时，那种严格的动作要求，让我们缺乏锻炼的身体很难适应，一个下午就使我们的腿酸得站都站不稳。我们有点动摇了，想过放弃，但是我们克服了软弱，始终坚持着。好多同学都想起一句话："太阳狠，然而比你狠的却是我们钢铁般的毅力。"是啊，付出总有回报，你看那动作，虽然没有军人那么标准，但也有一股阳刚之气，这是我们付出与回报的必然，这是用汗水浇灌的成功花儿的绽放。

**摘自毕业班老师的《教学随笔》**

毕业，就像一个大大的句号，从此，孩子们告别了一段纯真的青春，一个充满幻想的时代，踏上了新的征程。例如小汪，以前是班级的卫生委员，成绩优秀，积极热情，参加军训后和我诉苦，说教官严，被分到的班级都是新同学，受了委屈，有了困难也不好意思说，感觉很为难，这和当年活泼大方的她简直判若两人。于是我也在思考，作为教师和家长，对孩子这个转折阶段的疏导显得尤为重要。

作为毕业班的班主任，我们深知责任重大。除了抓教学工作，我也应在平日向学生多渗透初一生活的点滴，如科目增多、压力增大，但是兴趣、活动、目标都有所增加，会交上新的朋友，更会参加他们从来没有接触过的军训，锻炼他们的意识，增强他们的集体荣誉感。鼓励孩子在与同学的交往中，大方得体地待人接物，别人有困难主动帮助，有了问题敞开心扉交流。初中生涯短暂而又精彩，把握好现在每一分钟才能更加坦然和轻松地面对未来。就让我们从苦乐做伴的军训开始，迎接我们无法拒绝的长大吧！

（青岛人民路第一小学　王　晨）

（2）社会课堂——完善衔接每一环。随着社会文明的不断进步，孩子们的生活环境日益提高，"幸福、快乐"是孩子们的代名词，在家长的千般宠爱、社会的万般关注下，伴随孩子成长起来的却是"懦弱、无能"。面对中学教师毫不留情的指责，经历了中、日孩子夏令营的反思，比较了80后、90后的前途，家长和教育专家们都在呼吁——给孩子一些挫折教育吧！让孩子们走出书本和校门，亲历社会大课堂，借助体验的过程，完善思考的过程，磨炼意志，促进成长。

【案例 4.20】

## 停课的日子

2009 年的秋冬季节，流感肆虐，整个世界被一种叫甲型 H1N1 的病毒恐吓着。10 月 29 日早晨，班里冷冷清清，只有十几个孩子在忐忑不安地自习，全班近 20 人发烧，流感真的侵袭了我们的学生。在经历了联系家长、上报领导的繁杂过程后，我们班——停课了！

停课第一天，我保持了沉默。

停课第二天，我给每个孩子发了一条短信："亲爱的孩子们，你们在家里可好？今天看到我们的教室大门紧闭，里面一片寂静，心里酸酸的。想起我们曾经在教室里学习、思考、聊天、歌唱，内心禁不住感慨万千，也许有难得休息的喜悦，也许有忍受病痛的伤感，也许有对老师、同学的思念与牵挂。写下来吧！让我们一起写下来，把这份只属于六(2)班的独一无二的经历记录下来。让我们把苦难化为财富，一起努力拥有这份宝贵的经历和财富吧！"

短信一发，就激起了孩子们的强烈反应。他们纷纷给我发来短信。小雨说："老师，我早已把这些天的感受印在了本子上。这些磨难在我成长的道路上只能是一块绊脚石，我相信风雨之后一定会出现彩虹！我期待我们六(2)班早日团聚！"玉良说："老师，我好想你！我在家里吃不好、睡不好，我很抱歉传染了同学们，我爱你们！"……学生们的心里话通过无形的空中信息平台穿梭来往，短信倾诉了孩子们的寂寞、思念，短信中的话语也见证了孩子们矛盾挣扎后的成熟和历练。经历了一个漫长的星期，孩子们好像突然长大了。

团聚的时刻是激动人心的。我欣喜地看到，孩子们在经历这件事后，变得坚强了，变得勇敢了，他们有了克服困难的勇气，在暴风骤雨中他们挺过来了！看着学生们坚定的目光，我真心地感谢这场灾难！看着学生们积累的日记，手捧沉甸甸的班级日志《停课的日子》，我想，学生和老师都深深地感受到了"灾难"给予我们留下的财富。亲历社会的挫折教育就是这样在真实的灾难中施展开来，在真实的磨难中促进成长！

（青岛淮阳路小学　左　蕾）

5. 开展德育工作途径之五：实现家校携手共赢

（1）家校沟通——衔接无缝化。少年儿童的成长过程中，家长起着十分重要的作用。因为无论是少年儿童的生活起居、健康的保证，还是少年儿童的社会性行为和学习习惯，都离不开家长的照顾和态度影响。

一是家校工作展示平台，直观透明。实际工作中，各校切合家庭教育的需要，借助创设家校互动的培训形式，为家长提供了解学校教育现状、了解孩子在学校的学习现状的机会，增强学校管理工作的透明度。平日里，学校经常通过"家长座谈会"、"家校网一线通"、"家校电子信箱"等活动的开展，加强对家长的培训工作，不断提高家长的理论水平和实践能力。每年的"六一节"到来之际，我区各校都会组织一年级新生开展"我和爸妈共享'六一'"亲子同乐游戏大赛,进一步加强学校与家庭、教师与家长、孩子与父母之间的情感交流,一句句暖人话语、一场场激烈比赛、一段段感人情景为实现家校携手共赢记录下精彩瞬间。

二是教材教法灵活创新,正确引导。家庭教育出现的难题往往是家长缺乏对孩子成长过程中的生理、心理特点的认识,违背了教育规律,产生了亲子间教育的矛盾冲突。因此,我区从"家长的难题就是我们的难题"的原则出发,把心理学和教育学的理论知识与家庭教育的实际紧密联系起来,进行家庭教子观念、具体方法的指导。为此,各校利用"新生家长委员会"、"新生家校论坛"等方式,适时渗透正确的家庭教育方法,使家长成为孩子健康成长的引路人。平日里,学校重视召开一年级新生家长会,宣传教育方针,贯彻课改理念,介绍学校成果和报告班内工作等,这些活动受到了家长的一致欢迎;参观专用教室,定期举办讲座,为指导家长如何对待儿童和教育儿童明确了努力方向。

(2)多方参与——衔接整体化。

一是深化学校开放日,事半功倍。每年各校举行的"小学看初中"开放日、六年级家长联席会等活动,让前来参观的小学生熟悉和了解并提前感受了中学的教育环境,让家长们对自己孩子的未来充满信心,实现了学生学习环境的有效衔接。为使幼儿顺利过渡,各校每年的新生开学典礼都力求形式新颖、内容丰富。例如,青岛人民路第一小学在一年级设立的"绿苗苗"工程,在开学典礼上为每一名新生佩带"绿苗苗"标志、邀请全体一年级家长参加开学典礼,使家长对学校工作有了初步的了解;青岛鞍山路第二小学邀请一年级家长积极参与"学校开放日"、"素质展示台"和"亲子大创作"活动,丰富了家长的学习平台,实现了沟通交流和共赢。与此同时,个别新生家长在"学校开放日"因工作没时间不能来校参加活动,他们可以根据实际情况随时到各校观看教师的课堂教学,观看孩子的学习状态等。在每次的家长、教师和校领导共同评价课堂教学的活动中,对家长们提出的意见和建议经学校合理采纳后,各校领导就鼓励教师在教学中大胆尝试、勇于探索。各项活动自始至终得到一年级新生、初一新生家长的踊跃支持,他们每次到校看课都全身心投入,满载而归。

二是联手管理重配合,形成合力。工作中,各校每年都成立家长委员会,开学后邀请家长到校听课和评课,参加学校组织的学生活动,吸引家长参与学校教育工作,了解学校教育措施,掌握教育方法,家校双方的密切配合为提高教育质量形成了整体合力。例如,青岛市四方区教工第一幼儿园建立家园之窗"教育流动板块",发放有关资料,针对家长工作中出现的具体问题,适时向家长推荐操作性较强的文章,如《孩子入小学前的准备》、《如何在家庭中培养幼儿的任务意识》等,使家长明确对即将入学的幼儿的新的教育观念,减缓了精神压力。青岛郑州路小学、青岛重庆路第三小学也在新学期开学前,分别以"如何帮助孩子尽快适应小学生活"、"上好新生入学的第一课"为题,组织新生家长进行家长学校的学习,让家长明确自己该如何做才能协助孩子做一名合格的小学生,大大提高了家长的育人水平。

### 三、衔接的突破:德育方法有效化——遵循规律,螺旋上升

德育方法是实现德育目标、完成德育任务的途径和手段,是教师与学生相互影响、相互作用的媒介和桥梁。要结合学生的年龄特点和接受能力选择不同的方法,做到既授之以知、晓之以理,更动之以情、导之以行;要以学生为中心,以活动为中心,以体验为中心,

使学生在活动中体验生活、感悟道德,形成良好的道德品质。

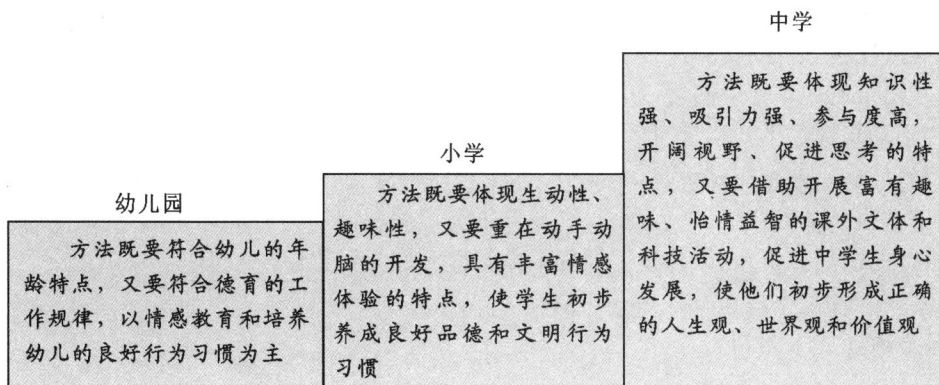

中学

小学

幼儿园

| 幼儿园 | 小学 | 中学 |
|---|---|---|
| 方法既要符合幼儿的年龄特点,又要符合德育的工作规律,以情感教育和培养幼儿的良好行为习惯为主 | 方法既要体现生动性、趣味性,又要重在动手动脑的开发,具有丰富情感体验的特点,使学生初步养成良好品德和文明行为习惯 | 方法既要体现知识性强、吸引力强、参与度高,开阔视野、促进思考的特点,又要借助开展富有趣味、怡情益智的课外文体和科技活动,促进中学生身心发展,使他们初步形成正确的人生观、世界观和价值观 |

**图 4-21 教育生态系统模型**

1. 课堂教学——突出德育衔接的实效性

课堂教学是教师对学生进行思想教育和知识传授的主要阵地。德育作为教育的一项重要内容,应该渗透到整个教学环节中去。在教学设计中,我们设立德育目标,引导教师把教材中那些能够培养学生良好思想品德的内容充分发掘出来。同时遵循教育规律,根据学科特点及其学生实际,要求教师自然而贴切地渗透德育因素,展现德育的无意识性,以收到更好的效果。例如,小学数学课堂应用题教学中,"啄木鸟吃害虫"、"植树"、"南京长江大桥"等问题分别渗透了环保意识和爱国意识,都是鲜活的德育素材;百分数应用题教学中呈现关于珍稀鸟类丹顶鹤的音像资料等,把数学知识和德育渗透巧妙结合起来。再如,在大班下学期,通过组织"心目中的小学"、"看我多能干"、"我的文具和书包"、"我要上学了"等丰富多彩的活动内容,尽可能在教学内容上与小学拉近距离,让幼儿通过活动对小学有更深入的了解,充分激发幼儿上学的自信心和参与活动的主动性、积极性,借助课堂教学主渠道,让孩子从心里向往成为一名真正的小学生。

2. 实践体验——发挥德育衔接的针对性

体验教育体现着现代教育的理念,强调组织和引导少年儿童在丰富多彩的实践活动中感悟道理、激发情感,并将其内化成自己的道德行为,促进学生人格的全面发展。我们以"实践"作为体验教育的灵魂,积极引领学生在实践性中体验、在体验中成长;让学生走进现实生活的"活"教材,了解自己身边的这片热土,从看周围的变化来感受改革开放的大成果。同时,让学生接触和了解社会上的问题,让学生自我思考、自我提高,以学生的眼光来分析问题、提出解决问题的方法,让学生在实践中体验社会和人生。例如,通过"少年小交警"、"税法小博士"等实践活动,让学生体验劳动的艰辛与价值,体验各种社会职业的作用及应具备的基本素质。不知不觉中,学校已不是对学生进行德育的唯一场所,德育队伍和活动形式外延到家庭和社会,形成的教育合力,不但优化了学校的德育工作,而且赢得了家长和社会各界对下一代的关爱和学校德育的支持。目前我区建立了300余处校外实践基地,让学生们勇敢地去面对现实,面对生活,走出校门,把学校小课堂同社会大课堂有机地结合起来,让学生在同真实的社会环境的互动中接受教育,这样就全面地把德育课堂延伸到社会的广阔天地。

3.多元交流——注重德育衔接的连贯性

《基础教育课程改革指导纲要》中指出,要"整体设置九年一贯的义务教育课程"。平日里,我区注重德育衔接的连贯性,加强对教材的研究和衔接,找到知识断层点及知识吻合点,找出带有规律性的问题,组织各校开展衔接研究,使课程内容有机衔接。我区还注重为中小幼教师提供互相学习的机会,各小学与相关幼儿园、中学积极开展教师交流研讨工作,通过座谈、互相听课评课,共同举行教学研讨会,彼此了解各自的教育教学改革情况,了解学生的基础知识、兴趣爱好,研究学生在学习新内容时可能遇到的主要问题,不断提高教师的衔接意识,确保各学段衔接工作的针对性和实效性。

【案例4.21】

### 师哥师姐对我说……

为使即将毕业的学生对未来的初中生活有一定的了解,今天我校邀请了就读于青岛第四十一中学和青岛第二十一中学的上届优秀毕业生与两个毕业班的学生进行了互动交流。毕业学生介绍了他们升入初中的感受,解答了六年级学生最想了解的内容。他们鲜活的现身说法给在座的学生们上了生动的一课,互动交流更是拉近了孩子们间的距离。

——学生王嘉乐说:"听了师哥的介绍,我感觉还是小学生活幸福啊!学业比较轻松,有许多自己自由支配的时间。我要好好珍惜这段时间,努力学习,发展自己的爱好特长,以更强的实力进入初中。"

——学生孙鹏说:"以前我比较调皮,经常违反纪律,不按时完成作业,让老师费了不少心,我觉得很不应该。从现在开始我要认真听讲,按时完成作业,听从师长的教导,向师哥师姐学习,也要争做品学兼优的学生,顺利进入理想的初中。"

通过此次零距离感受初中生活互动会的举办,使毕业学生情绪得到稳定,能更投入地进行学习,以良好的心态迎接初中生活。

(青岛洛阳路第二小学　韩　娟)

4.开放办学——凸显德育衔接的整体性

各中小学校、幼儿园充分利用开放日等活动时机,通过家长与教师座谈、举办咨询讲座、调查问卷、组织幼儿园家长到小学参观等形式,引导家长积极参与到各学段衔接工作中,使广大家长意识到:在中小幼衔接阶段,学生既要有知识方面的准备,还应该有身体和心理上的准备,使得家庭指导工作更切实、更有效。与此同时,各校还高度重视寒暑假期这一中小幼衔接的有利时机,以社区为依托,搞好假期的衔接教育。假期中,各中小学校、幼儿园积极与社区联系,通过开展丰富多彩的活动,加强大班学生对小学生活的了解,加强中学生与小学生的沟通,为学生顺利过渡铺路搭桥。

### 四、衔接的桥梁:德育评价规范化——关注成长,综合有效

德育评价,就是教师、学生、社会群体等,依据一定的社会评价标准,对学生的道德品

质作肯定或否定的价值判断。评价时要注意突破单一的评价模式,定量精确评价与定性模糊评价结合,终结性评价与过程性评价结合,自我评价与他人评价结合,创造性地构建科学的德育评价体系,以促进学生全面、和谐地发展。

### 1. 制定常规评价标准

教师的评价对学生的影响是非常重要的。教师要注重多角度评价,不仅评价学生对知识的掌握程度,更重视对学生的合作能力、积极回答问题能力、会问能力、会想能力、会用能力等方面的评价。下面介绍的是青岛四方第二实验小学的具体做法。

**【案例 4.22】**

### "五章"评价卡,让师生同乐

一直以来,我校分别设立了"积极章"、"合作章"、"会问章"、"会想章"、"会用章",全面评价学生的学习过程。针对低年级学生的年龄特点,在评价结果的表述中,教师们将以上五种章设计为直观、可爱的卡通形象作为评价介质奖励学生,深受好评。

评价学生得"积极章"的两方面:一方面,在学习活动中,学生能做到勤动脑、敢发言,积极参与教学活动,熟练掌握知识与技能,认真听讲,积极举手发言,对学习有好奇心与求知欲;另一方面,在老师或同学的鼓励与帮助下,对身边的事物有好奇心,能够积极参与生动、直观的学习活动。

评价学生得"合作章"的两方面:一方面,乐意与同伴进行交流和合作解决问题,愿意听取别人意见,在同伴的指导下,能够发现学习活动中的错误并及时改正;另一方面,与人合作时能与他人交流思维的过程和结果,积极表达自己的意见,思维有条理性、创造性,并能讲述解决问题的方法,从中得到体验。

评价学生得"会问章"的两方面:一方面,能提出问题并会询问,并能参加小组的讨论与交流,对自己有自信心,随时提出和别人不同的问题,大胆尝试并表达自己想法;另一方面,日常生活中发现并提出简单的学习问题,会从数学的角度选择适当的方法解决问题。

评价学生得"会想章"的两方面:一方面,从日常生活中发现并提出简单的学习问题后,选择适当方法进行简单的、有条理的思考;另一方面,在解决问题时,能说出自己的思考过程,能够表达出解决问题的大致过程和结果。

评价学生得"会用章"的两方面:一方面,充分利用自己已有的生活经验,随时把所学的知识应用到生活中去,解决身边的问题,了解在现实生活中的作用,体会学习的重要性,能在教师指导下,从日常生活中发现并提出简单的问题;另一方面,能形成解决问题的一些基本策略,体验解决问题策略的多样性,发展实践能力与创新精神。

(青岛四方第二实验小学 李作昕)

2.丰富人文评价形式

对于学生们的表现,教师们采取"等级＋评语"的方式,不仅及时给出一个对错判定等级,而且充分发挥评价激励引导、情感交流的功能。

(1)鼓励性评语。对于优秀的作业,教师经常使用的是"你的作业真漂亮!令老师赏心悦目","批改你的作业,是一种享受"等评语。对于后进生或有进步的作业也经常使用鼓励性语言,例如,"看到你的进步,老师和同学都为你感到高兴","你的进步,表明了你的实力,继续努力吧!""只要你努力,还会做得更好!老师相信你一定行"等。除此之外,教师还会给学生画上一张笑脸,让学生感觉到教师在批改他的作业时,脸上都是挂着微笑的。

(2)期待性评语。为了更好地激励不同层面的学生,教师经常说:"亲爱的孩子,老师期待着你的进步,努力吧!""老师相信,通过努力,你一定会成为优秀的学生!""你是一个聪明的孩子,只要你充分运用聪明的大脑,你的成绩一定会是最棒的!""用你的实际行动告诉老师,你一定会进步的!"等。

(3)商榷性评语。对于作业退步或因不认真而出错的学生作业,教师会附加商榷性评语。例如,"你自己想一想,看能不能发现错在哪里?""由于粗心而错了不该错的问题,这多可惜呀!""你是一个聪明的孩子,如果书写再认真一点就更好了"等,以此来启发、引导、激励学生的点滴进步。

3.记录评价发展足迹

采用多种形式记录学生的发展足迹,易于拉近师生之间的距离,使师生关系日益融洽,更好地营造一种民主、和谐的学习氛围。

(1)小学生成长记录袋。各校根据不同衔接学段心理特点设计学生成长记录袋,内容包括个人档案(姓名、性别、出生日期、籍贯、性格、喜欢的格言、理想、有趣的照片等)、平日表现(教师的评价、家长的评价、同学的评价、自我评价等)、学业水平测试记录、发表的作品、获奖证书等。记录袋评价的主要目的是客观而形象地反映学生的成长与进步过程,让每个不同层次的学生都能找到自己的优点,体验到成功的快乐;也引导着我们尊重学生,关注学生发展,记录学生成长历程,为各学段有效衔接提供支持。

(2)素质发展评价手册。平日里,通过评价指标的导向和评价信息的反馈,引导学生全面而有个性地发展意义重大。为此,我区为中小学生每人配发一本《中小学生素质发展手册》,内容包括校训、班训、自我画像、思想道德评价、学业成绩评价、综合实践活动评价、身体健康评价、心理健康评价等。设计使用《中小学生素质发展评价手册》,旨在引导学生逐步学会自我认识和自我教育,明确发展方向,及时调整自己的行为,不断促进自身发展;引导家长和社会逐步形成正确的人才观和质量观,营造有利于组织教育实施的良好社会环境,为学生的发展提供支持和服务。

【案例 4.23】

一本评价册,一座沟通桥

幼儿母女的一段对话:

"妈妈,领着我给我的《幼儿园入园手册》买个书皮吧,老师说这个手册可是个宝贝,小学的老师要看的。"听了孩子的话,妈妈抚摸着女儿的头说:"明天妈妈下班就领着你去挑选,好吧? 宝贝在幼儿园的表现可一直是妈妈的骄傲,小学老师如果看了你的这本《幼儿园入园手册》,也一定会喜欢你的!"

**小学生母子的一段对话:**

"儿子,明天可是小学最后一个学期评选素质发展优秀生了,对自己有信心吗?"吃过晚饭,妈妈试探性地询问孩子。"当然! 我们的素质发展优秀生可是综合你平日的各方面表现,民主推荐评选出来的,我把平日里获得的《喜报》都张贴在《手册》上面了,一看就是个全面发展的好孩子。"孩子边解释边和妈妈"炫耀","等到中学报到的时候,这本《手册》可是给中学老师的第一印象!"

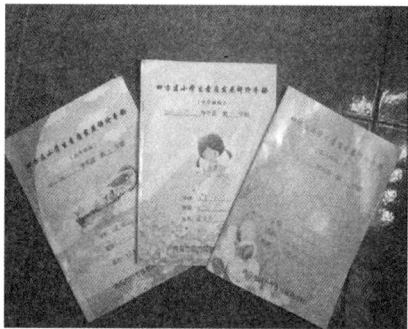
图 4-22　各具特色的《学生素质发展手册》

**由上面两段对话想到的……**

一本小小的评价手册,记载着学生的成长点滴。打开《中小学生素质发展手册》,里面囊括了成长目标、个人档案、行为评价、文化素养、参与实践、累累硕果、我的成长等涉及学生学习及生活的多个方面的内容。无论是小学一年级班主任,还是中学初一班主任,都可以第一时间了解该生的表现情况。三个学段的不同手册都通过孩子们个人成长的真实记录,客观地反映了学生的全面素质水平,提高了评价办法的科学性、合理性,加强了学校与社会、家庭的广泛联系,更好地为中小幼教育衔接架起了一座沟通桥。我们每一位教师,在对学生进行评价时,应认真负责,运用好手册,切实发挥手册的作用,怀着自己的真情实感和无限的爱,去评、去写、去填。因为我们所做的这一切都是为了学生的发展,为了学生的未来!

（青岛人民路第一小学　王　秋）

# 第三节　教学衔接

学校工作以教学为主,这是教育永恒的主题,教学质量则是学校的生命线。在教师教和学生学的共同活动中,要完成"传授和学习系统的文化科学基础知识,形成基本技能","发展学生能力,教会学生学习"等基本任务。因此,教学的衔接是中小幼教育衔接的重要组成部分。我们立足四方区域实际,采取文献研究、课堂观察、随机访谈等方式,对中学、小学、幼儿园教学状况进行了比较。

表 4-2　中学、小学、幼儿园学习状况比较

| 学段<br>状况 | 幼儿园大班 | 小学六年级 | 中学一年级 |
|---|---|---|---|
| 关键期 | 观察力发展的关键期 | 记忆力发展的关键期 | 意义记忆的关键期 |
| 学习<br>时间 | 每天集体教学活动时间为1～1.5小时,每次30～35分钟 | 在校学习时间不超过 6 小时,家庭作业不超过 1 小时 | 在校学习时间不超过 8 小时,家庭作业不超过 1.5 小时 |
| 学习<br>内容 | 使用园本教材,教育活动以游戏为主,通过具体、形象、生动的形式传授粗浅知识 | 有固定统一的课程标准、教材、教学系统,思维水平梯度发展 | 有固定统一的课程,知识侧重分析理解,思维难度增大 |
| 培养<br>习惯 | 以兴趣培养的实践活动为主,关注倾听和表达 | 预习、听课、笔记、作业、复习等习惯 | 课前预习、独立作业、复习归纳等习惯 |
| 学习<br>方式 | 以游戏活动为主要的学习形式,轻松愉快,没有压力 | 以上课为正规课业学习方式,课后有家庭作业 | 上课为主,自主学习能力逐步加强 |
| 睡眠<br>时间 | 晚上睡眠 10 小时,白天 2～2.5 小时午睡 | 晚上不少于 9 小时 | 晚上不少于 8 小时 |
| 师生<br>关系 | 教师与幼儿始终在一起,及时解决、协调幼儿面临的困难 | 有班主任和七八位任职教师,遇到问题教师指导解决 | 每学科一位任职教师,设班主任,自律、自主性、独立意识加强 |

　　基于以上的认识,我们提出教学衔接研究的整体思路:从发展和提高儿童自身的内部适应能力入手,立足教师、学生、家长三个层面,采取"瞻前""顾后"平稳过渡的思路,整体构建中小幼教学衔接体系。"瞻前"就是在高学段的教学过程中以"微火慢炖"的形式从小学的方式中过渡到中学的教学中来,"顾后"就是在低学段教学中"先入为主"地融入高学段的教学思想和方法。

## 一、教学理念与教学目标的衔接

　　教学理念的衔接。我国现行的教育理念,经过多年的研究、实践,从理论上来说已经得到了统一,这就是中央文件中明确规定的——"素质教育"。但是,素质教育理念贯穿在中小幼各级各类学校的教学目标中,又呈现出各自独立的特点,因此教学理念的衔接是实现素质教育目标的首要基础。

　　教学目标的衔接。幼儿园、小学、中学的课程都有明确的教学目标,由国家教育部统一颁发。但是由于幼儿园、小学、中学长期的分层独立管理,各学段教师只是熟知自己所教年级和学科的教学目标,对教学目标的衔接意识淡漠。

　　幼儿园、小学和中学是连续教学的整体,不可人为割裂。在目前的中小幼办学体制下,要加强交流,把握学生发展和教育的阶段性与连续性,使各学段的教学理念与教学目标达到最大程度的协调。教学理念的衔接直接影响教学行为的衔接,课程目标的衔接直接影响学生发展的衔接。

1.讲座——高位引领

为使幼儿园、小学、中学的领导和教师们熟悉不同学段的教学目标,转变过去只局限在当下教育的现状,实现中小幼教育衔接一体化,聘请教育教学专家进行专业讲座,从更高的理论角度和实践层面传经送宝,为中小幼教学衔接提供了有力的保障和引领。

【案例4.24】

## 图画书——打开学生心灵的大门

为了更好地推动山东省幼小衔接课题扎实有效的开展,我校特聘请青岛大学司瑞元教授为课题组专家。在专家的引领下,我校幼小衔接课题组经过不断研究与论证,取得了很大的科研效益。

2010年1月25日下午,司瑞元教授为学校幼小衔接课题组的骨干老师们进行讲座,他通过对比美国、中国台湾和大陆幼小衔接的做法,未上过幼儿园的学生状况分析和现在国内外对幼小衔接研究的大体动向四个方面做了一个概述,使老师们对自己研究课题的重要性有了一个崭新的认识。

针对我校新市民子女占80%左右、学前教育缺失、阅读能力不足的情况,教授与老师们经过探讨,认为图画书教学就是一个不错的可以改变现状的衔接切入点。它不仅能帮学生树立良好的学习习惯,还能渐次提高学生细微的观察能力、语言表达能力、逻辑思维能力。通过这些能力的培养,可以让孩子学习集中注意力的方法,在老师有效提问的引领下学会思考,学会交流,学会从不同的视角分析问题,热爱阅读……

我校课题组负责人做了2010年幼小衔接工作整体部署,课题组成员在司教授的帮助下分别完善了各班2010年幼小衔接工作的基本思路;完成了三篇幼小衔接课题的研究论文的撰写;开学初在家长的配合下充实了各班流动书吧的图画书,提高了学生读书的储备量。

学期结束时,为了将课题研究成果很好展现出来,司教授根据图画书教学中的精彩案例为我校编排了五个中英文剧目,这些剧目成功参加了四方区经典诵读比赛、青岛大学“五月青青草”诗社的原创诗歌大赛、青岛市少年宫“同一片蓝天下,共享阳光雨露”六一公益演出、四方区英语戏剧节、青岛大学“源泉之夜”、学校与美国佛罗里达大学的文化交流等大型演出活动,同学们对文本的深刻解读、惟妙惟肖的表演赢得了师生和社会各界的赞誉。这些高质量的活动使幼小衔接课题研究在学校教学中彰显了强大的生命力与活力。

(青岛开平路小学  房梅宏)

聘请在教学衔接方面有资深研究的大学教授给教师开办讲座,让教师了解发达国家和地区教学衔接的优秀做法,使教学衔接工作有了国际视野。在专家的指导下,学校还结合本校学情,找到了适合自身教学衔接的突破口,通过图画书这一载体,实现了阅读、观察、表达等各方面知识和能力的有效衔接。专家引领确实发挥了高位指导的作用,让教学衔接工作迎来黎明的曙光。

【案例 4.25】

## 中小牵手　互动双赢

搞好教学衔接是四方区的重要研究课题,我觉得这是以人为本、搞好教育教学的大实事。作为"全国模范教师"、"山东省特级教师",我接受局领导的委托,为小学的校长们作了题为"中小牵手　互动双赢"的专题讲座。

结合自己多年的一线教育教学经验,我首先分析了教学衔接现状。我说:"小学的语文教师在尽心尽力地耕耘,中学老师从他们那里分享到了甘甜的果实。但也承认,在品尝着果实的时候,也听到了一些不够和谐的声音。子曰:'己所不欲,勿施于人。'这都是很情绪化的表现。高中老师埋怨初中老师,初中老师埋怨小学老师,小学老师埋怨幼儿园老师,幼儿园老师埋怨孩子的父母。那到头来,我们学校教育是做什么的呢?"

我抛出的问题引起了校长们的深入思索,我们一起讨论分析了解决问题的办法:

首先,作为教师,确实应当加强对课程标准的学习,不仅要学自己所在学段的课程目标,还要看看前后学段的目标,自己尽可能做好教学的衔接处理。

其次,相邻学段的教师也应该加强交流,一起来解决共同面临的问题。比如,中小学之间,小学语文经常谈到"听说读写",到了初中则提为"读写听说",这绝不仅仅是一次简单语序的问题,这里面包含着主次轻重的倾向,那么,其中必然包含着过渡衔接的问题。小学的高年级好像也慎谈结构层次、归纳段意,那我们初中就要在一年级做个相应的铺垫衔接。埋怨是解决不了问题的。

和小学校长们的热烈讨论让我感觉现在中学、小学是真正意义上的一家人,认识到这一点相互沟通交流就方便了,充分利用这个有利条件,教学衔接工作就大有可为!

(青岛第二十一中学　吴乐琴)

聘请一线的教育教学专家,从教与学的实际情况出发,寻求教学衔接的有效方法,是解决教学衔接问题的有效途径。几年来,我区还先后聘请了美国加州 Humboldt 州立大学心理学系主任胡森歧教授、青岛市陶行知研究学会周嘉惠会长、青岛市教科所于立平所长、青岛市教育局李淑芳、教育专家徐晓东等来我区进行专业引领,让我们的课题研究和实践更有底气,更加专业。

图 4-23　美国加州 Humboldt 州立大学胡森歧教授在作《心理因素和健康》的专场报告

2.座谈——平等对话

要找到幼儿园、小学、中学教学衔接上的根本点和关键点,调研各方现状、听取各方意见是基础。在课题研究初始和课题研究过程中,我们开展了大量的不同层次的座谈活动,在平等对话中探寻教学衔接的有效途径。

由教育主管部门组织开展座谈活动,从学校、校长、教师、家长多个角度听取教育教学衔接的现状和存在问题,使教学衔接工作既有了广泛的实践基础,又全面征求了各方建议,确保了衔接工作的顺利实施。

【案例4.26】

### 幼小衔接　从交流开始

从幼儿园到小学,是儿童成长的重要阶段,而拼音教学对于即将入学的孩子来说,是一个小小的难关。记得教一年级的时候,有幸与四方区教工第三幼儿园的十几名教师就"拼音教学"问题坐到了一起,进行了一次非常有效的沟通。

教学中,搞清楚每节课的教学目标是非常重要的,这是我们教学的指明灯。因此,交流之初,我把这个问题提了出来:"幼儿在拼音方面到底要达到什么样的目标呢?"老师们通过讨论,达成了共识:对于幼儿学习拼音,要求不要太高,能够熟悉每个字母的读音,有拼读感,能拼出正确的音即可。

幼儿园上课,教师以"游戏、活动"设计教学的过程,老师们会制作很多的教具卡片,会编生动有趣的小故事,也会采取很多孩子们喜欢的方式进行评价,充分体现了趣味性与灵活性,也就是玩耍的特点浓一些,形象的、直观的思维占主导,孩子们更多的是在玩中体验求知之乐。

幼儿园老师们的拼音课教的生动有趣,我们一年级的老师更要奋力接好这个接力棒。有了上次的沟通交流,我进行了一些思考。在知识的承接上,小学教材的编排,完全是从零开始的循序渐进。学生进入小学后的所学,不是在幼儿园基础上的提高与继续,而是幼儿学习内容的重复。这样的情况,势必造成教学时间的浪费,学生求知欲望的下降,学习效果的慢与差。应该如何有效地衔接呢?

我在一年级教学班进行了一个尝试。开学初,我没有急于进行拼音教学,而是先进行调查了解。我用课件呈现了一些单韵母、复韵母、带声调的音节等,让孩子们展示自己在幼儿园的学习成果。这样,我就知道了哪些地方是孩子们的优势、哪些是薄弱环节。对于那些基础好的孩子,在学习拼音的过程中,我给他们展示的空间,当好其他同学的"小老师"。"小老师"在教别人的同时,其实自己也在学习。而相对落后的孩子,我则在课堂内外给予更多的关心,使他们能够快速赶上其他同学的步伐。这样做比起以前的教学,用的时间少了,老师费的力气少了,效果却好了。此外,在教学的形式上,我也有所改变。这还是缘于上次的幼小衔接交流会。听着幼儿园老师那些生动有趣的做法,我当时就想:既然孩子们这么喜欢幼儿园的教学方式,我们何不尝试着去沿用和创新呢?讲讲故事、说说儿歌、设计动画的课件,让孩子们在一定的情境中,快乐地学习拼音,效果真是好。

幼小衔接活动的开展,以及在活动后的亲身实践,都让我深深地感受到幼小衔接工作的重要性。有了有效的交流和沟通,让幼儿园老师的教学更有目的性,使我们这些小学老师在教育孩子方面学到了许多宝贵的经验,也少走了许多弯路。这样,使幼儿园和小学的老师们在教育教学上达成了衔接与过渡的一致,保持了对孩子教育的连续性,为新入学的孩子们能更好地适应小学的学习生活打下了坚实的基础。

(青岛长沙路小学　张惠卿)

在教师层面开展座谈,对教学衔接有更加直接的促进作用。教师能结合自己的教学任务和教学方法,畅谈自己的教学理念和培养目标。交流中教师们边学习,边研究,边反思,互促共进,加强了幼儿园、小学、初中的交流和合作,实现了优质资源共享和师资力量的优势互补;在教学理念、课程目标方面共同构建良好的教学衔接氛围,更好地带动学校各项教学工作,对全面提高教学衔接工作起到了举足轻重的作用。

图 4-24　青岛长沙路小学和青岛市四方区教工第三幼儿园的老师们一起畅谈拼音教学的衔接

【案例 4.27】

## 我与儿子共同成长

有幸参加了幼儿园组织的家长座谈会和小学的家长一起聊一聊教育教学衔接的问题,让我们充满焦虑的心慢慢平和起来。孩子马上就要上小学了,小学的教育是怎样的? 孩子需要做好哪些准备? 这是家长非常关心的话题。如果能从一年级学生家长那里得到最鲜活的教育经历和经验,对我们来说真是雪中送炭。

在这次家长座谈会上,我们聆听了一年级家长介绍的有关孩子升入小学后的各项学习要求,明确了小学一年级学生要达到的学习目标,让我学会了如何在生活中给孩子养成良好的学习习惯。

首先,我认识到应当多观察,多等待,少说话,给孩子提供更多的动手动脑的时间和空间。以前接送孩子,每次我都会手忙脚乱地给孩子穿衣服、拿被子,一顿忙活,自己急得够呛,而儿子却优哉游哉毫不着急。自从知道小学生凡事要自立后,我学会了适当放手,我学会了静静地等待,看着孩子穿衣服、穿鞋子、拿作业、拿被子……渐渐地,感觉孩子的自理能力逐渐提高了,也不再丢三落四了,有时候还能提醒家长要带的东西,孩子好像突然长大了。

其次,我学会了指导孩子养成良好的学习习惯。从孩子进入大班以来,老师每天都会给孩子布置一定的作业任务,如画画、手工、观察作业等等。为了让家长配合，老师要求孩子告诉家长当天的作业。由于我的工作较忙，在刚开始的一段时间里，孩子经常回家后就忘记了作业，等早上要出发的时候又想起来，结果就是家长给孩子代劳或者作业完成草草了事，这样也给孩子养成了依赖性强的不良习惯。座谈后，我也意识到这样做对孩子造成的不良影响并及时改正，每天接孩子第一件事就是问作业，回家第一件事就是让孩子完成作业，这样孩子的好习惯就慢慢形成了，为上小学做好了充分的准备。

看着儿子点点滴滴的进步，我的心中充满了喜悦。在与儿子的"斗智斗勇"中，我也不断运用老师和家长们传授给我的锦囊妙计，"无往而不胜"。在轻松愉快中给儿子养成了好习惯，我与儿子共同成长！

（青岛市四方区实验幼儿园家长　孙　辉）

中小幼教育衔接并不只是幼儿园、小学和中学的事情，家庭和社会各方面因素都对其产生影响，尤其家长的作用不能忽视。儿童的生活行为习惯、自理能力、身体素质、学习态度和能力以及社会适应力等都离不开家长态度的影响。因此，教学衔接应重视做好家长的工作，采取普遍家访、召开家长会、举办家长座谈会和家长开放日活动等方式向家长宣传教育理念和正确的衔接措施，帮助家长学习、掌握科学的教育方法，使家长和教育工作者同步对儿童进行衔接教育，保证衔接工作的顺利进行。

图 4-25　青岛市四方区实验幼儿园家园共话幼小衔接

## 二、教学内容与教学方法的衔接

教学内容的衔接。要求衔接学段的各科教师（特别是语文、数学、英语教师）熟悉前后学段教材内容，把握教材体系的内在联系，并在自己的教学中注意比较性联系和有机渗透，为学生的学习作好铺垫与衔接。主要途径是：教研员打破学年段，携手合作，带领教师把握教学内容；各学段教师主动通读相关衔接学段的课程标准、教材教法，以便融会贯通，达到新旧知识的自然过渡；相关学段教师进行同课异构，实施课堂观察，采取研讨论坛等形式分析各学段教学内容的衔接。

图 4-26　青岛市四方区机关幼儿园老师在故事中教授知识真有趣

教学方法的衔接。幼儿园采取直观手段，在故事、游戏中学习粗浅知识；小学教师强调的是通俗易懂、形象生动、有趣性及让学生更多地参与，让学生在教师所创设的教学情境中，从感染到融合，再到知识的掌握，每课一个主题，内容相对简单，因此教师可以把教学过程设计得比较宽松；中学教师由于每课时应讲述的内容较多，偏重于强调课堂教学的系统、完整，在教材处理上侧重于重、难点的掌握与突破，课堂教学环境不再轻松。中小幼教师应该充分认识学生的生理和心理特征,把各学段优秀的教育方法结合起来,重点放在对学生学习动机、学习兴趣的培养上,帮助学生顺利实现幼儿园到小学到中学的过渡。

1. 研课——磨合教学内容与方法

研课就是课堂教学研究,教师以课堂教学为研究形式,现场展示所教学段和学科的教学内容以及教学方法,通过与教研员和听课教师的评课交流,探讨教学内容的选择和处理是否恰当,研究教学方法的使用是否有效等问题。研课为教学衔接提供了真实的平台,是实现教学衔接的有效途径。

(1)展示课例。各个学段、各个学科的课堂教学都有许多经典的课例,教师通过上展示课,展示自己所教学科和学段的教学内容和教学方法,可以让听课教师在短时间内了解各学段的教学内容,掌握各学段的教学方法,达成共识,产生共鸣,为教学衔接奠定坚实的基础。

**【案例 4.28】**

## 我教初一年级《扇形统计图》

得知学校要和青岛淮阳路小学开展中小衔接教学研究活动,我有机会上展示课,我开始有些惶恐,因为我对小学数学教学内容和教学方法从来没有精心研究过。为了上好这节教学衔接展示课,我深入地了解了小学阶段对统计知识的学习目标,知道了小学阶段只要求学会识别各种统计图、了解它们的特点和作用,而初一将对统计知识进行延展,要求会制作统计图。因此,我抓住学生更熟悉的生活素材,应用学生已有学习经验的问题设计情境,抓住新旧知识的衔接点,启发学生思维,激发学习兴趣,从而使知识自然过渡。

考虑到中小衔接的问题,我在设计《扇形统计图》一课时关注了两点:重点强化学生对统计图的识别,会识别扇形统计图所反映的量,知道各种扇形表示的意义;重点落实扇形统计图的制作。前者是对小学已有的旧知识的强化巩固,后者是初中阶段对知识的迁移升华。

这节课我主要采用了"发现研究法",以问题为主线,引导学生自己讨论发现新知识。这节课上我设计了四个问题情境:"看一看"给出了我校初一学生每晚学习时间的调查结果的扇形统计图,让学生通过读图发现信息,更深入地强化扇形统计图中"圆"表示什么、"扇形"表示什么,通过该图又能得到什么信息,巩固了小学的统计知识;"比一比"设计了一个现场调查,让学生调查本班课外学习时间的分配情况,学生的积极性马上被调动起来,继而提出问题:"你会如何呈现这些数据?""用什么方式可以更清晰地反映这些数据?""如果想知道哪个时间段占的比例最大,用什么方式呈现数据会更直观?"……引起学生思考,让学生自己发现和分析问题,他们分组合作找出解决问题的方法——制作统计图表,从而引出如何制作扇形统计图,自然地融入到新知识的探究活动中。"议一议"设置了两个扇形统计图的对比:"你知道哪个学校的体育达标人数更多吗?"从而让学生关注到扇形统计图只反映各量占总体的比重大小而不能反映具体数据,加深学生对于扇形统计图的特点和作用的理解。"谈一谈"让学生畅所欲言,交流在学习过程中的收获以及遇到的困惑。

课堂上学生广泛地参与到数据收集和分析的过程中。在活动中通过自己的观察、分析、判断、归纳得到结果,既树立了学生的自信心,又能激发了他们的学习兴趣;通过合作学习解决新问题,体验了成功的快乐,也充分体现了学生的主体地位。通过学习活动可以培养和提高学生的探究能力,逐渐学会应用数学知识解决实际问题,真正做到学以致用。

(青岛第二十一中学　周雪皎)

## 【案例 4.29】

### 我教六年级《用分数表示可能性的大小》

刚刚接了六年级毕业班的数学教学工作不久,我就有幸亲身经历了我校与青岛二十一中举行的一次中小衔接的教学活动,主要内容是我校六年级与二十一中学初一教师互相听课,课后进行座谈及评课。

怀着期待地心情我听了二十一中学周老师的初一数学课——《扇形统计图》。这部分内容小学六年级同样也学过,只是初中要求更高一些。整节课给我的最初感觉就是一个字:快! 老师讲课的语速很快,课件每一个页面内容都很多,还没看明白,下一页又来了。习惯了小学的慢节奏,我一直手忙脚乱。直到我放弃了记听课笔记,专心听讲,才逐渐跟上了老师的步伐。再看看学生也都很紧张地看着黑板,努力地听,努力地思考。每当老师讲到重点部分,看到学生都直直地坐在那里,就会提醒学生:"记笔记啊!"于是,全班低头一顿猛抄。整节课学生回答问题的很少,每个问题举手的学生一般不超过 10 人,约占总人数的 10%～20%。学生不是不想回答,可能还没想明白,老师已进行下一环节了。当时我就想,从小学到初中,我这个老师都如此不适应,更何况学生了。

初一的老师来听我讲的课是《用分数表示可能性的大小》。在这节课中,我创设了一个摇号抽奖的游戏情境:电脑制作了一个抽奖小程序,只要一按"开始"键,全班同学的学号就在屏幕上飞速地滚动出现。当按下"停止"键,滚动的学号就会停下来,停在哪个学号上,那么这个学号的同学就获得了今天的幸运奖:一份精美的小礼物。然后引导学生思考:你觉得被抽中的可能性大吗? 中奖的可能性是几分之几? 这个游戏一下子就吸引了全班学生的眼球,学生的积极性马上就调动起来了。后面我又设计了"猜猜宝物在哪里"、扑克牌游戏、"设计一个抽奖转盘"、"我来买彩票"等环节。每个教学法环节都是以游戏的形式,紧扣用分数表示可能性大小这一教学重点,引导学生通过质疑、探究、交流、动手操作等活动完成了本课的教学任务,并将课堂气氛推向了一个又一个高潮。下课时,学生意犹未尽,很多孩子小脸红红的,眼睛里闪着兴奋的光。

在评课中,初中老师第一句话就是:"这样的课,如果我是学生,我也爱上。"从学生的角度来说是这样的,但从初中教师的角度来看却是轻松活泼有余而深度不够。虽然我顺利地完成了教学任务,也对教学内容进行了拓展,但初中教师认为没有思维难度较大的问题。其次是教师语言不够严谨,没有强调几个藏宝物的盒子、每张扑克牌的反面……是完全一样的。再就是学生上课没有记笔记的习惯。

通过这次交流活动,我认为中学老师课堂教学设计的密度较大,按课文的内容一环扣一环地进行教学,重在讲清概念、讲清算理,注重学习的连贯性、逻辑性,但课堂中缺少让学生思、让学生练的机会。学生在一堂课中必须超强度地接受很多新知。这种教学方法,对于中上水平的学生来说没什么问题,但对于中下水平的学生可能在短时间内消化不了。

关注到了这一点,我想:作为我们小学教师,应该怎样配合中学教学,让我们的学生一入中学就有较强的适应性呢?

首先,要处理好预习与探究的关系。以前我在教学中不要求学生预习。其实,这是对探究学习的错误认识。在数学的进一步学习中,特别是对于中学快节奏的课堂教学,学生养成预习的习惯非常重要。建构主义认为,任何学习都是学习者自主建构的过程。在这个过程中,离不开学习主体与文本之间的交互作用。有意义地接受学习是自主建构,有意义地探究学习也是自主建构,学生先读了课本,知道了结论,但往往只知其然不知所以然,因此预习之后仍然存在探究的空间。只要我们教师提高探究的起点,对教学设计提出新的要求,既能促使探究的深化,又能培养学生的自学能力,从而为学生能更好地适应中学学习打好基础。

其次,要加强学生对概念的理解和掌握。在多年的教学中,我发现学生在数学学习上出现的问题其根本原因是很多概念一知半解。比如,四则运算的意义很多六年级学生都说不清楚。再如,什么是小数,有的学生会说有小数点的数是小数。对概念一定要通过变式与比较、肯定例证与否定例证等方式,让学生弄清概念的含义、实质,并通过所掌握的概念解决实际问题。等到学生对特殊的具体事物有所认识后,及时把有关的数学知识进行概括、抽象,以此逐步引导学生加深由片面到全面、由现象到本质、由外部联系到内部联系的理解。

最后要精心安排整理与复习。小学数学教学,教师讲得细、练得多,直观性强,学生学完新课后不断地反复练习,学生对老师有一定的依赖性。到了中学,课程增多,教师授课的进度加快,如果学生稍不留神,学习就会跟不上,慢慢地,他就会对学习失去兴趣。所以,我们作为小学教师,有必要从小培养学生的复习能力。

这次中小学展示课交流活动,让我有机会走进中学的课堂,亲身感受中学的教学内容和教学方法,对指导小学六年级做好教学衔接工作意义非凡。

(青岛淮阳路小学　燕玉芳)

五年来,各个中学、小学和幼儿园每年都开展课例展示活动,教师们积极参与上课、评课,讨论切磋教学技艺。老师们普遍认为中小学教育衔接非常有必要,各个学段的教学内容和教学方法虽然不一样,但因为有了教学衔接,使彼此之间有了更深刻的了解,对课堂教学的知识与能力的渗透、教学策略的运用有了新的规划。聚焦课堂、衔接牵手的活动深受中小学老师们的欢迎，它的可持续性发展为各个学校和四方区的教育教学带来了新的活力和新的气象。

（2）同课异构。为让一线教师更加真切地感受到教学衔接的必要性，提高教师在教学衔接方面的意识和能力，促进教师反思教学衔接的具体实施策略，把同一部分的教学内容分别呈现给不同学段的教师，幼儿园和小学教师同教一节课，小学教师和中学教师同上一节课，让他们亲历跨学段执教的过程，真切地感受不同学段学生的课堂表现，有力地促进了教学衔接工作的进程。

图 4-27　青岛洛阳路第二小学江静老师在给青岛第四十一中学初一学生上英语课

**【案例 4.30】**

### 小学教师走进中学讲坛

作为一名小学英语教师，我有幸参加了中小幼教育衔接理论研究和实践探索课题研讨会，借用青岛四十一中的学生，执教初一年级下册"Unit 11　What do you think of game shows?"一课。在准备这节课的过程中，我首先了解了教材的内容和教学目标，充分挖掘教材的趣味性和交际性，通过开展猜一猜、抢答、竞赛等教学活动调动学生学习的积极性，活跃课堂气氛，寓教于乐。同时也向中学老师请教，融入中学的教学方法，进行大量的巩固练习和听说读写的综合训练。同时，我也认真聆听了中学英语教师执教的这一课。通过这次同课异构，我加深了对中小学英语教学衔接的认识。

对教学内容和教学目标的了解：小学英语教学侧重激发和培养学生学习英语的兴趣，培养一定的语感和良好的语音、语调，引导学生用英语进行简单的交流，为学生以后的英语学习打好基础。小学生对英语学习具有较浓厚的兴趣，要养成认真听讲、积极发言、按时完成作业、善于模仿语音语调等良好的学习习惯。初中英语教材词汇量增多，难度逐步加大，教学要求从听说为主，逐步向听说领先、读写跟上的阶段过渡和转移，学生阅读、理解、书面表达的能力都比小学有很大的提高。中小学英语教学自然衔接的前提是中小学教师对彼此的教学内容和教学要求进行了解和熟悉，这样才能让小学老师知道如何帮助学生打好进入中学学习的基础，而中学老师熟悉小学英语教材教法，以便融会贯通，达到新旧知识的自然过渡。

教学方法的衔接：小学生对新鲜事物好奇、好动、好问，喜欢做游戏、唱歌、竞赛等有趣的课堂活动。初中的课堂教学知识性增强，缺少趣味性，而初一的学生依然喜欢生动有趣的课堂教学，所以中学老师在执教时应认真把握好教材内容的趣味性，利用各种直观教具营造生动的语言交流情景，使学生在真实的情景中学习英语，体验英语学习的趣味性，享受英语学习的乐趣。教师的激情，多样性的评价,同样可帮助学生树立学习的信心,让学生百听不厌、勇于发言、乐于交流。

英语学习技能的衔接:小学阶段,学生的学习技能基本上是机械模仿,书写字母和单词,是一种被动的技能培养。学生学习只凭一时兴趣,缺乏主动性,视、听、说的活动多于读、写的活动。读的技能也只侧重拼读和模仿朗读,写的技能也只侧重书写规范的字母、单词和句型。学生通过听和直观感知,学习了一些常用的词汇、简单的句子和少量的语法知识。所以,学生进入初一后,教师应当设法使学生的语言积累、语言的扩展和使用转化为以听说为主,逐步向听说领先、读写及时跟上转化,从简单英语学习向内容较复杂的英语转化,从简单言语交流活动向用整句回答或用特殊疑问句的回答方式转化,从机械地模仿向有意义的操练和真实情景中交流的活动方式转化,从学生被动学习向主动学习转化。

(青岛洛阳路第二小学 江 静)

小学老师给中学学生执教了一节课,就对中小学教学衔接问题有了如此深刻的思考,同课异构确实给教师们搭建了教学衔接的七彩桥梁。从中学的课堂里走出来,回到小学课堂去,教师们更加清晰地触摸到了教学衔接的命脉所在,在一节又一节的平日课堂教学中,教师们会自觉地培养学生的学习习惯、指导学生学习的方法,为教学衔接的顺利过渡而日日努力。

2.研讨——整合教学内容与方法

在课堂教学切磋的基础上,深入开展教学研讨活动,促进教师对教学内容和教学方法的整合,以实现有效的教学衔接。

(1)课堂观察。课堂观察源于西方的科学主义思潮,顾名思义,就是通过观察,对课堂的运行状况进行记录、分析和研究,并在此基础上谋求学生课堂学习的改善、促进教师发展的专业活动。课堂观察作为一种合作的专业研究活动,有助于观察者和被观察者的互惠学习。我们把课堂观察的教学研究形式引入教学衔接的研究和实践中来,通过各学段教师共同研究、共同听课、共同反思的过程,实现教学内容和教学方法的有效衔接。

【案例 4.31】

### 《学步》让我在教学衔接中"学步"

得益于我校在中小衔接方面做出的努力,我成为了青岛四十一中学与青岛长沙路小学语文教学衔接团队中的一员,有幸经历了"课堂观察"这种有效的教学研究模式。

"课堂观察"教学研究模式分课前会议、课中观察、课后会议三个板块。

在课前会议中,我们中学老师和小学老师欢聚一堂,一起交流我要执教的小学六年级语文书中的著名作家赵丽宏的散文《学步》一课的教学目标和教学策略。然后由我向老师们说课,介绍我的总体教学设计思路。最后由老师们一起设计观察量表,对我的教学设计中能否实现朗读、体会、表达等语文教学目标设计了具体的观察点和数据收集点。

因为这是一篇叙事散文,通过记叙作者看着自己的孩子学步时摇晃、跟跄和摔倒的情景,表达了一位父亲对孩子学步的担心,以及走好人生道路的嘱咐和期望,有浓郁的情感、细致的刻画。因此,在这堂课上我带领学生通过朗读、体会重点词句,感知父亲的深情,同时让学生对于散文这种文体有初步了解,感知叙事、抒情的不同。在课堂讲授的过程中,注重学生学法的指导。比如,速读要求的指点,不指读,不唇读,不回读。再如,赏析文章,讲解赏析句子方法,运用"加一加"、"减一减"、"换一换"、"调一调"等方法让学生在比较中理解得更加深入。

在课后会议中,我首先自我反思:作为六年级的学生,他们对于文体知识了解较少。针对他们的特点,应该调整部分教学目标,比如要增加"通过预习将描写孩子学步情景的句子划出来,初步感知叙事散文中叙事、抒情"这些教学目标。

我校的中学老师普遍认为中学语文学习比起小学的学习更多注重培养孩子由被动学习到主动学习,由老师提问到自己主动动脑思考的能力。课堂上应该努力营造老师讲的少,学生自己思考、合作探究得多的氛围。其次,中学语文在让学生感知美的基础上,同样注重对于学生方法的传授。"授人以鱼不如授人以渔",只有这样,才能让学生终身受用。小学老师则认为应该更多地关注学情,教师要多注意学生本身已有的知识,以及缺乏的环节,从而以学定教、顺学而导。

升入初中,学生面临新的挑战,中小衔接是一个值得长期探索的课题。作为教师,有责任关注学生成长的每一个环节,在中小学之间架起衔接的桥梁,让孩子们在上面走得更稳、更迅速。

(青岛第四十一中学　王兆燕)

课堂观察因为有了课前会议的良好基础,所以在课中观察时,听课教师迅速进入观察和研究的情景,针对教学目标是否达成、教学策略是否有效、教学内容是否偏离、学生参与是否积极等问题开展专项调研,更加尖锐地发现和指出了课堂教学中存在问题的原因和解决方法,使教学衔接工作更加有的放矢。

(2)论文案例。五年来,各中学、小学、幼儿园的一线教师撰写了大量的教学衔接的论文和案例,参加了全国、山东省、青岛市的各级各类论文评选,取得了优异的成绩。教师们从教学衔接的现状到教学衔接的方法、策略、途径,做了细致的考察和体验,写出了一篇篇教学衔接成果,为中小幼教学衔接积累了宝贵的经验,留下了珍贵的资料。

### 三、学习习惯和学习方法的衔接

学习习惯的衔接。良好学习习惯的养成,是一项长期的持续的工作,它不但作用于课堂学习活动,还贯穿学生生活的各个环节中。幼儿园注重学习习惯的认识与感知,强化目标意识,注重意志的磨炼,培养听、说、看、写、做、想的习惯。小学重在做好良好习惯的初步养成,包括预习、听课、笔记、作业、复习等习惯。中学注重预习的习惯、上课做笔记的习惯、课后独立完成作业的习惯、复习的习惯等,并要求学生将学习习惯内化,成为一种自觉的行为。学习习惯衔接关键期是开学头三个月,班主任坚持跟班制,扶与导结合,在紧跟、勤盯中培养起学生的自觉性、主动性,帮助学生尽快适应新的学习环境,在学习习惯的衔接上做到"瞻前"和"顾后"。

学习方法的衔接。学习方法很重要,决定着孩子的学习状况。幼儿园没有学习任务的压力,学习方法以观察、想象、动手操作为主。小学生开始了规范的课程学习,学习方法就包括课前预习、课堂听课、课堂笔记、复习自我管理等多种类的方法。中学生的学习内容更具系统性和逻辑性。中学生的学习方法就要增加阅读教材的方法,提取加工信息的方法,归纳、理解、分析、判断的方法,识记、比较辨析、运用的方法,描述、论证和探讨问题的方法等。搞好教学衔接,关键是指导学习方法,变"学会"为"会学",这是衔接教育的中心内容。

1. 参观

幼儿园的小朋友到小学课堂里参观,小学生到中学课堂里参观,用眼睛捕捉各个学段不同的学习形式,用心灵去感受学习习惯和学习方法的不同,从而在心理上为学习习惯和学习方法的衔接做好准备。

【案例 4.32】

### 幼小衔接——走进小学

进入大班下学期,做好幼小衔接工作已经成为我工作中的重中之重。为了让幼儿进一步了解小学生的生活,激发幼儿入小学的愿望,我们组织幼儿进行了一次走进小学的活动。

在去小学前,我首先在班级里进行了一个简单的问卷调查,初步了解了孩子们心中想要知道的关于小学的一些问题。孩子们的问题五花八门的,可真多啊!"小学都上什么课啊?""小学老师凶吗?""哥哥姐姐几点放学啊?""学校有水果吃吗?""小学的教室与幼儿园的一样吗?"……

带着这些问题孩子们来到了他们向往已久的青岛宜阳路小学,参观了正在教室、实验室、图书室、美术室、音乐室、多媒体教室里上课的小学生们学习的情景。孩子们兴奋不已,个个伸长了脖子,看看这里,摸摸那里。参观完毕,孩子们到班级里,小学老师给他们上了一节生动有趣的语文课。看到教室里播放的精美的课件,小朋友们流连忘返;听到教室里传出之琅琅读书声,他们赞叹不已;看着少先队员胸前之红领巾,他们更是羡慕极了。

图 4-28  青岛市四方区教工第二
幼儿园小朋友感受小学课堂

课间十分钟的时间到了,孩子们和小学的哥哥姐姐一起游戏、一起玩耍,体验到了课间十分钟的乐趣,并且知道了学校操场厕所、洗手池的位置,他们对小学有了一个比较全面的了解。

参观小学之后,我又在班级中进行了谈话活动。对于小学与幼儿园的区别,孩子们个个说得头头是道,有的说教室不同,里面有很多课桌,还有老师上课用的讲台;有的说上课不同,老师是在黑板上写字;还有的说小学生要自己预习,要阅读更多的书籍,等等。由此看来,孩子们已经在心里对小学与幼儿园进行了很多比较,已经有了上学前的心理准备。接下来对于如何当一名合格的小学生,孩子们也都纷纷表示:上课要认真听讲,要及时完成老师布置的作业,与同学们团结友爱、相互帮助,争当一名少先队员等。

通过这次参观,孩子们对小学有了比较直观的认识,这从他们参观前后的画中也可以看出:未参观前,他们的画中主要就是人和房子,显得比较单调;参观回来后,孩子们的画中有了操场、教室、国旗等,画面内容丰富了许多。

(青岛市四方区教工第二幼儿园　刘倩玉)

"走进小学"不仅让幼儿亲身感受到了小学与幼儿园生活环境和学习环境的不同,更让幼儿从心理准备和能力准备等方面逐步向小学生活进行过渡,进一步激发了幼儿向往小学生活的积极情感。小学里融洽的师生关系,宽松、愉快的学习气氛,让幼儿感到和谐、愉快、亲切。这一活动为大班的小朋友将来顺利升入小学,让他们尽快适应小学的学习节奏和方式起到了促进作用。

每年的5～6月都是赴小学、中学的参观时间,小学生来到中学参观,进一步了解了中学生课前预习、课中提问、小组讨论、集体交流、课后整理笔记等学习习惯和方法,为顺利衔接做好了充分的准备。

2.交流

为了实现幼儿园升小学,小学升入初中的顺利衔接,组织中学教师、中学生和小学生一起交流,小学教师、小学生和幼儿园小朋友一起交流,为学生们提供了一个了解高一学段学习习惯和学习方法的空间,让学生在升入高一学段之前就对未来的学习情况有深入的了解,从而在心理和行为上都做好学习衔接的准备,是实现教学衔接有效性的重要前提。

图4-29　青岛第二十一中学教师为青岛淮阳路小学六年级学生讲座

【案例4.33】

### 面对中小衔接我们该怎样做

"上中学,你准备好了吗?"在我们六年级中随便挑出一个人,他都会说我准备好了,可是真正准备好的又有几个人? 今天,青岛二十一中学的王老师以中小衔接为主题,为我们这些即将上初中的毕业生们上了宝贵的一课。

听完王老师的讲述,我对中学的认识更深了。首先是那两张使人深思的照片,一张是矗立在黄浦江畔的金茂大厦,另一张是在建设当中就轰然倒塌的"楼脆脆"。同样建造在黄浦江畔,却是不同的命运,金茂大厦屹立在黄浦江边20多年,岿然不动,曾经的亚洲第一高楼风采依然;而"楼脆脆"尚未"出世",就倒在江边,可见打好基础是多么重要。我们这些即将毕业的小学生,应该利用好毕业前的宝贵时间,把基础打好才是硬道理。

基础打好了,我们还要向初中靠拢。初中和小学有很大的不同,很多学生升入初中后不适应初中的学习生活,就渐渐地掉了队,所以说,初中和小学要有一个很好的衔接过程,需要从知识、方法、习惯三方面做准备。

知识的获取要靠学习、思考、钻研,学习是靠读书,思考贵在细、疑,钻研在于坚持。所以,从现在起,我们要认真学习,要勤于思考,做勤学善思的好学生。

好习惯的培养,靠我们自己完成。我们可以利用好日常的小事,来锻炼自己的能力,培养我们的习惯,如培养不拖拉的好习惯,培养自觉学习的好习惯,培养专注的好习惯。我们可以通过值日来锻炼我们自己又快又好地做事情的习惯,我们可以通过保质保量地完成作业来培养我们自觉学习的习惯;我们还可以通过保持课堂的安静来锻炼我们的自制能力,等等。只要我们用心,任何的好习惯都可以慢慢养成。

最后,学习方法的适应是中小衔接的关键。预习有方法,预习不思考等于不预习;听课有方法,积极回答,多问为什么;笔记有方法,每门课应有两本笔记本;复习有方法,"三遍"复习法;作业有方法,做作业三步法,这些都是学习的方法。

如果上面的每一条你都做好了,那你可以大声地说:"上中学,我准备好了!"

（青岛淮阳路小学六年级二班　吕思齐）

除了有教师参与教学衔接的交流活动,每年6月份,各个小学都会邀请部分刚毕业的学生回校,请他们向现在毕业班的学生谈谈初中的学习生活,介绍现在初中的学习内容、学习方法、上课形式,谈谈小学、初中的不同之处,使六年级学生初步感知未来学习的变化,让学生们明白了"初中前我要准备什么?",从心理上做好转变的准备。

3.体验

体验,以它独具魅力的真实感和参与性成为教学中推崇的一种途径。在教学衔接活动中,体验活动为学生的学习习惯和学习方法的衔接展现了一个广阔的舞台。

【案例4.34】

### 不经历风雨,怎么见彩虹

我作为学生代表,有幸参加了青岛二十三中学举办的英语活动,活动的整个过程让我感受颇多。此次英语活动内容丰富多彩,有英语手抄报、英语风情展、英语小短剧、英语游戏比赛等。这也是四方区规模最大、参与人数最多的活动;活动的内容精彩纷呈,是一场高质量的英语文化盛宴。

在此次英语活动中,留给我印象最深的是英语手抄报展.翻开一本本精致的手抄报册子,真是让我大开眼界,爱不释手。手抄报的版面设计如此巧妙,形式又是如此多样,内容更是丰富,有单词大比拼、词语巧归类,英语幽默笑话、英语小故事、英语小知识、英语风土人情等。特别是很多知识是书本上学不到的。我想，手抄报的小作者们肯定查阅了不少资料，付出了很多精力，才呈现给大家一张张精美的作品。一分耕耘，一分收获，这一份份手抄报犹如一道道亮丽的风景线，让我徜徉在知识海洋中，真真切切感受到英语的魅力所在。

在此次英语活动中，最精彩的板块非英语话剧莫属。同学们以班级为单位排演话剧，并上台表演，口语表达能力强的饰演主角，而英语稍差的同学就扮演起了配角，班里的每位同学都有机会上台表演，充分展现自己。在舞台上，同学们充分发挥自己别具一格的魅力，把每个角色都表演得活灵活现、淋漓尽致。有的同学发音地道，表演自然；有的同学充分发挥自己的幽默能力，把场下的观众逗得捧腹大笑。大家在一起互相学习、彼此交流，这样的英语话剧表演不仅丰富了学生们的课余生活，还增强了班级凝聚力，真是一举两得啊！如果是我，我有没有勇气也站在这个舞台上，用流利的英语尽情地展示呢？这也让我深深反思自己，我是不是光完成老师的作业就行了？我是不是该多看一点英语课外读物，多听一听英语广播呢？一个个问题在我脑海中闪现，我是应该好好想想：该怎样学英语了，该在哪个方面努力提升自己？该怎样取长补短，提高听说读写各方面的能力？

临渊羡鱼不如退而结网。从现在做起，愿我逐步掌握中学的学习方法。我相信一定可以攻破英语这一大关，也能领略到英语世界的多姿多彩，享受学习英语的快乐！努力着，快乐着，我会在这条路上留下坚实的脚印。虽然前面会有艰难险阻，我仍有信心。不经历风雨怎么见彩虹，相信等待我的一定是最美丽的彩虹！

（青岛鞍山路小学　张文瑜）

小学生亲身体验中学的学科活动，不仅激发了学生学习和运用知识的兴趣，帮助学生拓宽视野、丰富文化底蕴、提高综合能力，同时增进了与中学教学的交流。让孩子们体验到快乐的同时，也让我们的学生对未来的中学生活充满了热切的期盼与坚定的信心。

4. 指导

参观、交流和体验这三种途径都是在学生升入高段之前帮助他们熟悉和了解高学段的学习现状和学习方法，更多的是帮助学生升入高学段做好了心理上的准备。但是，当学生已经升入高一学段后，就需要各学科教师在课堂上对学生进行有效的指导，以培养学生良好的学习习惯，掌握有效的学习方法。五年来，我区教师总结了许多有效的指导方法。有的教师通过营造课堂氛围，搭建衔接之桥；有的教师通过适应训练辅导，指导学生掌握学习习惯和方法；有的教师通过教学形式多样化，做好教学衔接工作……

只要教学衔接已经成为老师们关注和重视的问题，老师们一定会在自己的课堂上通过有效的策略指导学生逐渐养成相应学段的学习习惯并掌握学习方法。教学衔接，是老师们共同努力的方向。

## 四、教学评价的衔接

教学评价是促进学生成长、教师专业发展和提高课堂教学质量的重要手段，如何科学有效地进行教学评价也成为现代教学的基本组成部分。它不仅是成功教学的基础,而且是进行各种教育决策的基础。教学评价大都遵循多维性、过程性、真实性和发展性的原则,所以在各个学段,教学评价呈现出百家争鸣、百花齐放的局面。实现教学评价的衔接,可直接为教学理念和教学目标、教学内容和教学方法、学习习惯和学习方法的衔接提供的可能性。

1. 衔接手册

为把中小幼教育衔接工作做得更好,结合自身教学实际,各个学校都设计了富有学校特色的衔接指导手册,从教学理念、教学目标、教学内容、教学方法、学习习惯和学习方法等各个方面列出了有指导性的纲目,使教师、学生和家长能一目了然,尽快了解高一学段的教学状况。

同时,教学评价的衔接还体现在幼儿素质发展评估手册、小学生素质发展评价手册和中学生素质发展评价手册的衔接中。幼儿去小学报名上学时,必须携带幼儿素质发展评估手册;小学生去中学报名时,也必须提交自己的小学生素质发展手册。因为低学段的"送",肩负着介绍的职责;高学段的"接",承担着了解和持续发展的重任。衔接过程中要通过手册向接收单位介绍所送学生的学习情况、思想情况、道德品行和心理发展情况,特别是对那些学习困难的学生,品行或心理发展可能受阻的学生,应该重点详细介绍,以便高学段在了解的基础上能与学生家长、学生本人沟通,达成家庭、个人、学校三者的相互配合,争取在最短的时间内促使学生抛弃不良的心理障碍和不良的行为习惯,尽早步入高段正常的学习生活之中。

2. 评价手册

为了研究低段学生进入高段学习后是否真的实现了良好的衔接和适应,有些学校还开展了毕业生跟踪评价机制。青岛四方实验小学从第一届双语班毕业起,就开始了对毕业生的跟踪评价。在中学的大力支持下,通过两校领导之间的沟通、教师间的相互听课等途径,从语言、能力、综合素质等不同角度,跟踪了解毕业生的发展情况,收集到了大量的数据信息。从学生发展的系统性整体上进行评价,为更好地做好中小衔接工作起到了很大作用。

3. 课题研究

为扎实做好教学评价的衔接工作,很多学校还选择了教学评价作为学校研究的子课题,利用课题研究的方式,用科学的教育观察、统计等方法总结教学评价衔接方面的优秀做法。

【案例 4.35】

### 幼小衔接中的过程性评价研究

现状分析:

从我校以往的过程性评价工作中,我们发现一年级学生的评价存在几个方面的问题。一是教师对学生的评价与幼儿园脱节。幼儿教师对学生的评价,指向一般十分明确,语言褒贬分明,在表达上一般会采取较直接的语言。小学教师对学生进行评价的时候,重视学习成果,对学生的学习成绩、日常表现不合格的学生,在评价上难免缺乏公正和全面。二是学生对教师的评价存在不适应的问题。从以玩为主的幼儿园进入以学习为主的小学,得到的评价有了很多的变化。小学生在初入学的时候,有部分学生不能适应,个别儿童产生了一些不良的学习情绪;有些学生进入小学哭闹、逃学甚至厌学。三是家长存在不适应的问题。家长大部分都注重教师对子女的评价,他们往往对子女在幼儿园、小学两个不同的学校得到的评价进行对比。子女从幼儿园进入小学后的表现所得的评价,感觉差异很大,一时间不能适应。

这些情况都告诉我们,对幼小衔接期间儿童的过程性评价要进行研究,寻找更好、更全面、客观的评价方式也成了当务之急。目前,国内外对学生的评价方法和评价理念的研究成果很多,但是对幼小衔接这个特殊过程中的评价行为的专题研究的文献资料不多,同类的研究项目较少,网络上能够查找到的条目极少,所以我们的研究成果能够为广大小学的衔接期教师提供值得借鉴的价值。

在课堂教学中,教师的评价对学生的影响是非常重要的,教师注重多角度评价,不仅评价学生对知识的掌握程度,更重视对学生的合作能力、应答能力、提问能力、思考能力、应用能力等方面进行评价,分别设立"积极章、合作章、会问章、会想章、会用章"五个章来全面评价学生的学习过程。对于低年级学生,根据其年龄特点,在评价结果的表述中,教师将以上五种章设计为直观、可爱的卡通形象作为评价介质奖励学生。

**评价改革:**

对学习习惯的评价。对于刚入校的一年级学生来说,养成良好的学习习惯是非常重要的。因此教师特别注重学生在日常学习中的良好学习习惯的培养。例如,对上课爱发言的学生这样评价:"老师很欣赏你的自信,你的发言很精彩!",对于不爱发言的学生这样进行鼓励:"老师最希望看到的是你能经常把小手举起来!"个别学生上课不注意听讲,这样评价他:"你看那位同学的眼睛多有精神,一直看着老师讲课,你能和他一样吗?"教师每天这样针对学生的学习习惯适当评价,促进了学生良好学习习惯的养成。

对学习方法的评价。课程标准指出要在教学过程中注重对学生学习方法的指导,因此教师在教学实践中对学生学习方法的评价应渗透学法的指导。例如,"你真聪明,能想到这么多的口算方法,能找到一种最好的方法吗?""你能提出对这个问题不同的见解,真了不起!""你知道先思考,然后再动笔,这是个好习惯。""你创造了全班独一无二的计算方法,老师为你骄傲!""这个小组分工合作,有的数,有的摆,有的贴,分工合作很快完成了任务。"……这样,既让学生找出了自己的不足,明确了以后的努力方向,又调动了学生的学习积极性,使其想学、爱学、乐学,进而能更好发展。

**评价效果:**

这些富有感染力的评价语言拉近了师生之间的距离,使师生关系日益融洽,营造了一个民主、和谐的学习氛围,使课堂呈现出活泼、热烈的气氛。当学生得到这些可爱的小奖品时,个个喜笑颜开,爱不释手,获得了求知的愉悦感、学习的成功感,促使学生的学习处于主动、积极的状态之中。

(青岛四方第二实验小学　马　晖)

课题研究让学校总结了许多有效的评价策略,使评价衔接有章可循。课题研究让学校的教育科研能力不断提高,使教学评价衔接也走在了教学研究领域的前列。

总之,从幼儿园到小学,从小学到初中,教学衔接工作的圆满开展保证了学生学习生活的顺利过渡,使家长们放心,同时减轻了学生对社会可能造成的隐患。今后我们将继续努力,使其更扎实、有序地开展,真正做到为学生的终身发展奠定基础。我们在新的教育管理体制下,进行中小幼教育的理论研究和实践探索,从建立理论体系、探究衔接途径、形成衔接策略、构建衔接途径等方面进行深入研究,初步构建起初中小学、幼儿园三个阶段"三段一体、无缝链接"的人才培养链,缩短了儿童在高级阶段的适应期,促进了学生的全面发展。

# 附录
# 中小幼教育衔接研究

## "天价幼小衔接班"引发的思考

《扬子晚报》有这样一则报导。南京培训机构面向幼儿园大班孩子推出专门应对重点小学面试的"包过班",12节课11000元。这不是针对高中生的出国班。这种班,有一个俗称,叫做"幼小衔接班",也就是衔接幼儿园和小学教学教育的一种培训班。

这则新闻很令人震撼,"幼小衔接班"竟炒得如此火热! 那么,对于小学阶段来说,报班与不报班的孩子是否真的存在很大差异? 在入学面试时上过衔接班的孩子是否更吃香? 带着这些问题,我们访问了我区部分幼儿园和小学老师,他们反映:幼儿园在6月份会针对大班的孩子有专门的幼小衔接训练,包括体验小学生感觉、参观小学、习惯培养、任务意识培养等等。小学老师更喜欢有"后劲"的孩子,提前学习的孩子一旦知识储备用尽,又没有体验到真实的学习过程,反而会落后。

如何做好幼小或者中小教育的衔接,我们从问题出发,面向初一学生和幼儿园大班家长设计了中小和幼小衔接调查问卷,了解中小幼教育衔接的现状和存在的问题,并提出了可行性建议,着重对中小或幼小有效衔接的具体措施与注意事项作了介绍;之后,又汇编了《四方区中小幼衔接工作指导手册》,从学习适应性和社会适应性等多方面入手,为教师、家长出谋划策、排疑解忧,提供一些专业性的指导和建议,包括一些详细的训练方案等内容,以更好地帮助孩子顺利升入高一级学段,成为合格的学生。

山东省教育科学"十一五"规划重点课题
《义务教育管理体制调整后，中小幼教育衔接的研究》

# 幼小衔接研究调查问卷(家长卷)

尊敬的家长：

　　您好！感谢您百忙之中参与调查问卷，所获信息仅供研究统计之用，请您按实际情况认真作答，不要漏答，问卷不必署名，所以无需顾虑您的想法。下列一些问题，请您帮助回答，在选择题中请用"√"进行回答，最后一道简答题可以自由回答，不受限制。这份调查问卷对我们今后改进工作，更好地培养您的孩子非常重要。谢谢您的合作！

1. 您是孩子的：□爸爸　　□妈妈　　□其他
2. 您认为幼儿园教育应培养孩子哪些生活能力？（可选择多项）
□会自己穿脱衣服　　　　　　　□会整理/准备自己的物品
□会妥善保管自己的物品　　　　□会主动表达自己的要求
其他：＿＿＿＿＿＿＿＿＿＿＿＿＿＿＿＿＿＿＿＿
3. 在心理及社会适应方面，您认为幼儿园教育应培养幼儿哪些方面能力？（可选择多项）
□自信心　　　　　　　　　　　□自我保护意识
□集体观念　　　　　　　　　　□要懂得怎样与老师和同学相处与沟通
其他：＿＿＿＿＿＿＿＿＿＿＿＿＿＿＿＿＿＿＿＿
4. 您的孩子即将上一年级，令您担心的事情是什么？（可选择多项）
□上课时间每节课长达 40 分钟，坐不住　□早上起不来迟到
□不会使用小学厕所　　　　　　□不习惯老师的教学风格
其他：＿＿＿＿＿＿＿＿＿＿＿＿＿＿＿＿＿＿＿＿
5. 您的孩子喜欢上幼儿园吗？
□喜欢　　　　□不喜欢
6. 您的孩子喜欢或向往小学的生活吗？
□喜欢　　　　□不喜欢
7. 您的孩子在家里能不能独立的收拾自己的学习用品？
□经常　　　　□有时　　　　□不能
8. 您会因为自己的孩子马上要上小学了，便想让他们学一些接近小学的课程吗？
□是　　　　　□有时　　　　□不是
9. 您会对自己的孩子说些小学里的情况吗？
□会　　　　　□不会

10. 您会自己带孩子去熟悉小学的环境和小学的学习生活吗?

□会　　　　　□有时　　　　　□不会

11. 您会和幼儿园共同探讨自己孩子如何步入小学的安排吗?

□会　　　　　□有时　　　　　□不会

12. 您对快要步入小学学习的孩子会提出一些合理的要求吗?

□会　　　　　□有时　　　　　□不会

13. 您对幼儿园的课程满意程度如何?

□满意　　　　　□一般　　　　　□不满意

14. 您会通过哪些途径获得一些关于做好孩子幼小衔接的知识?

□书本知识　　　□他人经验　　　□了解较少

15. 您对幼小衔接教育行为的排序:请您根据自己子女的身体、品德、性格、能力、知识等五方面所花的精力多少排出第一至第五的次序。

①_____　②_____　③_____　④_____　⑤_____

16. 您对子女准备或是做过哪些智力因素的培养:(可选择多项)

□观察力　　　□语言能力　　　□数学能力　　　□思维能力

17. 您对子女准备或是做过哪些非智力因素的培养:(可选择多项)

□求知兴趣　　　□挫折教育　　　□独立性　　　　□自信心　　　　□任务意识

18. 您对子女做过哪些身体及自我服务能力方面的训练与培养:(可选择多项)

□科学进餐　　　□身体锻炼　　　□自己的事自己做□会根据天气变化增减衣服

19. 就幼小衔接来说,您有什么好的建议?(希望您多与班级教师交流,以便让您的孩子顺利度过这个重要的转折期)

# 幼小衔接研究调查问卷分析报告

## 一、问题的提出

近几年来,随着社会经济的发展和改革的深入,旧的传统的家庭教育观念受到了冲击,新的家庭教育的价值观、教育观正在逐步的确立和形成。家长不惜工本望子成龙、望女成凤,希望子女长大成才超过自己。然而,常言道"千里之行始于足下",儿童成长到了入学前期,如何帮助儿童顺利地渡过幼小衔接期,尽快适应学前教育与小学教育在学习任务、学习方式、作息时间、学习量度、学习难度等方面的较大差异,这一问题已愈来愈得到广大教师及家长的重视。

为了进一步做好幼小衔接工作,我区于 2006 年 6 月起着手进行《义务教育管理体制调整后,中小幼教育衔接的理论研究和实践探索》课题研究的筹备工作,从学生、教师、家长等不同层面展开研究前的调查工作,以全面了解刚入小学幼儿各方面表现及发展情况、存在问题,以便在教育上达成共识,更好地做好幼小衔接工作,使我们的课题研究工作更具普遍性、针对性。

## 二、调查对象和调查方法

(一)调查对象:为了进一步加强幼儿园与小学教育的衔接,有目的、有计划地对幼儿进行入小学适应性教育,于开学初向刚升入一年级的全区 10 所小学的近 1000 位家长发放了幼小衔接问卷调查表。

(二)调查方法:就家长对"幼小衔接工作的需求"、"家庭幼小衔接的做法"、"幼儿园幼小衔接的热点问题"三大方面进行了调查,包括多项选择题和访谈题。99%的问卷都由孩子的父母填写,因此他们的信息填写更为真实可靠。选择题的选项有罗列了各种可能的选项也有供家长自行根据实际情况填写的空间,这样就考虑了所有家长的需求。主观题的设置给家长提供了说话的空间,也给课题研究带来了更贴近事实的信息和最想了解的内容。本次调查问卷回表率达 94.3%,体现出家长对孩子幼小衔接工作的高度重视。以下是对家长问卷中所提问题的部分数据统计:

1. 孩子即将进入小学,令您感到困扰或担心的事情是什么?

(62.7%)上课时间每节课长达 40 分钟,坐不住

(39.9%)不会使用小学厕所

(36.5%)能否习惯老师的教学风格

(24.2%)早上起不来迟到

(5.5%)其他(上课不听讲、不积极发言等)

2. 就幼小衔接来说,您认为幼儿园教育应培养幼儿哪些生活能力?

(89%)会主动表达自己的需求

(88.1%)会整理/准备自己的物品

(78.4%)会自己穿脱衣服

(77.6%)会妥善保管自己的物品

3.在心理及社会适应方面,您认为幼儿园教育应培养幼儿哪些方面能力?

(90%)懂得怎样与老师和同学相处与沟通

(83%)自信心

(80%)自我保护意识

(79.7%)集体观念

4.您会因为自己的孩子马上要上小学了,便想让他们学一些接近小学的课程吗?

(69.5%)是

(24.1%)有时

(6.4%)不是

5.您会对自己的孩子说些小学里的情况吗?

(96.9%)会

(3.1%)不会

6.您会自己带孩子去熟悉小学的环境和小学的学习生活吗?

(44.5%)会

(37.8%)有时

(17.7%)不会

7.家长对小幼衔接教育行为的排序:家长根据自己子女的身体、品德、性格、能力、知识、发育成长所花的精力多少排出第一至第五的顺序。

家长教育子女第一重点比率由高至低排列顺序:①身体59%;②品德23%;③知识7.5%;④能力6%;⑤性格0;

第五重点的排列顺序为:①性格36%;②知识33%;③品德10.6%;④能力10%;⑤身体7%。由此可以认为家长的教育中重"身体"和"品德"轻"性格"。

8.家长对子女准备或是做过哪些智力因素的培养?

(73.3%)语言能力

(70.5%)数学能力

(64.2%)思维能力

(58.1%)观察力

可以看出家长们都比较重视对子女智力因素的培养,尤其重视语言能力的培养,轻视观察力的培养。

9.家长对子女准备或是做过哪些非智力因素的培养:①求知兴趣;②挫折教育;③独立性;④自信心;⑤任务意识。

(71.2%)独立性

(67.4%)自信心

(56%)求知兴趣

(42.7%)任务意识

(33.5%)挫折教育

可以看出家长们都比较重视对子女独立性、自信心、求知欲的培养,而较忽视挫折教育、任务意识的培养。

10.家长对子女做过身体及自我服务能力方面的训练与培养：①科学进餐；②身体锻炼；③自己的事自己做；④会根据天气变化增减衣服。

(90.5%)自己的事自己做

(60.4%)身体锻炼

(44%)科学进餐

(30.6%)会根据天气变化增减衣服

可见家长最重视培养子女自己的事情自己做，较忽视教会幼儿自我保护，根据天气变化及时增减衣服。

## 三、分析讨论

从以上数据中不难看出，随着时代的变迁，家长的教育观和儿童观也在不断更新和变化，关注问题的角度较传统认识而言更加全面科学。他们从原来的重知识技能轻能力习惯，转变为重帮助孩子养成良好的学习、生活习惯，培养孩子爱学、乐学的兴趣。

(1)在家长对子女进行幼小衔接教育的问题上，绝大多数的家长认为这是家长应尽的责任，可也有少部分的家长忽视这一问题，认为这是幼儿园的事或是没想过此问题。家庭是儿童发展的重要影响源，家长的教育思想决定了教育行为，只有家园配合，才能对儿童的成长起到加速的作用。

(2)有不少的家长轻视了对子女性格的培养。人的个性是指一个人全部心理活动的总和。而性格是个性中最重要的心理特征，它是在儿童与周围环境相互作用过程中形成的。成人的抚养方式和教育在儿童性格的最初形成中有决定性意义。例如，从小培养幼儿诚实、正直、有礼貌、爱集体、勤劳、做事认真、有自信心等品质。儿童的性格虽然还没有定型，但它却是未来性格形成的基础，良好的性格将对儿童智育发展起促进作用，因此千万不可忽视。

(3)家长比较重视对儿童智力因素的培养。培养各项能力的百分比比较高，其中最低的是注意力占58.1%。注意是心灵的窗户，又是顺利进行活动的必要条件。因此，尤其在入学前要重视培养儿童的有意注意，使他们能适应小学的课时教学。

(4)随着社会的发展和前进，家长的教育观也发生了较大的变化，多数家长都开始或比较重视对儿童的非智力因素的培养，注意培养独立性和自信心、求知欲，但却忽视挫折教育、任务意识的培养。

(5)无论从培养儿童建立自我保护意识或自我服务能力方面，儿童都应学会随天气变化增减衣服，以免影响身体健康。

## 四、建议

鉴于家长的教育观念对家庭教育、对孩子的发展起着重要的作用，因此，家长只有树立正确的教育观，才能有正确的教育行为。为了能对儿童实施良好的幼小衔接教育，建议如下。

1.培养儿童较长时间的稳定注意力

儿童入学后，主要活动是学习，智力因素的水平直接影响到儿童对学习的接受能力。智力因素又以注意力、观察力、语言能力、思维能力最为重要,其中切不可忽视注意力的培养。

★注意力

小学的学习,大多数在课堂中进行,在学习任务中,既有量度,又有难度,因此,需要儿童具有较长一段时间的稳定注意力。课间之后,需要儿童很快地转移注意力,马上把注意力从玩耍转移到学习上来。

2.高度重视非智力因素的培养

现代教育学、心理学的理论指出,在育人成材的过程中,非智力因素发展的水平对幼儿的智力因素的发展与提高起着十分重要的作用。古今中外的事例也告诉我们,智力好的人不一定能成材,而智力一般的人也未必就成不了材。牛顿、达尔文、华罗庚等人,他们幼时智力并不超常,但由于具有勤奋、刻苦、坚强等优良的非智力因素,最终成为世界名人。

由此可见,在开发智力的同时,要高度重视非智力因素的培养,这才是明智之举。非智力因素包括诸方面,在实施教育时不可偏废,例如:

★挫折教育

在未来的竞争社会中,胜利属于强者。良好的心理品质需要从小培养。儿童入学后,随着学习任务的加重,困难会时常出现,要对子女增加困难承受力的教育。教育幼儿在挫折面前不害怕、不退缩,有意识地经常鼓励幼儿运用自己的力量去克服遇到的各种挫折。家长从中把握好挫折的适度性,既有利于提高幼儿的适应能力,又不至于超过幼儿的心理承受限度。幼儿的抗挫折能力是随其知识经验的积累和各种能力的提高而增长的。因而,家长在对幼儿实施挫折教育时还应不断扩大他们的知识经验,提高他们的自理能力、学习能力和人际交往能力。

★任务意识

小学生有明确的学习任务,必须要完成。家长要有充分的耐心鼓励孩子去做大人交办的事情,教育幼儿有始有终地做完一件事,如按时完成作业,做完作业后自己收拾书包,准备好第二天的学习用品等。

3.培养自我服务能力

幼儿阶段,家长培养儿童自己的事情自己做,往往停留在自己吃饭、穿衣、叠被、洗手绢上。从幼小衔接教育的角度来看,这种自我服务能力是远远不够的。入小学,要自己上学;鞋带开了自己系;下雨要自己用、收雨具;自己削铅笔,自己收拾书包;天热了自己知道脱衣服,尤其是春秋季节;放学时,要把书包、衣服都带回家。常看到有的学生只顾背上书包,很好的毛衣却不知丢在哪儿了;更有甚者,连书包都不知哪里去了。如此云云,可见儿童的自我服务能力无论从深度和广度,都需要加强。

家长们比较重视儿童的身体健康,仅仅吃好、休息好是不够的,还需要加强锻炼。小学的学习活动较之游戏活动显得枯燥,儿童入学后脑力活动增多,因此,儿童应具有健康、强壮的体魄,较强的适应能力和抵抗疾病能力。除此之外,还应发展小肌肉群,使之有控制能力,对儿童正确握笔书写将起到很好的作用。

综上所述,入学前的准备是一个十分复杂的长期的任务,需要幼教工作者和家长共同来完成,在教育观念上能达成共识,在教育行为上能形成教育合力,共同对儿童实施良好的幼小衔接教育,使他们能够愉快、顺利地进入小学,幸福健康地成长。

山东省教育科学"十一五"规划重点课题
《义务教育管理体制调整后,中小幼教育衔接的研究》

# 中小衔接研究调查问卷(学生卷)

亲爱的同学们:

你们好! 祝贺你们顺利升入初中,为帮助大家尽快适应中学生活,特设此问卷。请你们按实际情况认真作答,不要漏答,问卷不必署名,在选择题中用"√"进行回答即可,最后一道简答题可以自由回答,不受限制。本问卷结果将为中小衔接课题研究提供重要依据,谢谢你的合作!

1. 性别:□女　　□男
2. 刚刚迈入初中校门,你的心情如何?

□很高兴,期待　　　　□顺其自然　　　　□担心不适应新环境

3. 对于初中生活你最想了解什么?

□哪些方面和小学生活不一样

□初中班主任和小学班主任会有什么不同

□初中生活会不会很累

其他:＿＿＿＿＿＿＿＿＿＿＿＿＿＿＿

4. 每天你的学习任务是如何完成的?

□自己独立完成　　　　□父母监督完成　　　□完成不了

5. 你会给自己订学习计划吗?

□我每天都有自己的计划 □有时候订计划

□按父母和老师的安排做

6. 你能做到每天预习复习吗?

□能　　　　　　　　□有时能　　　　　　□从来不预习或复习

7. 课堂上你喜欢的学习方式是(　　　)

□听老师多讲　　　　□精讲多练　　　　　□与同学合作学习

8. 你认为中学生应具备哪些重要的能力?

□自学能力　　　　　□思考能力　　　　　□合作能力

9. 你认为中学生应具备哪些好的学习习惯?

□记笔记的习惯　　　□预习的习惯　　　　□整理与复习的习惯

□其他＿＿＿＿＿＿＿＿＿＿＿＿＿＿

10. 进入初中后,在学习上你最担忧的是什么?

□学习内容多、难　　　□学习进度快

□老师的教学方式不同　　□作业量大

11.你认为提高学习成绩最有效的做法是什么?

□老师高水平的讲授　　　□养成良好的学习习惯

□做大量的练习题　　　　□上课外辅导班补习

12.你认为升入初中后如何才能迅速适应中学的生活?

□要有正确的自我意识

□严格要求约束自己,由他律变为自律。

□积极参加集体活动,主动与他人交往

□制订计划,咬定目标。

13.平日与同学相处你能做到:

□尊重同学,主动关心他人,热心帮助同学

□有一定交际能力,能与不同意见的人友好相处

□不主动接近他人,但能够接纳他人接近自己

□喜欢与他人接近,但常要惹恼他人

14.当你遇到困难时,你会怎样做?

□自己想办法解决　　　□告诉家长或老师,请他们帮助　　　□不管它

15.你喜欢和向往的班集体是什么样的?

□师生关系融洽　　　□有浓厚的学习氛围

□有极强的凝聚力　　□有良好的班风

其他:_____

16.当你与同学发生矛盾时,你将如何处理?

# 中小衔接研究调查问卷分析报告

此报告通过对青岛市四方区 7 所初中一年级的学生进行深度访谈与问卷调查,了解中小教育衔接的现状和存在的主要问题,立足心理、学习方式、能力培训等方面的衔接,在总结有关经验的基础上指出加强心理健康教育、提高学生主动适应的能力是促进中小学教育有效衔接的重要途径,着重对小学如何与中学有效衔接的具体措施与注意事项作了阐述。

## 一、前言

小学升入中学后学生生活发生明显变化。首先,环境变了:同学结构重新组合,原来的位置发生变化,优秀的同学更多了;与教师关系变了:中学接触教师更多,班主任的管理和照顾不像小学那样周到,这就要求小学培养的学生具有学习自觉性、较强的心理承受能力和良好的处理人际关系的能力。其次,学习任务和特点有了很大变化:课程的深度、广度、难度,知识的密度有很大增加,教师教学中比较"开放",这就要求学生具有刻苦学习的精神、良好的学习习惯和较强的心理承受力。第三,小学与中学的管理不同:中学开展活动常由学生负责,教师只作引导;中学自由支配的时间更多,这就要求学生具有较强的自理能力,有对行为进行自我抉择并为自己的行为承担责任的能力。中小学在环境、任务和管理上都存在明显差异,如何解决中小学教育的衔接是我们所关注的。我们于 2006 年立项山东省"十一五"重点课题《义务教育管理体制调整后,中小幼教育衔接的理论研究和实践探索》,之后就中小学教育衔接上的问题设计调查问卷,目的是了解目前中小学教育衔接上存在的主要问题,总结在实践操作中有效的具体措施及注意事项,为探索中小学教育的衔接提供借鉴。

## 二、调查研究

1. 目前中小学教育衔接上存在的主要问题

我们对当前中小学教育衔接上存在的主要问题进行了访谈与问卷调查。调查对象为青岛市四方区 7 所刚升入初中一年级学生,发放问卷 1020 份,收回有效问卷 1012份。调查的结果表明:适应性方面,40%的学生认为通过严格要求约束自己,由他律变为自律是适应初中学习生活的好办法;对学习内容多和难、学习进度快、老师的教学方式、作业量持有态度。学习方面,41%的学生能自己制订学习计划,63%的学生能做到每天复习和预习,35%的学生喜欢的学习方式为合作学习,大部分还满足于听老师讲和精讲多练等形式;80%的学生重视学习习惯的培养,包括记笔记的习惯、预习的习惯、整理与复习的习惯。人际关系方面,61%的学生能尊重同学,主动关心他人,热心帮助同学,遇到困难 69%的同学自己想办法解决,57%的同学向往师生关系融洽的班集体。在情绪状态方面,72%的学生担心不适应不同于小学的初中新环境。在独自处理问题方面,43%同学无原则地让步,只考虑向对方赔礼道歉,30%同学能做到先分析问题,再根据实际情况作出合理处理。

调查结果表明,要帮助孩子平稳地完成从小学到中学的过渡,亟待解决的问题涉及四个维度:道德水平和行为习惯;心理承受能力;人际关系;创新精神。如果这些方面的问题能够得以解决,最终就能培养出具有良好适应力的学生,从而实现小学与中学教育的良好接轨。

2. 解决问题的主要途径是增强适应性

从理论上,要解决上述的问题,实质上就是要培养学生具备良好的道德水准、独立自主的个性、完善的社会适应性、交往的合作性,塑造学生完善的人格、富有勇于创新的精神,这些都是基本的心理素质。从实践看,中学教师评价比较好的 6 所小学的经验也反映出,增强学生主动适应的能力对帮助小学生尽快更好地适应中学生活打下了良好基础。通过讨论与研究,20 所小学的领导与有关教师达成共识,确立了提高学生适应性是小学与中学教育良好接轨的主要途径的观点。

## 三、对策建议

立足于小学和初中统一办学思想,实行系统管理,整体构建课程体系,综合评价学生素质,从学生终身发展的角度实施办学,使中小教育衔接达到顺畅。建议从管理制度衔接、德育衔接、教学衔接三个方面探索衔接的有效途径。

1. 关注校长的衔接

立足衔接角度,深入探索义务教育管理体制调整后的教育资源配置问题、教师队伍建设问题、教育管理机构管理体系的完善等实际问题。确立校长是衔接关键的思想,实施联动行动,成立中小衔接联合体,实施一把手工程。建立开放校园,中学、小学打破封闭的围墙,变各自为营为建立开放的体系。

2. 关注教研员的衔接

中学、小学教研员分学科联手合作,推进教育衔接的深化研究;中小学教研员合作研究,进一步掌握教材编排体系,明确小学阶段知识的走向,帮助教师把握好小学生该达到的程度,为知识的衔接打好基础。通过召开衔接研讨会,采用同课异构的方式探讨衔接问题;七年级老师为六年级学生上课,感受学生的特点和学习方式,六年级教师为七年级学生上课,感受初中教材的大容量、科学性。

3. 关注教师的衔接

进一步发挥名师效应,使中小学名师主动服务学生,形成融合状态。校本教研重视成效,开展校际联动行动,创造条件让六、七年级教师互相交流,共同研究新课程教学方式以及教学方法的衔接,了解各学段学生学习方式的异同,就不同课堂的教学模式、教学方法、课堂容量等问题进行深入探讨。让教师合作成为习惯,各学段教师的互相学习、交流,定期举行例会,在合作中进行面对面的交流沟通,彼此增加信任感,形成中小教育合力。

4. 关注德育衔接

整体规划德育目标,将中小学的德育目标有机衔接,体现衔接的一致性和连续性,培养学生的良好行为习惯,引导学生形成健全的人格、树立正确的人生观。分层落实德育内容,为有效避免当前被社会有关人士批判的"本末倒置"的德育,要对中小学各阶段德育内容的层次及重点加以合理区分。优化拓展德育途径,充分用好各种教学、校级班级工作和各种教育活动、少先队教育、家长工作和校外工作等途径。改革创新德育方法,要结合学生的年龄特点和接受能力选择不同的方法,做到既要授之以知、晓之以理,更要动之以情、导之以行;要以学生为中心,以活动为中心,以体验为中心,使学生在活动中体验生活、感悟道德,形成良好的道德品质。德育评价要关注成长,采用学生成长记录袋、素质发展评价手册等方式引导家长和社会逐步形成正确的人才观和质量观,营造有利于组织教育实施的良好社会环境,为学生的发展提供支持和服务。

5. 关注教学的衔接

从发展和提高儿童自身的内部适应能力入手,立足教师、学生、家长三个层面,采取"瞻前""顾后"平稳过渡的思路,整体构建中小幼教学衔接体系。教学理念的衔接:把握学生发展和教育的阶段性与连续性,使各学段的教学理念达到最大程度的协调,做到在了解的基础上能与学生家长、学生本人内心沟通,达成家庭、个人、学校三者的相互配合。教学内容的衔接:六、七年级各科教师要熟悉前后学段教材内容,把握教材体系的内在联系,并在自己的教学中注意比较性联系和有机渗透,为学生的学习作好铺垫与衔接。教学方法的衔接:中小学教师应该充分认识学生的生理和心理特征,把各学段优秀的教育方法结合起来而不是截然分开,重点放在对学生学习动机、学习兴趣的培养,帮助学生顺利实现小学到中学的过渡。

6. 关注学生学习的衔接

学习习惯的衔接:良好学习习惯的养成,是一项长期的持续的工作,它不但作用于课堂学习活动,还贯穿学生生活的各个环节中。抓住衔接关键期开学头三个月,班主任坚持跟班制,扶与导结合,在紧跟、勤盯中培养起学生的自觉性、主动性,帮助学生尽快适应新的学习环境。学习能力的衔接:学习能力很重要,决定着孩子的学习状况,关键是培养学习能力,变"学会"为"会学",这是衔接教育的中心内容。学习心理的衔接:在中小教育衔接中,学生由于场所、身份等转变造成了衔接的障碍,因此对学习心理的衔接研究至关重要,对他们进行"学前培训",可以消除学生的紧张心理,使他们以坦然的心理顺利融入新的学习环境中,同时因为学生身心发展上的不同,中小衔接年龄段的孩子,身心变化很大,更需要衔接在双方的心理辅导上更应做好"瞻前"与"顾后"的工作。

7. 关注家长的衔接

中小教育的衔接并不只是小学和中学的事情,家庭和社会各方面因素都对其产生影响,中学和小学都应重视做好家长的工作,采取普遍家访、召开家长会、举办家长学校和向家长开放学校等方式宣传教育方针和正确的衔接措施,帮助家长学习掌握科学的教育方法,使家长和教育工作者同步对儿童进行衔接教育,保证衔接工作的顺利进行。

总之,从小学到初中,对日常行为规范、生活习惯、学习方式方法、教师的管理方式、教学方法、课程的设置都有不同的要求,要实现角色的转变,各方面都需要一个过渡期。我们在新的教育管理体制下,进行中小教育的理论研究和实践探索,初步构建初中、小学衔接体系,努力缩短学生在高级阶段的适应期,全面促进学生的发展。

# 四方区中小幼衔接工作

# 指导手册

## （汇编）

四方区教育体育局教科研中心
二〇一〇年七月

# 目　录

# 前　　言

现代社会已进入日新月异的信息时代,经济与科学技术的飞速发展要求人们不断地更新知识,任何一级的学校教育都已经不能保证人一生的充分发展,终身教育已成为社会和人们本身发展的需求。我们都应该从这一新的视角去审视各阶段教育的意义和相互关系。从终身教育的观点来看,幼儿教育、小学教育和中学教育是基础教育中三个不可分割的有机组成部分,它们之间既存在连续性又具有阶段性,找准衔接点,由"突变"到"渐变",在"渐变"中实现"无缝"衔接和平稳过渡,促使每一个学生全面、生动、活泼、健康成长,并能够适应未来社会提出的终身学习的要求,是当前我们教育工作者面临的重要课题。

自我区承担山东省教育科学"十一五"重点课题《青岛市义务教育管理体制调整后,中小幼教育衔接的研究》以来,课题组相关人员整合力量,集中攻关,对教育教学衔接中学生管理、学习习惯、教法、学法、教材衔接、课程衔接等方面的问题进行了初步的探索和实践,并引领全区学校和教师努力探寻中学、小学、幼儿园教学方式和学生学习方式的联系与区别,找准知识断层点和衔接点,通过课题研究的形式,不断发现和总结适合不同年龄阶段学生学习的教学方式和学习方式,提高教学工作的科学性、实效性,并且在深刻挖掘教学内容内在联系的基础上,准确、科学地设置课程,进一步深化课程改革,提高教学质量,为学生的终身学习和发展奠定坚实的基础。

《四方区中小幼衔接工作指导手册》从学习适应性和社会适应性等多方面入手,帮助教师、家长出谋划策、排疑解忧,为各位教师、家长提供一些专业性的指导和建议,包括一些详细的训练方案等内容,以更好地帮助孩子顺利升入高一级学段,成为合格的学生。

最后,愿每个孩子都能从小养成良好的行为习惯,满载着家校共同的期望,鼓足风帆,向未来扬帆远航!

## 第一部分　幼小衔接

**第一篇　学生篇**

# 要上学了,你准备好了吗

升入小学一年级,我们应该准备哪些必备的物品? 一起来看一看吧:

## 文具用品

**铅笔**:8支2H或3H木质铅笔,铅笔尖要带帽,注意千万不要买自动铅笔,因为你握笔能力尚不稳定,自动铅笔的笔芯较为脆弱,很容易折断。

**笔袋(铅笔盒)**:建议使用简单实用的笔袋,最好不要准备花哨款式的笔袋与铅笔盒,以避免在上课时间玩耍分散注意力。

**橡皮擦**:好擦、干净为主,样式不是重点。

**尺**:15CM为标准长度,不要少于15公分,也不要买花样太复杂的,刻度的地方要清晰为重。

**姓名贴纸**:要让家长帮你把所有的文具都贴上姓名贴纸,这个期间很容易丢三忘四,把东西贴上名字并自己保管,是训练对自己负责的一种方式。

**剪刀、彩笔等美劳用品**:开学后,陆续会用到一些美劳用品。

**书包**:现在有许多可背可拉的书包,对你稚嫩的肩膀来说可减轻不少的负担。

## 日常用品类

"四带"——桌垫、勺子、抹布、卫生纸。

"七不带"——不带零食、水果、玩具、钱、饮料、首饰和手表。

**水壶**:选择可以背、材质好清洗、不易破的水壶,材质很重要哦。

# 入学前该养成哪些好习惯？

就要升入小学做一个一年级的小学生了,应该具备哪些好习惯才能成为优秀的小学生呢?

**1.早睡早起的习惯**

跟幼儿园相比,小学要求的到校时间更早,也更加严格。由于早餐对孩子的健康发育非常重要,一定给孩子充分留出早餐时间。养成早睡早起的习惯、告别幼儿园时代的晚起床生活,对即将入学的孩子来说是一项大任务。小学上课时间有严格的规定,不允许随意迟到、请假,养成 6:30 起床,20:30 上床睡觉的正常作息,每日至少保证 9 个小时的睡眠,是适应小学生活的关键。

**2.会自理衣着**

这个部分包括要能自己穿脱衣裤,自己穿脱袜子,会自己系鞋带等自理能力。由于小学生活不再会有老师协助,所以,要养成自己整理服装仪容的能力也是重要的生活习惯之一。

**3.会用筷子吃饭**

要养成学会用筷子吃饭的习惯,尽量不要一边吃饭一边看电视,一般每餐要求在 30 分钟内吃完,正餐时间大约 15～20 分钟,还要注意节约粮食,饭后可以吃些水果,但最重要的是不要挑食。

**4.上厕所的习惯**

孩子习惯家中的坐式马桶,可能不会使用学校的蹲厕,因此要学会正确的如厕方法;同时学会正确的洗手方式,这也是升入小学前必备的生活能力之一。

**5.自己的事情自己做,收拾好自己的东西**

学校中不会有父母替孩子收拾玩具、穿脱鞋袜,在脱离父母进入新的环境前,培养孩子的自理习惯非常重要。特别是在寄宿学校日益增多的现在,尽早让孩子自立是防止各种"学校厌恶症"最好的方式。

**6.节制看电视及游戏的时间**

升入小学多了不少课业压力,因此,需要节制看电视和游戏的时间,一定要努力哦!

**7.学会基本的汉字,写好自己的名字**

通过阅读儿童绘本等方法让宝贝学习基本的汉字,教他正确的拿笔方式,教会他写自己的名字,这些都能让宝贝更好地适应日后学习生活。

# 安全知识的认知

升入小学一年级后,有越来越多与他人接触和相处的时间,此时应该具备一些正确的安全知识,以防意外的发生。

1. 学会打急救电话号码(110、120、119 等)。

2. 熟记重要的电话号码,并能正确拨打:

家里电话号码;

父母亲的手机号码;

父母亲的工作单位电话号码。

3. 应该记住老师的手机、办公室及学校门卫室的电话号码。

4. 不要随便把家中的基本信息(如电话号码、住址、父母姓名)告诉陌生人。

5. 学会独处家中时,不随便开门让陌生人进入。

6. 熟记家里的住址,并会书写自己及双亲的姓名。

7. 不随便接受别人赠送或招待的东西。

8. 不可以随便搭乘陌生人的交通工具。

9. 能正确使用文具用品,并明白其危害性(如剪刀、壁纸刀、尖锐的笔等)。

10. 除了父母允许的亲人以外,不随便跟陌生的人离开校园。

11. 避免单独行动,尤其是学校较为阴暗的角落。

12. 与同学游戏要有分寸,避免推挤或攀爬阳台,以免危险。

13. 小心使用学校的游乐设施。

14. 了解基本的交通常识。

15. 认识家中危险的电器用品,并警告不可随意碰触。

16. 不能不告知家人就去同学家玩。

17. 熟悉上学及回家的路线,家长在开学前陪着孩子到学校去走一走,告诉他回家的方式。

第二篇　教师篇

# 幼儿老师这样做

**1. 倾听常规的培养策略**

(1)"注意,我只说一次!"——让你的每一句话都在孩子的耳膜上留下痕迹。

录音机讲故事时,幼儿显得特别安静、特别专心,这是因为它只有一次机会来听故事,他们有"错过就没有"的警惕心。因此,当我们要幼儿学什么或干什么的时候,要先告诉他们——我只说一次。如此一来,幼儿一定会很专心地倾听你讲的话。养成习惯后,每当你讲话时他们就会专心听了。对幼儿其他方面的教育,我们也不妨在讲话前提醒他们"注意,老师只讲一次",吸引幼儿集中注意力、耐心地倾听,教育教学效果也就会在无形中被提高。

(2)"老师嗓子疼,只能轻轻说"——调低一切活动的音量,让听更专注。

适度的刺激能激起人适度的反应。很多时候,教师说话的音量也影响着倾听的效果。当声音过响,容易降低倾听的难度,反而成为干扰因素;音量过轻,幼儿听起来吃力,便容易放弃;而适中的音量可以提高幼儿的专注程度,听的兴趣更浓。因此,在教学或教育时,一定要学会让嗓子"偷点懒"、"省点力",不妨对他们说:"老师的嗓子有点疼,只能轻轻地说话,你们可要听仔细了哟!"这一策略不仅能吸引孩子的认真倾听和关注的目光,而且还能唤起幼儿的责任心——用自己的行动来关心老师。可谓一举两得!

(3)"你听到我说什么了?"——复述他人的话语,掌握倾听的方法。

要求幼儿复述别人说的话,得教给他们一些倾听的方法。

①中途复述或点评;

②听前交代,听后回答;

③如何倾听同伴的发言。

(4)"谁是倾听小明星"——让评价伴随着孩子倾听的过程。

适时的评价不仅可以激励幼儿养成认真倾听的习惯,也可以达到强化这一习惯的作用。在实际教育教学中,对于能做到认真倾听的幼儿给予及时的鼓励,如"你是个文明的小听众"、"你是倾听小明星"等。对于不能做到认真倾听的孩子给予引导,幼儿都比较好强,只要我们用一些激励性的话语,往往就能收到良好的效果。除了教师给予评价,也可以让幼儿互评,让幼儿在互评中学会向他人学习,从而养成认真倾听的好习惯。

**2. 细心习惯的培养策略**

"细心"也是一种习惯。好习惯就像是我们生命的枝上盛开的一朵美丽的小花。但它

的养成不是一朝一夕的事,而是需要不断强化,需要持之以恒地渗透。

(1)体验——细心培养的温床。

每天入园我都会主动观察孩子的各种变化,哪怕微小的不足以为道。××夹了新夹子,××穿了新鞋,××理发了,××主动把桌椅摆放整齐,××衣领没翻好……并用惊叹的表情、夸张的语气或适当的身体动作进行表达,被点到的孩子总会异常的高兴,因为他觉得受到了老师的细心关注和喜爱。久而久之,孩子们也主动细心观察起周围的同伴和周围的事物来。

(2)责任——细心培养的支柱。

观察是细心培养的有效途径。但任何单一形式的观察都是枯燥的,它会让幼儿在细心学习的过程中感到疲劳和倦怠。如何消除这种负面影响,让幼儿坚持下去,个性化种植值得一试!

"快看,我的蚕豆发芽了!""老师,我种的青菜又长出一片新的嫩叶了。""瞧,我种的扁豆开花了!"……每个惊喜的发现都会在记录本上呈现,而这呈现的不单单是植物的变化过程,更是幼儿坚持观察、细心积累的心路历程,呈现的是细心赋予孩子的一份责任感。

(3)兴趣——细心培养的载体。

兴趣是最好的老师,这是地球人都知道的一句名言。

我们深知,一旦自己对于某事有了浓厚兴趣,常能乐此不疲,流连忘返,也就能够精心钻研、细心考量。如果缺乏兴趣,就容易心猿意马、朝三暮四,难以做到持久的静心、细心,更不可能保持足够的耐心。

(4)合作——细心培养的后盾。

"千里之堤,溃于蚁穴",粗心会给我们带来无尽的烦恼,我们只有努力培养细心的学习习惯,才能成为生活的有心人,留住更多美好的瞬间。

习惯是人们在长期实践中养成的。因此,培养幼儿细心的学习习惯,必须贯穿在整个教育教学过程中。要坚持严格要求,示范诱导,反复训练,才能取得预想的结果。

# 小学老师这样做

**1.减轻心理负担**

小学要注意为幼儿创设一个良好的心理氛围,融洽的师生关系,宽松、愉快的学习气氛。教师要研究幼儿的身心发展规律,注意关爱每位学生,尽可能地与每位学生交流和沟通,增强亲和力,对孩子多些理解与宽容。

**2.培养良好习惯**

培养学生良好的学习习惯,如让学生掌握正确的坐姿、写姿、握笔姿势等,可进行专门的训练和指导;还可以组织一年级学生的坐姿、写姿、握笔姿势比赛,组织观看有关录像等活动。

**3.迁移学习方式**

进入小学后,面对一群刚刚从幼儿园走出的孩子,小学一年级教师要多采用同幼儿园相似的游戏教学方式,如语言游戏、智力游戏、体育游戏、文艺游戏等。重视教学的直观性、趣味性,继续采用儿童喜爱的形式,把学习与游戏结合起来,在游戏中加进一些作业和练习并逐渐加大难度。在教学中注重儿童的兴趣和情绪,强调当场掌握和巩固,不留家庭作业。注意教学形式的多样化。适当地把活动引进课堂,可以使孩子们更乐于接受学校教育。

**4.注意培养学生的生活自理能力**

在幼儿园里,老师培养儿童自己的事情自己做,往往停留在自己吃饭、穿衣、叠被、洗手绢上。入小学后,这种自理能力是远远不够的。老师还要鼓励孩子自己的事情自己做,要教育他们鞋带开了自己系,自己削铅笔,要按时完成作业,做完作业后要自己收拾书包,等等。

**5.培养学生的社会适应能力**

刚进入小学的孩子在社会适应方面能力较差,主要表现在控制自己的情感、在集体中守规则的意识、与人交往的能力及遇到困难的承受能力等方面。教师应有意识地组织一些活动,让学生尽快地适应新环境。

**6.深入了解6岁孩子的心理特点**

了解幼儿园大班的教学内容(汉语拼音、识字量),做好心理和知识方面的准备。开学后进行常规训练,帮助学生顺利度过入学前两周的心理

过渡期,熟悉学校环境,熟悉老师、小朋友、教室、学校各种设施。努力使自己的语言儿童化,适合儿童心理特点。在组织教学时注意多用鼓励的语言,学习过程中适当组织活动,适当进行休息。一个月左右,学生就能基本适应小学生活,顺利开始小学生活。同时要多和学生交流,了解幼儿园在教学中的一些方法,改进自己的教学方法,帮助学生顺利学习。

### 7.创设连续环境

在学校及教室环境的设计上体现出连贯性、延伸性。教师要重视物质环境的布置与安排,力求让儿童在物质环境的影响中得到发展。幼儿活动室内的科学角、美工角、图书角等同样可以在小学低年级的教室里出现,这样就能使幼儿在进入小学班级时减少陌生感。

当然,活动角的材料在内容、性质上已有所变化。进入小学后,材料逐渐向实物符号、词语方面转变,部分活动角的内容转变为板报等形式。

### 8.入学初期要求不能过高

幼儿园授课形式以游戏为主,集体教学时间比较短,没有学习负担。但是,升入小学一年级后,每天集体教学时间比幼儿园多出 3 倍以上。所以入学初期,教师不要对儿童提出过高的要求,开始不要留太多的家庭作业,对孩子多表扬、少批评、少责备,努力创造一种轻松的学习环境。

# 测测孩子的学习能力

1. 喜欢记忆背诵诗句、文章。

    A. 经常    B. 偶尔    C. 从不

2. 喜欢看报纸、杂志，而不管是不是看得懂。

    A. 经常    B. 偶尔    C. 从不

3. 提出诸如"什么时间开始的"一类问题。

    A. 经常·    B. 偶尔    C. 从不

4. 喜欢自己观察某一种东西。

    A. 经常    B. 偶尔    C. 从不

5. 对新鲜的事物表现出兴奋。

    A. 经常    B. 偶尔    C. 从不

6. 可随音乐起舞或演唱。

    A. 经常    B. 偶尔    C. 从不

7. 常问闪电是怎么回事，云是如何形成之类的问题。

    A. 经常    B. 偶尔    C. 从不

8. 如果你在他非常熟悉的故事中更换一个词，他会立即改正过来。

    A. 经常    B. 偶尔    C. 从不

9. 可轻而易举地学会骑自行车、溜冰等。

    A. 经常    B. 偶尔    C. 从不

10. 很愿意扮各种角色，并喜欢编故事，自己做主角。

    A. 经常    B. 偶尔    C. 从不

11. 走街过巷，能指出这里或那里他(她)曾经到过。

    A. 经常    B. 偶尔    C. 从不

12. 喜欢听各种乐器演奏，凭乐声便能判断出是哪种乐器。

    A. 经常    B. 偶尔    C. 从不

13. 擅长绘制地图和描绘物体。

    A. 经常    B. 偶尔    C. 从不

14. 善于模仿人的各种动作和表情。

    A. 经常    B. 偶尔    C. 从不

15. 乐于按照大小和颜色对玩具进行分类。

    A. 经常    B. 偶尔    C. 从不

16. 会进行推测，比方会说："小蝌蚪一动不动，肯定是饿坏了"

    A. 经常    B. 偶尔    C. 从不

17. 听故事的时候乐于设想下面的情节。

    A. 经常    B. 偶尔    C. 从不

18. 可对不同声响进行评论。

    A. 经常    B. 偶尔    C. 从不

19. 当初次见到某人时，往往会说："他使我联想起某某。"

    A. 经常    B. 偶尔    C. 从不

20. 能准确判断自己能干些什么或不能干些什么。

    A. 经常    B. 偶尔    C. 从不

---

计分：A＝3分，B＝2分，C＝1分

说明：

25分以下者学习能力有待提高。

26至44分者具备一定的学习能力。

45分以上者具有很强的学习能力。

# 幼儿园和小学的差异

**★学习时间不同**

幼儿园每天上午有 2 小时左右的集体教学时间,其他全是游戏、劳动、生活时间;小学每天有 4～5 小时的集体教学时间。

**★课程灵活性不同**

幼儿园强调每日的活动都多姿多彩,适合幼龄孩子的特点;小学的活动课是按周计算,活动课只有体育课、音乐课等,丰富程度大不如前。

**★课堂教育制度不同**

幼儿园是以游戏为主要教学形式的活动,希望孩子在玩耍中增长知识;而小学有严格的课程标准,课堂教学以函授为主,互动度低。

**★休息时间不同**

幼儿园的孩子,白天可以在园内午睡两个半小时,每天有充足的睡眠时间;上了小学的孩子,基本上每天都有相应科目的作业,休息时间相对减少。

**★照顾程度不同**

幼儿园一个班教师是二教一保配备,每时每刻都有一位教师、一位保育员伴随左右,随时解决孩子的困难;而小学是一个班五六位任课教师,一节课一轮换,课间往往无教师在班,孩子一旦有了困难,只有自己解决,这考验的就是孩子的独立性。

**★家长期望改变**

在幼儿园,家长希望的是孩子过一个幸福开心的童年,学习只是"副业";到了小学,父母就会关注孩子的学习情况、分数、表现等,孩子的任务一下子就会加重。

从上面列举两类教育机构的差异可以看出,孩子由幼儿园到小学需要一个过渡期,父母需要在这方面做好思想辅导与行为指示。

# 各位家长：请从这里开始

### 1. 耐心

刚上小学的孩子最需要培养的就是"耐心"，小学教学中，每一节课程的上课时间是40分钟，孩子必须在40分钟专心学习后才可以休息，不再像以前随时随地向幼儿园的老师撒娇。由于这个阶段的孩子还没能从幼儿园的生活中跳脱出来，容易产生注意力短暂、坐立不安的情况。此时家长应适时的培养孩子有耐心的完成一件事情。比如，陪着孩子看完一本小书或是陪孩子下完一盘棋，都是培养孩子耐心的好方法。

### 2. 独立

在幼儿园的环境中，由于3～6岁的幼儿年龄较小，生活自理能力差，幼儿园的教育工作制度强调的是"保教合一"：教育工作与保育工作相结合，教师更多关注每一个孩子饮食起居等生活方面的问题。

但是到了小学，教师是以小学生的标准来要求孩子，会更加注重孩子的学习状况，不再像幼儿园老师那样无时无刻的关心生活小细节，而且每个班里的人数增加到35～50人不等，但班主任老师只有一个，客观上也无法像家长一样无微不至地照顾孩子的方方面面。

### 3. 尊重

"尊重别人，能正确表达自己的情绪"，是这个阶段孩子要学习的重要课题之一。在幼儿园时期，孩子通过哭闹来表达情绪或提出要求时基本能得到满足，但在小学，孩子不能再用哭闹等不理性的方式来处理问题，告诉孩子，遇到问题首先要找老师讲明情况。

### 4. 服从

小学这个时期的孩子精力旺盛，一般都比较好动，教师就会要求孩子遵守校规班规，而且还会选出班长、副班长等班干部，要求孩子不但要对老师的话遵从，还要服从于校规、班规，同事还要服从班干部的管理。所以，这个时期要培养孩子在团体中服从相关规定，家长朋友能适时的解释规范的作用及意义，让孩子了解团体秩序的重要。

### 5. 抗压力

随着小学课业的增加，培养孩子"自我解压的能力"是爸爸妈妈最重要的课题。

当今社会，竞争从儿童时期就已经开始，要培养孩子对挫折的容忍力以及抗压的能力，是现代家庭教育中最刻不容缓的重要工作。作为家长首先是关注孩子的心理健康，同时还要会给孩子减压，以及教孩子将压力转变成动力的能力。让孩子明白老师、父母的要求未必是压力，学会正确认识自己身为一个学生应担负的责任，培养正面思考事情的态度，这样才能养育出一个心智健全的好孩子！

# 孩子入学前需要做好哪些准备

**1.要培养孩子的学习兴趣和上学愿望**

"兴趣是最好的老师"。学习是要调动孩子内在积极性的,只有使孩子向往上小学并且产生"我想学"的心理时,孩子才能主动地学习,才能学得好。因此,我们应让孩子从了解到喜爱小学,家长可以带孩子熟悉小学的学习环境,了解小学上课、作业、考试等情况,帮助孩子了解小学生活,进而产生上小学的愿望。

**2.要培养孩子适应小学生活的各种能力**

入学之前家长要特别注意对孩子的注意力、记忆力、观察力的培养,家长可以给孩子提一些观察、记忆的要求。比如,请孩子把昨天看的书或有趣的电视节目复述出来,让孩子观察房间里物品的摆放,并用语言加以表述,等等。

**3.培养孩子的任务意识和自我管理的能力**

孩子上了小学,学习就成为必须要完成的任务,因此,必须重视对学前儿童任务意识的培养。比如,可以常常布置一些口头作业,家长注意配合教育。孩子上了小学还必须学会自己管理自己,如管理自己的学习用品,整理书包,自己安排课间的时间(喝水、如厕、游戏等),凡是孩子自己的事情就让他自己去做,家长千万不要包办代替。

**4.良好生活习惯、学习习惯的养成**

有这样一句名言:"播种思想,收获行为;播种行为,收获习惯;播种习惯,收获性格;播种性格,收获命运。"可见,良好习惯的养成,对孩子的一生十分重要,因此,一定要抓住学前教育时机,帮助孩子养成良好的学习习惯、生活习惯和文明礼貌习惯。

**5.课业知识方面的准备**

在做好上述准备的同时,要对孩子进行一些能力的培养,可以从以下四个方面着手。

(1)思考。学会独立地思考,养成思索、探究的习惯,是孩子不断学习、不断成长的源泉。思维是知识之源、学习之源,有时面对孩子的问题适当卖一下关子,让孩子去想,会比大人搜肠刮肚满足其好奇心来得更有效。

(2)阅读。调查发现,孩子入学后发生适应性障碍的重要原因之一就是阅读跟不上,所以入学前让孩子做好阅读准备也是相当重要的。这里所说的阅读准备主要是指培养孩子良好的阅读习惯和兴趣,家长可以选择一些孩子喜欢看的书,然后逐段、逐页地指导孩子阅读,并且鼓励孩子复述看过的故事或儿歌。这是对孩子的理解能力、表达能力的有效促进。

(3)倾听。倾听是一种自然的接受方式,孩子对听故事、听儿歌总有较大的兴趣,经常听听音乐、听听广播,听得多,就会积累得多,在表达时就有了丰富的素材与较强的组织能力。许多作文优异的小学生,他们从小就养成了良好的倾听习惯。

(4)表达。交际依靠表达,进入小学,进入一个新的交际圈,表达自然就显得重要起来。通常一个善于表达的人,容易获得别人的肯定,自然就获得了充分的自信。内向、表达能力差的孩子会导致不自信,对学习提不起兴趣,甚至害怕到学校去。

# 协助孩子做好心理准备的方式

升入小学一年级,最紧张的人常常不是孩子,而是家长自己。在此提供给家长几个协助孩子的方法,希望对广大家长及孩子有帮助。

1. 克服无聊感

很多孩子一上学就觉得学校好无聊,不像幼儿园有那么多活动时间,所以家长要在平时给予孩子心理辅导,告知学校的生活方式。

2. 给孩子布置一点功课,要求他在一定的时间内完成

养成他每天固定时间做功课的习惯,安排孩子的休息时间。可以与孩子一起讨论,然后制定计划。

3. 培养孩子有计划地做事的行为方式

不论做什么事情,都有一定的步骤与方式。例如,安排孩子的休息时间,可以与孩子一同讨论,然后制定计划。

4. 赞美孩子的能力,给予适时的夸奖

在孩子表现好的时候,及时给予表扬,建立孩子的自信心,孩子就会越做越好。

5. 告诉孩子学校的一日生活

包括上课的时间、休息的时间、厕所在哪儿、教师在哪儿,让孩子做好心理准备,就不会有不安和恐惧。

## 第二部分　中小衔接

### 第一篇　学生篇

# 中学与小学有哪些差异

**1. 管理方法不同**

在小学,教师把学生当做小孩子,许多事情都是手把手教,"抱"着、"扶"着"走"。在中学,教师偏重于让学生自己管理自己。面对这样一种变化,同学们要培养自主、自理、自立的能力,要学会为集体承担义务和责任。

**2. 学校环境不同**

进入中学,一个班级的同学来自"五湖四海",大多数是陌生的新同学。因此,同学们要克服"怯生"的心理,提高交往的能力,尽快和新同学打成一片,要尽快消除陌生感,熟悉新环境、新同学、新老师,积极融入新集体,做班级的主人。

**3. 学生支配时间的自由度不同**

小学生就近入学,初中划片入学,这样,中学生上学的路程比上小学时远些,上学、放学在路上的时间增加了,因而在校外接触社会的机会更多,面更广,这对同学们的成长既有利又不利。同学们要支配好时间,在上学、放学路上不能贪玩,要按时到校,按时回家

**4. 作息制度不同**

中学的学科门类增多,课时数增加,每节课的上课时间增加5分钟……这些都会引起同学们的不适应,开始时易疲劳,注意力不能集中。因此,一定要注意劳逸结合,注意课间休息。另外,初中课外作业比小学难度增加,花费时间延长,要学会科学安排时间,提高做作业速度,保证睡眠时间,要安排合理的作息表。

**5. 行为规范要求不同**

中学在行为规范训练上比小学要求更高,内容更广,规章制度较多。同学们要自觉遵守学校的纪律和各项规章制度,在初一重点是抓好行为规范教育,进行基本的文明行为的训练,如卫生习惯、学习习惯、劳动习惯等。

**6. 班主任工作方式不同**

小学的班主任对学生管得严,指导得细,采用教师评价的方式指导学生;中学教师则偏重于"培养"、"引导"、"发展",比较注重学生的自我教育、自我评价、自我控制和自我完善。这就需要同学们增强自觉性和自我约束能力,善于自己管理自己,以适应中学的教育方式、方法。

# 正确对待和解决同学间的矛盾

## 一、产生矛盾的原因

同学之间的矛盾一般都是小矛盾,很多是可以避免的,有的纯属误会。然而矛盾一旦形成,就可能引起冷战,争吵,甚至于拳脚相加,不但影响学习成绩,还不利于身心健康。在生活中,有时一个玩笑、一个眼神、一声坏笑以及语气的生硬都有可能产生矛盾。

## 二、如何处理好同学之间的矛盾

其实,学会交往是人生中的重要一课。处理同学关系不可简单粗暴,不能委曲求全,既要体谅别人,又要维持自尊。

### 1.宽容

出现矛盾的双方,虽然都有责任,但同学之间很少有恶意的攻击。同学们要能理解、容忍对方的一时之举。例如,对同学偶尔的评头论足,不要过分在意、耿耿于怀。因为这可能只是对方一时失口,并无恶意,也不想结怨。这种时候就需要一种高姿态,显示自己的风度。

### 2.平衡

如果与同学闹僵了,不要总是试图让两人的关系恢复如初,因为这时双方的心理都处于一种适应阶段,适当的疏淡是与此时的关系程度相适应的。若是与关系不错的同学发生矛盾,矛盾又不是太大,可以先采取冷处理的方式,过一段时间后自然会淡化矛盾,到时主动关心对方,矛盾也就解决了。

### 3.淡化

在和同学闹僵后,不要耿耿于怀,喋喋不休;在矛盾产生的紧要关口切忌大动干戈,这种做法最容易激化矛盾,既解决不了问题,还影响团结。也不要总是重提旧事,希望求得相互谅解,因为这容易把刚刚长好的伤口重新揭开。这时,如果能淡化以前的不愉快,适宜地找一些共同话题,时间一长,双方关系的重建也就水到渠成了。

### 4.主动

有些同学,特别是中学生在发生矛盾之后,往往因负气不愿主动与对方交往,一是顾及自己的面子,二是担心对方不接受反而尴尬。其实,只要机遇把握得好,双方的不愉快很容易化解。例如,理智地约请对方单独谈一次,不要让矛盾积累并且恶化。把自己的想法、观点、建议全盘托出,让对方参考,不必强求。谈话中要讲究语言艺术,注意分寸感、尽量使语言幽默、诙谐,以缓和紧张的局面。如果一时无法解决矛盾,可以依靠团、队组织或班主任老师协助解决。或对方生病时,主动去看望;对方考试失利时,主动过去安慰等。

# 课程设置、教学方式，中小有何不同

**1. 学习科目增多，容量加大，要求学习有计划性**

中学学习的科目从小学的"寥寥无几"到中学的"五花八门"。比如说，初一要学语文、数学、外语、政治、历史、地理、生物、微机、体、音、美、实践等12门课。课程门类增多、内容增加，难度大了，要求高了。例如数学，除了学好基础知识、基本技能，又增加了动手操作的内容。

在课程安排上也不同，小学生要学习语文、数学、外语，排课比较集中，中学语文、数学、外语一般每天安排一节课，而政治、历史、地理、生物，每周安排二节。微机每周一节，中间间隔时间长。初一新生开始对这样的安排不适应，往往出现手忙脚乱的情况，常常忘带课本、作业完不成、丢三落四。

这就要针对新的学习内容、学习特点，主动接受新知识，制定适合自己的学习计划，提高学习的自觉性、主动性，合理科学地安排好时间。

**2. 学习内容难度加大，教学进度加快，要求提高学习效率**

由于中学阶段更注重传授知识的严密性和对学生思维方法、思维能力的培养，注重教会学生自主学习。知识结构的安排、知识难度的变化具有跳跃性。在教学方法上，中学老师和小学老师的讲课方法不一样，小学老师一个内容要讲好几遍，中学老师往往集中讲解难点、要点，并且讲过就不再重复。

随着教材容量的增加、难度的加大，教学进度明显比小学快，所以初一新生要在心理上、体力上做好充分准备，尽快适应老师的讲课方法、授课特点。做事不能磨磨蹭蹭，要提高办事效率。要坐得住，学得进，争取达到最佳的听课效果。

**3. 学习上除了勤奋之外，必须有良好的学习方法**

随着新课程改革的推进，同学们在学习中必须改变学习方式，不能只局限于老师讲授，要从单纯地接受性学习转变为接受和自主学习相结合，变被动学习为主动学习，不仅要学会，还要会学，采取合作、探究式的学习方式，提高自学能力，充分发挥主观能动作用。

一般要注意掌握以下几个环节的学习方法：

(1)课前预习——认真进行课前预习。一般在自习、课外时间进行，晚上做完作业后，及时预习第二天新课。看不懂的地方做记号，在课堂上更加注意听讲。变被动为主动：主动想，主动问，主动改，主动练，从而提高听课效率。至于预习哪些科目，可以根据自己的情况来定。一般情况下，先选择学习困难大的科目重点预习，然后慢慢铺开。

(2)专心、积极听课——课堂是获取知识发展能力的重要阵地，不但要排除各种干扰，认真听课，而且要研究听课的方法。

上课集中注意力听老师讲课，积极主动思考、学习，做到运用各种感官去体验，做到看、听、想、说、做(记笔记，动手操作)。总的来说，就是要用自己的身体去亲自经历，用自己的心灵去感悟，只有这样主动积极地学习，才能对学的知识理解得更透彻，不断提高学习能力。

(3)复习巩固——①当天功课当天复习，及时复习；②分散复习(间隔一定时间进行复习)；③交替复习(文科、理科交替进行)。

(4)独立按时完成作业——在布置作业方面，中学不同于小学。小学老师布置作业比较具体，而中学老师相对来说要求不太死。例如，小学让写生字三遍，课文读两遍，中学老师可能让你写会为止。作业包括书面作业(当天课堂作业、家庭作业)；口头作业(读书、背课文、背公式、背定理、听录音、思考问题、准备第二天回答)；动手、实际操作作业。有些口头作业不太好检查，要求同学们自觉主动去完成各项作业，不能偷懒，偷工减料。写作业是课堂教学的延伸与继续，也是实现教学目标的重要手段，所以必须认真独立完成。

(5)系统归纳小结——每一学科的知识都有它的系统性，需要去认真总结整理归纳，每学完一个章节、单元之后，要进行总结，将知识整理，形成知识树、结构网，系统归类，可以采取列图表法，或用文字叙述法。

总之，只要初一新生全方位、多层次地了解小学升初中这一过程，了解初中生活，提前在心理、生活、学习等方面做好准备，把这种"突变"变成"渐变"，在"渐变"中顺利完成小学升初中的衔接过渡，最大限度地减少小学升初中过程中的痕迹，就一定会使自己完整、连续、和谐地步入初中生活！

# 培养积极的学习心态

自信心培养：进入青年期后，由于自我意识的高涨，出现了自我的分裂。为此，要善于正确认识自我和评价自我，提高克服自卑感的能力，进行积极的自我暗示、自我鼓励，相信事在人为，善于正确对待自我并运用适当的方法将自我完善经常化。

情绪调控和挫折应付能力辅导：美国教育心理学家珍妮特沃斯指出："没有一种内心的安全感，有效学习不可能发生。"经常保持一种愉快、和谐、宁静和相对稳定的积极情绪，是学生心理健康发展和有效学习的保障。

(1)进一步进行学习能力培养。世界各地具有创意的教育家已逐渐认识到，人类智慧的延伸及学习的能力，将成为这个时代以及未来生活工作的主流，学习被称为"通向21世纪的个人护照"。因此，进一步发展学生终身学习能力，对于学生迅速适应学校学习，全面发展自己至关重要。人际适应能力辅导社会交往是中学生的合理需要，和谐的人际关系有利于他们身心健康。

(2)出现问题试着自己解决。你改变不了环境，但你可以改变自己；你改变不了事实，但你可以改变态度；你改变不了过去，但你可以改变现在；你不能控制他人，但你可以掌握自己；你不能预知明天，但你可以把握今天；你不能样样顺利，但你可以事事尽心；你不能左右天气，但你可以改变心情；你不能选择容貌，但你可以展现笑容；你不能延伸生命的长度，但你可以决定生命的宽度；换一副"眼镜"看世界，我们就会少些忧愁与烦恼，多些开心和快乐！

# 掌握科学的记忆方法

中学教材中背诵篇目占有很大比重，许多学生畏"背"如虎。怎样才能加强记忆，取得事半功倍的背诵效果呢？

**1. 理解记忆法**

要在初步理解的基础上背诵。理解得越深，越容易记忆。背诵课文要尽量运用意义记忆，即加强理解记忆。要反对不求甚解的死读书的学习方法。背诵一篇或一段文章时，首先要通读全文，弄清文章的主旨，然后了解文章的层次，来龙去脉，掌握文章的语言特点，抓住一些起关联作用的词语和句子，先分析，后综合，这样背诵起来就快得多了。背诵也要因文而法，如背诵议论文，可以从分析论点、论据、论证入手；背诵记叙文，可以从了解和掌握有关事实、记叙顺序入手。

**2. 快速诵读法**

背诵是在朗读和默读的基础上熟悉书面材料的结果。在初步理解文章后，要反复朗读，继而反复默读。只有熟读，才能加深理解，才能成诵。实践证明，持续性的缓慢阅读，不但费时费力，而且会使记忆信号中断；反之，读熟课文之后，逐步加快阅读速度，则可在大脑皮层形成连贯的信号刺激，从而强化记忆效果，提高背诵速度。

**3. 提纲挈领法**

古人云："举一纲而万目张。"文章的"纲"便是文章的脉络，而文章的脉络又体现着作者的写作思路。所以，背诵课文时，一定要根据作者的写作思路和行文顺序顺藤摸瓜，由句到段，由段到篇，前勾后连，上递下接，环环紧扣，连绵不断。这样，不但背得快，而且记得牢。只要我们按照作者的写作思路和行文顺序边读边想，边想边背，背诵也就不太困难了。

**4. 求同存异法**

某些诗文具有"重章复唱"的特点，各章（段）字句大体相同，因此，我们在背熟第一章（段）后，只要找出其余各章（段）不同的字句并记住它们就可以了。

**5. 关联词提示法**

并联词不但能体现复句关系和句群关系，而且也能体现议论文的内在联系。有人说，关联词是议论文的语言轨迹。因此，及时把握关联词这个"语言轨迹"，对背诵议论文是有很大帮助的。例如，梁启超的《少年中国说》，文中有这么一段："彼与此世界作别之日不远矣，而我少年乃新来而与世界为缘。……使举国之少年而果为少年也，则吾中国为未来之国，其进步未可量也；使举国之少年而亦为老大也，则吾中国为过去之国，其渐亡可翘足而待也。故今日之责任，不在他人，而全在我少年。"这段文字中含关联词"……而……使……则……使……则……故……而……"其中第一句中的"而"连接两个分句，表并列关系；第二句中的"使……则……使……则"构成两对关联词，分别表示假设关系；第三句中的"故"连接上下两个句子，表因果关系；"而"连接两个分句，表并列关系。我们只要把握住这些关联词,弄清它们表示的关系,边想边背,句句衔接,环环紧扣,背诵这段文字也就不大困难了。

### 6.辞格勾连法

教科书中要求背诵的课文皆为名家名篇,而名家名篇在修辞格的运用上自有独到之处。因此,从背诵课文所用的修辞格入手,采用上勾下连的方式,往往可以收到意料不到的背诵效果。例如,课文《口技》中有这么一段文字先用排比句式"百千……百千……百千……声……声……声",接着用"顶针"句式"人……手,手……指……人……口,口……舌……"生动地描写了发生火灾时人们惊恐万状的忙乱场面。所以,我们只要按照作者所用的这种修辞格的句式特点逐句对照,上勾下连,背诵这段文字同样是不太困难的。

### 7.听录音背诵法

生理学家认为,让视觉和听觉共同参与记忆,要比单用视觉和听觉,提高记忆效果30%～40%。这种记忆方法,人们称为"协同记忆法"。根据这一理论,在练习背诵时,可适当播放课文录音,使学生边读课文,边听录音,从而形成记忆信息的双向刺激,以强化记忆效果。

### 8.趣味背诵法

在学生练习背诵达到一定程度时,为了进一步强化记忆,消除持续背诵造成的单调感、疲劳感,依据"寓教于乐"的原则,不妨采用以下方法来提高学生的背诵兴趣:①"对歌"式背诵法,即模仿山区或某些兄弟民族"对歌"的方式,由甲、乙两个学生每人一句,轮流背诵;②"接力赛"式背诵法,即模仿体育运动中接力赛跑的方式,由三个学生每人一句,上递下接,循环往复;③"叠罗汉"式背诵法,即模仿杂技演员"叠罗汉"的方式,由第一人背诵第一句,第二人接背二、三句,以下依次每人递增一句,连续不断,直到背完为止。以上方法不但趣味性强,而且参与面广,并能增强学生的群体意识,不妨一试。

# 升入初中，如何才能迅速适应学习生活

## 1.要有正确的自我意识

要正确认识到自己是中学生而不是小学生了；自己是少年而不是儿童了；自己班级和自己一样优秀的同学很多，各方面的竞争会更激烈；自己所在的学校是热点中学；自己学习的内容、任务与小学相比不同，自己面临的是一个新的起跑线，要迅速起跑，通过合适的途径展示自己的特长，不让自己输在起跑线上。

## 2.要珍视和发展友谊

相对小学而言，中学生的成长成熟更需要依靠外来力量包括友谊的帮助。中学生对友谊的需要更强烈，理解更深刻，要求也更高。但缺少的是正确的交往、沟通技巧，容易伤害师生之间、同学与同学之间的友谊以及与父母长辈之间的亲情；辨别能力尚欠，朋友之间造成的误解不易识别，不小心会交上"损友"；自制力不够，易冲动，容易破坏友谊等。

## 3.更加严格地要求约束自己，由他律变为自律

对照《中学生守则》和《中学生日常行为规范》等，时时处处严格要求自己，乐于帮助别人，不做有损他人、班级、学校的事，做一名有高雅情趣的、健康快乐的、勤奋刻苦的中学生。

## 4.要积极参加集体活动，主动与他人交往

要抓住一切机会，积极参加学校、年级、班级组织的各项活动，在活动中以恰当的方式展示自己的特长，在活动中提高自己，在活动中增进了解、获得友谊。对自己不擅长的内容自己也不要东施效颦、邯郸学步、急于求成而顾此失彼。

## 5.制订计划，咬定目标

制订切实可行的学习生活计划和近期、中期、长期目标。理想是前进的动力，要咬定目标不放松。静下心来才能潜心学习，耐下性子才能修身养性，忘却困难，做到刻苦勤奋、自主自觉。

## 6.正确地处理好人际交往中矛盾冲突

中学生在成长过程中，应学会严于律己、善解人意、尊重他人，以诚恳、公平、谦和、宽厚之心对待别人，容忍别人的短处和偶尔的过失。忌恨、多疑等不健康的心态，必将影响正常的人际交往。

总之，只要初一新生全方位、多层次地了解小学升初中这一过程，了解初中生活，提前在心理、生活、学习等方面做好准备，把这种"突变"变成"渐变"，在"渐变"中顺利完成小学升初中的衔接过渡，最大限度地减少小学升初中过程中的痕迹，就一定会使自己完整、连续、和谐地步入初中生活！

# 搭建衔接桥梁，实现中小过渡

　　众所周知，从小学到初中，无论从知识体系、学习方法、身心发展及兴趣爱好方面都有一个较大的变化，要适应这个变化需要一个较长的过程。据爱尔兰全国课程与评价委员会调查发现，大多数学生在进入中学后的第一周内能静下心来，但四分之一的学生需要超过一个月的时间，少部分学生要一个学年才能适应。所以，中小学教育的衔接是指小学和初中这两个学段之间的前后互相连接和过渡，主要体现在小学六年级和初中一年级以及小学升初中的暑假时段。那么，如何使学生尽快适应初中学习环境，使小学所学知识和技能顺利地在初中得到发展呢？

　　1. 从知识体系上衔接

　　小学阶段的知识体系与初中阶段的知识体系，既是独立存在的，又是相辅相成的，作为教师为学生进行铺垫搭桥，引导学生顺利过渡、做好知识的相辅相成是解决问题的关键。

　　第一，初中教师应该了解小学所学的知识内容和知识体系，进而把握小学教学和中学教学课程之间的联系。例如，初一代数第一章"代数初步知识"是从用字母表示数的知识出发，围绕有关代数式的内容，介绍代数式的基本概念，列代数式与求代数式的值的方法，以及公式及简易方程的初步认识，大多在小学接触过，因此老师没必要重点讲解，可以在此基础上有选择地进行扩展和深化，让学生掌握更丰富更灵活的知识。这样，就避免了知识的重复性和冲突性，也能使小学知识与初中知识很自然地融合衔接在一起。

　　第二，小学教师应该多接触刚毕业的学生，多了解初中教科书内容。例如，小学数学中"0"是最小的整数，$\pi$取3.14的实际算法，假分数都要化成带分数，这些内容一到初中，表述就会改变。所以，作为小学教师就应事先做到有的放矢，不要一口"咬死"，要为以后的知识衔接打下伏笔。

　　第三，中小学教师(尤其是小学高段与初一教师)应加强互相听课，互相沟通及时反馈各自的教育信息。前不久宁海中学就进行了这样的尝试，效果良好。他们认为，初中老师上课给小学老师听，小学老师能够了解到初中的教学方式和学习内容，在小学高年级就可以开始有意识为初中学习做个铺垫，而小学阶段采用的启发式教学方式很值得初中老师借鉴。

　　2. 从学习方法上衔接

　　进入初中，学生的学习方法起了一个很大变化，具体表现在：

　　(1)学生在学习方法上由被动变主动。

　　(2)学生在学习上体现自己的主导性和自觉性，把过去一味在老师的带领甚至呵护学习的过程中变成自己思考探索的过程。

　　(3)学生在注重学习成绩的基础上更注重学习方法，改变只注重课本内容而不注意课外知识的错误观点。

　　小学阶段学生都是老师保姆式地扶着走,作业不但要老师逼着做,而且还要一而再、再而三地"追讨"才肯上交,学习很被动。而进入初中,这种被动式将很快被自觉主动性所代替,所学知识也从课内延伸到课外,因此引起好多学生不适应这种学习模式,就逐渐与优生拉开距离,从而产生自卑感,形成恶性循环。这时,作为我们教师就要积极引导,耐心做好不同的学习方法的衔接教育,使广大初一新生有很快适应初中阶段的学习方法。例如,举办一些学习方法指导班、初一新生学前教育班,或让初二、初三学生现身说"法",谈谈自己如何适应初中学习环境等,这些都可以使小学毕业生在最短时间内与中学学习方法衔接。

### 3.从身心发展上衔接

　　心理学告诉我们,初中生的心理特点主要表现在发现和探索自我,思维的独立性和批判性增强。针对这些特征,教师一方面要尊重和支持他们的独立愿望,另一方面要指导和帮助,不要对他们要求过高,毕竟初一新生刚跨入初中大门,心理年龄特征仍处于半幼稚、半成熟、半独立,自觉性和幼稚性错综交织的状态。在他们眼里中学是一个全新的环境、陌生的世界,功课由2、3门增加到8、9门,内容多了,难度大了,要求高了,使大部分学生在心理上往往处于被动状态,导致一部分学生走上了弯路,出现滑坡。那么,如何解决这个矛盾呢?我认为关键还是在教师,小学教师应该向初中教师交代每一位学生在小学时的表现情况,有必要时可绘制一张毕业生资源库表,内容包括学习、生活、工作、心理及生理情况等,这样有利于初中教师很快地了解每个学生过去的思想状况、学习方法、管理方法和学习习惯,给学生搭好过渡的金桥,及时做好学生的身心健康衔接。

### 4.从兴趣爱好上衔接

　　目前,大多数小学的综合实践活动都搞得非常出色,各个学校都有自己的特色教育,如围棋、象棋、民乐、舞蹈、球类等,可以说都已有了一定的成绩。而一进入初中,由于受初三升学率的影响,这些特长生的兴趣爱好往往得不到延续和发展(至少不像小学阶段那么被重视),这就造成了学生在兴趣爱好上的脱节。如何使小学特长生的特长在初中阶段能顺利地继续发展呢?我认为有关学校可推出一些丰富多彩的选修课和活动课,如系统开设思维训练、心理教育、特长生指导、艺术、科技的选修课和活动课,让每位学生的个性特长都得到充分张扬,继续以培养学生的创新精神和实践能力为重点,以全面培养学生素质为目标,促进学生主体性发展,实现小学到初中的平稳过渡,为学生的后续学习打下基础。

　　总之,中小学教育的衔接问题已经越来越突出,越来越引起社会各界的关注。作为中小学校已经不应只把精力放在各自的课程改革上,更不应该各自为战了,中小学应该携起手来互相合作,调动一切可调动的因素,共同为未成年人的文化思想道德教育以及他们的健康成长创造一片蔚蓝的天空。

# 中小学语文教学如何做好衔接

**1.培养学生良好学习习惯是做好衔接的基础**

俗话说,无规矩不成方圆。叶圣陶先生说过:"教育是什么,往单方面讲,只需一句话,就是要培养良好的习惯。"学习习惯是指学生为达到好的学习效果而形成的一种学习上的自动倾向性,学生有一个严肃认真的学习态度和良好的学习习惯会影响学生一生。所以,作为教师,应该结合学生的实际情况对学生提出以下要求。

(1)制订学习计划。

要求学生制定学习计划,改变学习的无序状态,减少学习的随意性,树立明确目标。还有对于学习用具有明确规定,每生必备两本工具书:现代汉语词典和古代汉语词典;三本笔记本课堂笔记本、美文摘抄本、知识积累本等。

(2)做好"三步曲"。

①课前要预习,做到"一看、一查、一问",即先浏览课文一遍,遇到不懂字词会查字典解决,遇到问题先做好准备。

②课堂上做到"五带",即:带眼,带耳,带嘴,带手,带脑。

③课后要求学生养成先复习再作业的习惯,并要求家长协助监督。

(3)养成上课主动做笔记的习惯。

记笔记要求学生记重点、记难点,根据自己情况记要点,而不是照搬板书。为了落实工作,教师在开始阶段要勤检查、勤督促。

(4)养成看课外书的习惯。

现在新课标明确规定学生必读名著,教师可以结合这个目标给学生设计每学期阅读名著计划,因为课外阅读量决定着学生知识的广度和浓度。教师在布置前应对学生的课外阅读给予指导和检查。例如,设计名著导读阅读卡,先给学生示范,使之形成习惯,把读书作为一种人生乐趣。

(5)重视学生书写规范。

按照上级要求,在语文、艺术、美术课中加强书法教育,使学生保持正确的写字姿势,重视书写的正确、规范和美观,养成良好的写字习惯。我们发现学生的书写潦草,字体的笔画顺序颠倒,作业格式混乱。现在中考试卷评卷采取扫描,如果学生的字体马虎,很大程度上影响对教师成绩的评判。因此在小学六年级的语文学习中,就应有行楷的练习训练,初中教师要继续对学生的书写提出更高的要求,并适当地增加练字的作业,如适量增加抄写古诗文的练习、规定用中方格簿来抄、在用笔上也应该规定只能使用黑色字迹的钢笔或签字笔。这样一来,才能促使学生对书写的重视,减少学生在考场上的失误,让学生的作业及试卷呈现出更高的质量。

**2.教法学法的衔接:从帮扶走向自学**

中小学的教法是不同的,小学里更多体现了帮扶,而中学里体现的却是自学。江苏省名校长张炳华说,如果中学里的语文课能像小学一样充满着激情、充满着引导,那么,中学的素质教育就能更上一个台阶。从中小学的课堂教学来看,我以为:

(1)中学可增加"扶"的成分。

初一教师在课堂教学中,更多的是唱独角戏,和学生形成的互动并不多。学生更多的就像一个书记员,把老师讲解的内容记录下来。这样,学生就失去了更多的独立思考的机会,语文思维训练的机会就欠缺。所以,如果七年级老师上课时与学生一同来讨论语文话题,增加语文研究性学习的成分,适当地进行引导,那么,学生的学习就会从被动式的学习过渡到主动性的学习,与小学里的教学模式就不会脱节。

(2)中学可增加"读"的成分。

小学对朗读是非常重视的,新课标把朗读也提到了非常重要的地位。在实际教学中,通过朗读引导学生感悟确实能收到预期预期的效果。但在中学里,我听了两节课,朗读几乎就销声匿迹。例如,教《春》,老师只问学生:从第一节中,看出了朱自清怎样的感情?许多学生都答不上来,没办法,教师就只好直接将答案告诉他们。而在小学里,老师一定会请学生试着读一读:"盼望着,盼望着,东风来了,春天的脚步近了"。只要指导到位,学生就一定能体现到作者对盼望春天到来的急切、欣喜的感情。我问中学老师为什么忽略朗读,他们说是因为时间不够。我又问,像这样的课文一般中学里教几课时,他们说是2课时。课时使用与小学一样,但为什么中学不试着用朗读来帮助学生体会作者的情感呢?

(3)小学可增加"自学"的因素。

中学生与小学生相比,因为年龄的差异,又因为初一教材的编排特点,使得教师对学生的学习要求有明显区别。初一每篇课文中的"感悟　品味　欣赏"其实就是规范的批注,便于学生自学。学生只要边读书边看"批注",就可以将阅读进行到底。但是,小学的学主要要靠教师的引导来进行。教师必须帮助学生设计好几个环节,然后才能学好。要让学生在学习方法上顺利过渡,小学六年级要做好两项工作:一是预习,二是写简洁的批注。要把预习当做规范的作业来对待,不能看做一个附带性的作业。批注在各省市的小学毕业试卷中都已出现,但从学生的批注质量上来看,还是有提高的空间的。绝大部分学生都是泛泛而谈,唱高调,套词语,因为这比较容易得分,但真正的批注是来自于自身的真切感受,来自于对字词句的深刻理解。

# 中小学数学教学如何做好衔接

现在,我们已经发现许多学生在小学时的数学成绩很好,但到了初中后其数学成绩却每况愈下,进入数学学习的"困难期"。究其原因,学生进入初中后,教师教学方式发生变化,教材知识结构发生变化,学生的学习方式也发生变化,能力要求提高了,加上对新环境的不适应,一部分小学生的学习成绩由原来的 90 多分下降到六七十分甚至五六十分,这样就大大降低了学生学习的积极性,影响了他们的学习兴趣。那么,如何降低学生小、初数学学习过渡期"坡度",帮助学生轻松度过"小初衔接"难关,值得我们各小学和初中数学教师思考,更需要大家共同努力。

小学教师要做好送接工作,为学生升入初中后能更好地学习发展做到以下几点。

1.要注重课堂教学中对学生"半独立探索式"和"独立探索式"的学习方式的培养

何为"半独立探索式"学习方式? 也就是教材每一部分知识都有其重点、难点。教师在研究如何强调重点、突破难点的同时,还要研究一下学生怎样学才更有利于学生的发展。一节课的教学,学生应在教师的引导下自主去探索、去研究。

何为"独立探索式"学习方式? 也就是对于教材中学生容易理解和掌握的知识,教师就可以完全放手,让学生自己去掌握这些知识。小学教师要相信学生,适当地"放一放",学会放手。

2.注重指导学生科学的学习方法,培养良好的学习习惯

(1)着重预习,指导学生自学。

预习是学生自学的开始,在小学阶段往往不那么重视,因此,到了初中大多数学生不会预习,即使预习了也只是将教材内容走马观花地看一遍。因此,小学数学教师就应开始注重学生的预习指导,加强预习训练。

(2)让学生专心听讲,乐于思考。

我们在抓好学生专心听讲的同时,要重视教会学生思考。教师经常提一些学生力所能及的问题让学生边听边想,会思考,乐于思考,培养学生的思维能力。

(3)及时小结,温故知新。

学习的过程一般可分为"学习"、"保持"、"再现"三个阶段,而保持和再现又是其中比较重要的阶段。如何去巩固运用所学的知识呢? 一是要指导学生进行复习小结,及时再现当天或本单元所学的知识;二是培养学生积累资料、进行整理复习的能力,如将平时作业、单元测试中技巧性强的、易错的题目及时收集成册,便于复习时参考,从而提高解题能力、巩固所学的知识。

# 中小学英语教学如何做好衔接

长期以来中小学英语教育教学存在着严重的各自为政、相互脱节的现象,这一现象严重阻碍了英语教育教学的发展。就这个问题我想谈谈下面几点看法。

**1.衔接问题的切入点是教学任务、教学内容的衔接**

(1)要充分认识中小学英语教学任务的异同。

小学的英语教学任务主要是培养学生听说方面的能力。教师一般通过听和直观感受积累,让学生学习一些常见的词汇、简单的句子和少量的语法知识。到了初中,学生从语言的积累阶段进入了语言的扩展和使用阶段,内容逐渐复杂,难度也随之增大,教学要求从听说为主,逐步向听说领先、读写跟上的阶段过渡和转移。学生要适应新的环境、新的教学要求,这就要求我们在教学任务与教学内容上解决好中小学英语教学之间的衔接问题。

(2)注意中小学英语教学内容的衔接。

中学英语教师要通读小学英语教材,熟悉小学英语教材教法,以便融会贯通,达到新旧知识的自然过渡。要针对学生特点,罗列出衔接过程中可能出现的问题,相互交流中小学英语教学信息,以便掌握小学英语教学规律,明确小学英语与初一英语的相同相异处,以便找准衔接点。教师要通过调研,找出初中第一册课本与小学课本内容异同之处,从而为初中起始阶段的教学提供依据,使初中教师不再从字母、音标开始教学,让新生从第一节英语课开始就有一种学习的新鲜感和紧迫感。

**2.教学方法的接轨是保证中小学英语教学顺利衔接的重要环节**

在小学,英语教师基本上是采用直观法组织教学活动,到了初中之后,语言学习的内容越来越多,学生除了感知材料外,还必须理解语言材料。这就要求学生学会理性思维的方法。中小学英语教学方法衔接需要遵循哪些原则呢?

(1)设置台阶,遵循循序渐进原则。

教师按教学内容的顺序逐步增加难度和复杂性,有序地进行课堂提问是贯彻循序渐进衔接原则的重要环节。一是引导式提问:开始提问时,教师的主要任务是引导学生了解和复习已经学过的基本内容;二是理解式提问:通过提问,教师让学生理解知识,并将其知识应用到问题解决过程之中;三是讨论式提问:教师提出问题之后,让学生讨论,提出解决问题的办法。教师在进行一阶段的提问之前,应把本阶段的问题同已经学过的内容结合起来。有计划、有步骤、有顺序地进行提问,可以帮助学生系统思考,从而获得对相关联内容的整体理解。

(2)解读教材,遵循连贯性原则。

教师在组织英语教学活动的过程中,应当注意课与课之间、单元与单元之间、某一具体课文的前后之间、上下结构之间的自然连贯。了解和熟悉小学的教学内容,可以避免中学教学内容与小学教学内容的脱节。同时,一方面,小学教师要积极主动地在六年级教学阶段,在课堂教学节奏上逐步向初一起始阶段靠拢;另一方面,初中教师要学习小学教师的长处,教学中适当引用小学高年级的教学方法,充分利用直观形象教学手段,创设真实情境,增加游戏在课堂教学中的使用,使小学生进入初中后学习英语的兴趣得以保持。

3.学习习惯和方法的合理衔接,会使学生受益终生

在实施素质教育的今天,初一新生尽快掌握学习方法也就愈加显得重要,教师应对学生进行科学的、适当的引导,为学生多创造一些学习和练习的机会。例如,课后的大声背诵可培养一定的语感。要帮助学生建立"有声作业"的概念,每天听读英语半小时,动员有条件的学生录制口头作业,可以是个人作业,也可以是双人活动或小组活动通过学习习惯的衔接,要求学生养成自觉学习的习惯,即做到:听课聚精会神,认真记笔记、整理笔记,完成作业,找出问题,课前预习,课后复习,勤读多用等。

4.学习技能的合理衔接是变被动学习为主动学习的重要途径

小学阶段,学生的学习技能基本上是机械模仿,是一种被动的技能培养。学生学习只凭一时兴趣,缺乏主动性,视、听、说的活动多于读、写的活动。所以,学生进入初一后,教师应当设法使学生的语言积累、语言的扩展和使用转化为以听说为主,逐步向视听说领先、读写及时跟上转化;从简单英语学习向内容较复杂的英语转化;从只用 YES、NO 的简单言语交流活动向用整句回答或用特殊疑问句的回答方式转化;从机械地模仿向有意义的操练和真实情景中交流的活动方式转化;从学生被动学习向主动学习转化。

5.师生情感的和谐衔接,能帮助师生达到事半功倍的教学效果

中小学英语教学衔接问题涉及的是处于两个年龄段的同一批学生,根据儿童期和少年时期的身心发展,需要在面对新环境的情况下适时地加以心理调节,以适应向初中的过渡衔接。无论是教师,还是家长,都要在衔接期更多地关心学生。随着年龄的增长,初一学生较小学毕业前一阶段,身心发展都有了一定的变化,如表现自我的欲望不如小学阶段强烈、学英语的兴趣会逐步下降。这就需要抓学习兴趣的巩固,做好师生情感上的交流,使学生保持心理平衡,尽可能把从小学带来的兴趣得到保持和发展。

教师要让学生尽量多地了解老师,排除师生情感沟通道路上的障碍;教师更要帮助学生明确学习目标,对学生提出具体的学习要求、方法、建议等。教师还要创造宽松友好的课堂英语教学环境,讲究教学艺术,用真诚的态度和虚心好学、严谨治学的行为去影响学生、感化学生,帮助学生克服英语学习中的心理障碍,获得他们的敬佩和信赖。比如,课堂上多给学生表扬,少给学生指责和批评,及时鼓励学生的成功,耐心诱导、启发学生学习过程中的兴趣,使学生保持学习的热情;对待学生一视同仁,尽量让每个学生每堂课都有发言的机会。

# 小升初，对小学六年级班主任的建议

### 1.明确差距，树立信心

利用班会时间，向学生介绍升入初中的学生需要具备的心理、学识、思想的水平，引导孩子发现自己的差距，带领他们找到缩小差距的方法。应先从最切近、最容易解决的问题入手。这样做，利于孩子们逐渐消除茫然心理，明确自己努力的方向，在不断解决问题、缩小差距的过程中树立信心。他们会认为未来就掌握在自己的手中，并且初步形成了有目的、有计划地解决问题的意识。这样的班会要形成系列，每次提出一个问题、解决一个问题，循序渐进才能取得成效。切忌轰轰烈烈，虎头蛇尾，虚张声势，没有实际操作性，反而让孩子陷入更深的迷茫。

### 2.具体指导，循序渐进

在每次开过班会，找到问题及解决方法后，班主任要经常提醒孩子按照想好的方法去做，并告诉孩子在执行过程中依据实际可以随时调整对策。当一个问题基本解决后再提出新问题，切不可急于求成。

### 3.以人为本，实事求是

要与其他任课教师沟通统一思想，形成合力。要充分关注每一个孩子的特点，有的孩子可能执行较慢，教师要对这样的孩子多加指导，有耐心，还要争取家长和其他任课教师的支持配合。

即将升入初中的学生会面临以下三个问题：感情和心理上的不适应，不适应陌生的师生、同学关系；管理上的不适应，不适应需要学生更大的参与性，发挥其自觉性、自主性、自律性的管理模式；教学上的不适应，不适应个体角色重新定位和学习节奏快、学习内容多。

这三个问题中，六年级的班主任能直接参与解决的主要是第二个问题。具体做法如下：

在班级管理上更多地让学生参与，让每一个人都有一份事做。对班干部工作的主动性、工作方法加以细致指导，表扬他们自觉、自主完成工作的行动，培养他们形成"这件事应当这样做"的意识，摒弃"这件事是老师让我这样做的"的意识。形成这种意识的关键是教师要把班干部做事的原则讲清楚，手把手地交给他们工作方法，即使是小组长，也应当悉心指导，培养他们的主人翁责任感。

对于学生的管理，要从思想意识上引导他们自觉、自我教育的意识。在日常教育中，要对这样的学生给予鼓励，树他们为榜样，号召其他人向他们学习。

第三篇 家长篇

# 以正确的视角关注步入初中的孩子

对于刚刚从小学校园毕业,即将踏入一个崭新的学习生活环境,成为一名骄傲的中学生来讲,一切都是新奇的,也是陌生的。迅速地融入新的环境中无疑对学生的身心成长是极为有利的,良好的策略方法是最有效的催化剂。在此过程中,家长更是要扮演好教育者角色,提升家庭教育水平,充分发挥家庭的教育功能,和孩子一起成长。

## 1. 关注日常行为

一些儿童青少年的不良品德有其形成的过程,并会出现一些征兆。父母要悉心观察、了解,善于抓住苗头,把问题解决在萌芽状态。孩子以有事找同学或朋友为借口,比较有规律地外出,但不说明具体去处,容易误入歧途;外出精心准备,准备时有意避开父母,回家后神态与以往不同,变得兴奋、紧张或怯懦、羞愧,是发生性行为或做了违法乱纪事情的征兆;时常外出吃饭或找借口外宿不归,但又不说出同何人在一起、在何处过夜,前者可能是他们追求享乐,后者则可能与不良团伙在一起。通电话时声音甚小,对电话很敏感应引起警觉。

## 2. 关注异常行为

孩子日常言谈中粗话、脏话增多,时常对父母撒谎,可能是与不良少年接触太多带来的结果;时常偷看父母的眼色,向父母解释或说明某一事情时不敢面对父母,其背后可能有某些不良的暗示;情绪突然低落,性格变得急躁,时常心不在焉,可能受到外来的伤害或干了不好的事情;长时间待在自己的卧室里并关上门,一再要求给自己的房门装锁,这表明孩子有不想让父母知道的秘密,如玩游戏机、看不良书刊或早恋等等。

## 3. 关注孩子的视角需要细心,更需要对孩子的信心

一般来说,童年期的孩子在书包、文具、随身物件和零花钱方面的变化,可能是他们不良品行的萌芽;而处于少年期、青年初期的孩子,不良品行的前兆,则比较多地表现在装束打扮、社会交往、日常行为等方面的变化。对于孩子品德不良的种种前兆,父母既要在思想上认真对待,又要在行为上小心谨慎;要让孩子相信父母、愿意接近父母,切忌神经过敏、粗暴、鲁莽。有些父母用监视、盘问等手段对待孩子,甚至随意翻看孩子的私人物件,动辄向老师报告孩子的"秘密",其后果只能是使孩子更加疏远己。

# 暗示法:使孩子听从劝诫

在家长们在为自己孩子如何升入理想的中学而焦急的时候,也千万不要忘记做足准备帮助孩子度过小升初这个艰难得阶段!因为小升初阶段,无论对于孩子在学习过程中的逻辑思维形成,还是自我意识的发展,都是至关重要的。

从家长的角度出发,如何才能帮助孩子从小学生的角色到中学生的角色进行完美过渡呢?下面,我们就为家长们"支支招"!

**1.从学习方面**

小学的学习方法与初中的学习方法肯定是有天壤之别的,家长们要认清之间的差距,及时指导孩子学习的方法和思路,所以在小升初培训班中,不是以听不听得懂来衡量老师的好坏,而是先要思考这种想法是否对孩子们提早向初中学习方法转换有帮助。因此,建议家长们注意以下几点。

(1)敦促孩子养成上课专心听讲的好习惯。

小升初课程由于知识量大、课时安排较为紧张,所以教师没有大量的时间与孩子进行重复沟通。家长们要让孩子认识到小升初阶段的紧迫感,敦促他们养成课上认真听讲、课后消化知识的好习惯。上课时间要紧跟老师的思路,积极思考、认真领会,争取把知识都在课上完整地掌握。如果从小学毕业阶段开始就养成这样的好习惯,那么,孩子就会在以后的学习中取得长足进步。

(2)提醒并交给孩子恰当地做课堂笔记。

由于小升初阶段课上时间紧迫,所以需要孩子和家长多数时间进行"自主学习"和辅导,这样记笔记就显得尤为重要。作为笔记,不仅方便课后复习,也能够为以后的考试提供复习依据。但是,由于孩子们以前没有记过笔记,所以刚开始的时候肯定知识点记录得不清晰并且不全面。这就需要家长们及时指导,介绍记得更快、更好的方法。这些方法包括:紧跟老师思路,记下重点、难点;书本一上已有的知识和例题不必重复记录,节省时间;没听懂的内容做个记号,课后及时请教等。

(3)给孩子强调课前预习、课后复习的重要性。

在小升初阶段,课前预习和课后复习是最能够影响听课质量以及考试成绩的主要因素。在小升初考试中成绩好的学生,肯定在课前和课后所做的功课相当充分。家长们要督促孩子在平时就将以后要讲的内容进行提前学习,找出不好理解和不会的知识点进行标明,然后在上课的时候重点听这部分的讲解,加深理解。另外,也不要让孩子形成"临时抱佛脚"的心态。要让孩子知道,如果每天都能够在将所学的内容进行复习,并有计划地将前一段的知识点进行统一梳理、归纳,那么在考试的时候就不用临阵磨枪而手忙脚乱了。

(4)帮助孩子科学合理的分配时间。

在小升初这一年的时间里,相信各位家长会帮孩子同时进行好几科的学习(至少数学和英语），同时还要应付学校里大量的作业，因而在时间管理上会较为混乱。所以，家长们需要及时关注孩子们的学习动向，纠正他们在时间分配上的错误行为，要将每科的学习都列入时间表中平均分配；另外，也要注意劳逸结合，如在每学习一个小时以后就放松一下，听听音乐等舒缓心情。

### 2.从心态方面

小升初是孩子从幼稚型走向成熟型、从依赖性走向独立性的重要阶段，所以在这期间孩子的心态会发生巨大的变化。家长如何做才能配合孩子的快速成长呢？我们列举了以下几个方面，请家长们注意。

(1)对孩子学习要进行引导，而非监控。

有些家长在孩子学习的时候，喜欢坐在旁边监控着孩子，以免他贪玩而影响学习，这样会使孩子分心，也容易产生压抑心理。所以，家长在辅导孩子学习时，要注意方式是引导而非监控，不必时时都紧盯孩子的学习，但要随时都关注他的学习状态而及时给予引导。比如，孩子在做作业时碰到一道难题，在还没有充分思考的时候，家长就帮孩子解出答案，久而久之，孩子的这种依赖心理会越来越严重，学习永远也得不到实质性的提高。

(2)转换教育方式，不要过分呵护。

孩子即将小学毕业，开始渐渐成了"小大人"，但是有时候家长会转换不过教育方式，还是以教育小朋友的方式来与孩子进行沟通，对孩子也是过分关心与呵护。其实，家长应该让孩子在这一阶段养成独立的个性，不要再让孩子过分依赖自己，让他们去独立去解决一件事情，这在培养孩子能力方面以及建立自信心方面很有帮助。

(3)注意说话方式，不要给孩子太大压力。

孩子上小学的时候，如果贪玩，家长们会以宽容的方式来看待，但是等孩子一进入小升初阶段，如果还比较贪玩，家长们就会以非常严厉的话语来呵斥他。其实，这样是非常不好的，会给孩子的心理造成很大负担，孩子在指责中会产生自卑、叛逆等不良心态。所以，家长们一定要注意在指导孩子的时候所用的语气，有力度但要温和，千万不要大声责骂，这样会起到反作用。

# 教育的方法取决于家长的心态

很多父母感觉到对孩子教育的一种无奈。以下介绍几种能够走进孩子心灵深处、消除隔阂的有效方法,引导进入青春期的孩子在人生道路上更自信的前进。

1. 借着第三者传达母亲的担心给孩子知道,以消除孩子的欲求、不满。

2. 和孩子发生对立时,可利用信函或日记传达你的想法及心情。

3. 要让情绪激动的孩子坦然接受,就要用比平常低的声音说话。

4. 先说父母的失败经验再进入主题,孩子较能接受父母的劝诫。

5. 对[孩子的诱惑]表现出漠不关心的态度,孩子自然会忘记。

6. 以提议或商量的语气提出意见,孩子会感觉是自己所下的决定。

7. 想给孩子很多注意事项时,先限定于一个问题。

8. 对孩子强调[你一定可以做到],孩子会有不想辜负你期望的心理。

9. 纠正孩子时,不要说别做什么,而要说应该做么。

10. 孩子失败时,不要指责,只要要求他再做一次,自然可以减少失败。

11. 对孩子的细小过错,要当场劝告,较大的问题则过一段时间再劝告。

12. 以[现在也不错,但是还要更好]的方法劝诫,孩子会更乐意接受。

13. [你太邋遢了]的指责性词句,容易让孩子产生负面性暗示。

# 小升初——全面建立和谐亲子关系的好时机

少年期即青春发育期的孩子,一般都上了中学。这一时期,伴随着孩子青春期生理、心理的发展,亲子关系也面临着一次重大考验。一是父母和孩子之间出现了心理隔阂,父母难以知道和理解孩子的真实想法,难以走近孩子的内心世界;二是父母的权威受到了挑战,孩子不再像小时候那样父母说什么就是什么,他们有了自己独立的见解,尝试着用自己的价值标准去看待周围的一切,父母在孩子心目中的威信开始动摇;三是孩子对父母的管教产生逆反心理和对抗行为的现象日趋增多,有时即使是父母出于善意的做法也回遭到孩子的拒斥。导致少年期亲子关系大幅度变化,产生矛盾乃至发生冲突,有多方面因素。根据我国学者孟育群等人的研究,其主要原因是少年的成人感、独立意向与父母仍然把他们当儿童看待的管教态度的矛盾;由于年龄差异和社会历史条件等的差异而形成的亲子间的代际差异;我国传统文化特别是传统的封建家长制、传统的教育观念对少年身心发展的束缚;少年身心发展的局限。因此,这一时期保持良好的亲子关系,必须从多方面着手,主要有如下三个方面。

### 1. 正确对待子女的第二反抗期

与第一反抗期相对应的第二反抗期,是孩子在青春发育期青春自我意识萌动时出现的反抗。这一时期"反抗"的特点是:对父母、老师等所说的话已不再盲从,总要自己检验一下是否真有道理;有心事或遇到困难时不找父母或老师,而喜欢向同龄伙伴倾诉。在这样的反抗过程中,他们逐渐清理了自己心中的矛盾、混乱,并逐渐摆脱父母思维方式的束缚,学会独立思考,实现精神上的"断乳"。这是主动性正在获得发展的孩子的自我觉醒过程。父母应把子女出现"反抗"视为正常现象,持愉快、期待态度。对孩子,一方面要有更高更严格的要求,体现出父母对他们的殷切期望;另一方面要多一些沟通、理解与尊重。要了解孩子在想些什么、做些什么,合理的给予肯定、支持,不合理的平心静气的说服并与其讨论。要尊重孩子的意见,鼓励他们参与家庭决策,承担力所能及的家务劳动,帮助父母排忧解难,以主人翁态度与父母共同建设家庭。尤其重要的是要尊重孩子的人格,把孩子放在与自己平等的地位上,像对待成人那样给予应有的尊重、信任,同时关注孩子的精神世界,给予适时的指导。即使出现"早恋"倾向,也要冷静地以朋友的身份去理解、体谅、倾听,然后循循善诱,帮助其走出情感的迷茫期。父母态度若是理智、开明,孩子反抗的程度将会轻一些,反抗的时间也会短一些,而且还可能会采用一些自认为"适当"、父母可以接受的方式,表达自己的愿望、看法、意见。相反,如果父母无视子女心理上的变化与需要,保持着十几年一贯的教养方式,关心照料过度,或者一味压制、埋怨、打骂,使孩子感受不到父母爱的温暖,心灵没有依托之处,孩子同父母的距离必然会逐渐拉大,逆反心理必然会不断膨胀,以致爆发出急风暴雨式的反抗,甚至出现离家出走的家庭悲剧。

### 2. 全面认识亲子的代际差异

父母与子女之间,由于年龄不同,各自社会化关键期社会经济、政治、文化背景和所受教育不同,他们在价值观念、思维方式、生活方式、社会角色扮演和对社会关系、社会现象的感受等方面,甚至兴趣爱好、社交方式等,都不可避免地会存在着差异。在社会经济、政治、文化急速发展与转变时期,尤其是这样。具体解决代差问题的做法:一是角色置换。父母和子女都设身处地为对方着想,做到将心比心,使双方理解各自的心理需求和行为动因,消除彼此间的隔阂。二是相互理解。父母要更新观念,破除封建家长制思想,对子女不过多干涉或采取保姆式的监护和管教,子女也应知道父母的观念和态度是长期生活经历的结果,对自己的严格管教完全是出于爱护之情和培养之心,彼此体谅。三是相互尊重。人不仅需要自尊而且需要尊重他人,父母尊重子女,子女孝敬父母,代沟亦随之消解。四是相互接纳。相互接纳对方的态度和意见,这种接纳不是被动的强加,而是在真正弄清对方的态度和意见的合理性后,心悦诚服地放弃自己的见解而接纳,取长补短,融合成一个合理的意见。五是相互学习,取长补短,共同发展。

### 3.积极面对孩子的叛逆行为

孩子的叛逆行为不是一朝一夕的事,在这过程中,父母往往有意无意地起着推波助澜的作用。美国心理学家帕里特夏·赫斯指出,以下一些情况容易使孩子产生叛逆心理:①家长和孩子相处发生偏差;②孩子不满父母偏心;③父母无原则地让步;④父母专制管教;⑤家庭出现问题;⑥孩子受朋友的影响;⑦孩子自以为是。孩子有了不满,就有可能产生叛逆心理,它是孩子成长过程中所不可避免的。当孩子产生叛逆心理的时候,父母应如何面对呢? 父母要在信任和尊重孩子的前提下,做到小事不苟求,大事不马虎,宽严要适当,适可而止。教育方法应该先动之以情,然后晓之以理,做到通情达理。一是保持冷静,广泛寻求意见。当孩子有叛逆行为时,提醒自己保持冷静,同时也对孩子冷静,然后再去和孩子进行沟通。二是从第三者的角度看待孩子的反叛,即超越自己的角色,放弃自己的执著给孩子一定限度的迁就,而不会认为孩子叛逆伤了父母的尊严,对孩子采取高压手段。三是冷静帮助孩子分析,但注意对孩子的某种错误行为具体说出,不对孩子的人格进行指责;告诉孩子自己担心的事情,不带批评的语气;以耐心的语气交谈,不武断;坚持原则,不一味迁就。总之,父母以朋友身份进入孩子的内心世界,了解孩子的所思所想,就能够与孩子相处融洽,孩子也就不会反叛了。

# 参考文献

［1］杨晓萍,伍叶琴.教育的张力:基于幼小课程衔接的视角［J］.学前教育研究,2007(7-8).

［2］汪刘生.教育学原理［M］.杭州:浙江大学出版社,2007.

［3］蒋雅俊.杜威的经验课程观［J］.学前教育研究,2008(1).

［4］〔美〕杜威.杜威教育文集:第2卷.［M］.王承绪,译.北京:人民教育出版社,2008.

［5］范国睿.教育生态学［M］.北京:人民教育出版社,1999.

［6］薛烨,朱家雄,等.生态学视野下的学前教育［M］.上海:华东师范大学出版社,2007.

［7］冉乃彦,等.教育的衔接期［M］.合肥:安徽教育出版社,2008.

［8］余立.教育衔接若干问题研究［M］.上海:同济大学电子音像出版社,2003.

［9］〔日〕小泉英明.脑科学与教育入门［M］.北京:高等教育出版社,2009.

［10］冉乃彦,等.教育的衔接［M］.合肥:安徽教育出版社,2008.

［11］李岩,桑琳.幼小衔接实践中的探索与反思［M］.北京:北京师范大学出版社,2009.

［12］〔古罗马〕爱比克泰德.生活的艺术［M］.天津:天津社会科学出版社,2008.

［13］班华.心育论［M］.合肥:安徽教育出版社,1999.

［14］翟广顺主编.教学论基本问题概论［M］.北京:中国言实出版社,2008.

［15］Kagan, S. L. Moving from here to there: Rethinking continuity and transitions in early care and education. In B. Spodek & O. Saracho (Eds.). New York: Teachers College Press, 1991.